从臣民到新民

——中国近代人格观研究

李文军　著

山东大学出版社
·济南·

图书在版编目(CIP)数据

从臣民到新民:中国近代人格观研究/李文军著.
—济南:山东大学出版社,2021.1
ISBN 978-7-5607-6702-4

Ⅰ.①从… Ⅱ.①李… Ⅲ.①哲学思想—研究—中国—近代 Ⅳ.①B254.1

中国版本图书馆 CIP 数据核字(2020)第 174380 号

责任编辑 刘森文
文案编辑 杨露宾
封面设计 王 艳

出版发行 山东大学出版社
社 址 山东省济南市山大南路 20 号
邮政编码 250100
发行热线 (0531)88363008
经 销 新华书店
印 刷 山东和平商务有限公司
规 格 787 毫米×1092 毫米 1/16
19.25 印张 268 千字
版 次 2021 年 1 月第 1 版
印 次 2021 年 1 月第 1 次印刷
定 价 49.00 元

序 言

人格问题是中国哲学的核心问题。它既非西洋文化独有的玩意儿，也不是从东洋引来的把戏，而是中国哲学亘古常存的问题。中国哲学，无论是古代哲学，还是近代哲学，都是以人为中心展开的哲学说明。“究天人之际”是推天道以明人事，天是人的天；“通古今之变”是人去通自己创造的历史之变，人是“古今之变”的主体和创造者。人是历史的中心、社会的中心、政治的中心，是一切人格理论赖以存在的基础。人格说到底就是人的品质与格调。它不等于西方心理学意义上的“personality”，而是人之知、情、意的合一。人，现实中的人，品质有优劣，格调有高下，从而形成了形形色色、千差万别的人格形态。“凡庸”与“高雅”、“小人”与“君子”、“豪杰”与“圣贤气象”等都是指谓不同层次的人格。

在中国文化传统里，人格追求有理想人格追求与健全人格追求之分，中国历代仁人志士追求的是理想人格，而现代教育所培养的是健全人格。“止于至善”的圣贤就是理想人格，而德、智、体、美、劳所体现的就是健全人格。“健全人格”相当于孔子所说的“成人”，“成人”即健全的人，理想人格是圣人人格。子路有一次问老师什么是“成人”，孔子说：“若臧武仲之知，公绰之不欲，卞庄子之勇，冉求之艺，文之以礼乐，亦可以为成人矣。”(《论语・宪问》)“成人”主要指向内在品性，智慧、德行、勇敢、才能，这些内在品质具备的基础上，“文之以礼乐”，这种人的

“成人”就是成熟了的人，而不是指成年人，用今天的话说就是“健全人格”。在孔子那里，健全人格有不同的形态，甚至千差万别。对于子路而言，“见利思义，见危授命，久要不忘平生之言，亦可以为成人矣”(《论语·宪问》)。“成人”是具体的、鲜活的，也是因人而异的，孔子认为颜子所应成之人与子路所应成之人不一样。颜子的“成人”，“达于情性之理，通于物类之变，知幽明之故，睹游气之原，若此可谓成人矣”(《孔子家语·颜回第十八》)。这个“成人”是“达理”“通变”“知故”“睹原”，如此“成人”，其实就是理想的哲学家。“既能成人，而又加之以仁义礼乐，成人之行也，若乃穷神知礼，德之盛也。”(《孔子家语·颜回第十八》)这里“成人”似乎是人的内在品性，与外在的行为无关，“成人”有了仁义礼乐，就是“成人之行”，如果进而能“穷神知礼，德之盛也”，达到德之盛境，那应当是圣人了。一切圣人都是“成人”，但“成人”未必是圣人。由此可见，孔子的“成人”不是一抽象的普遍概念，而是一具体的、因人而设的范畴。在“成人”的基础上，进而“加之以仁义礼乐”，即“成人之行”，进而“穷神知礼”，不仅是理想的哲学家，而且是达圣人之境了。当然，这种健全人格因人而殊，针对子路而言，最起码应做到“见利思义，见危授命”，重然诺。

近代以降，列强环伺，瓜分豆剖，迫于眉睫，何以救中国？以何救吾民？龚自珍高声呼喊“天公重抖擞”，不拘一格降下“报大仇，医大病，解大难，谋大事，学大道”的有“心力”之人才。龚自珍作为先知先觉的思想家，他预感中国正在酝酿一场大动荡、大变革，时势迫切需要扶大厦之将倾、扭转乾坤的英雄，因而他强烈呼喊：人才！人才！严复明确指出，“盖生民之大要有三，而强弱存亡莫不视此：一曰血气体力之强，二曰聪明智虑之强，三曰德行仁义之强。是以西洋观化言治之家，莫不以民力、民智、民德三者断民种为高下”，“是以今日要政，统于三端：一曰鼓民力，二曰开民智，三曰新民德”。(《原强》)“新民”是旧词，在《尚书·周书·康诰》就有“作新民”之说，然而无论是严复，还是梁启超，其“新民”说是近代学说，开近代人格观之先河。梁启超认为，“国也者，积民而成。国之有民，犹身之有四肢、五脏、筋脉、血轮也”，“欲其国之安富尊荣，则新民之道不可不讲”。（梁启超《新民说·叙论》）“新民”之“新”是德、智、体等全面之新。章太炎为了革命的需要，倡导“自尊无畏”“依自不依他”“重然诺，轻生死”的人格观。历史一再向我们说明，人格观是因时代的变迁而变化的，一种人格观的出现是应时代需要而出现的。

1920年，蔡元培较早提出“健全人格”的培育问题。他在《普通教育和职业教育》演讲中指出：“所谓健全的人格，内分四育，即：（一）体育，（二）智育，（三）德育，（四）美育。”可能是因为中国太多强调德行，也可能国人迫切需要摆脱“东亚病夫”蔑称，蔡元培与当时的许多知识分子一样，将体育放在首位，智育、德育、美育依次展开。体、智、德、美顺序不合乎中国人以德为先的文化传统，今天，我们还是习惯于德、智、体、美。

由孔子的“成人”到蔡元培的“健全人格”反映了中国近代社会人学思想的变迁，这一变迁与其说是对传统人格的否定，不如说是在新的意义上向孔子“成人”人格的回归。孔子的“成人”意义是丰满的、健全的、生动的，而汉唐以下，中国人格观是单向度的、偏枯的，用梁漱溟的话说，过于“坤静阴柔”了。经龚自珍、谭嗣同、严复、梁启超、章太炎、孙中山、蔡元培等人对健全人格的探索，我们认为，是在更高的意义上回归孔子的“成人”人格，这一回归是中国近代社会发展、变迁的内在要求。

李文军同志的大作《从臣民到新民——中国近代人格观研究》一书，是其20年来读书、体认、研究的结晶，是一部中国近代人格变迁研究的杰作。值此出版之际，谨表示热烈祝贺！

18年前，文军同志跟随我攻读博士学位，我有幸成为该书最早的读者。初读文稿，感到耳目一新。博士论文答辩通过后，我曾多次催促其出版，早日与读者见面，但文军同志一向谦逊、低调，没有再读大作之前，我总认为他是故意藏于筐箧，秘而不宣，后来知道他对自己的文稿还是不满意，一直做着修改、补充、增益工作。18年后，有幸再次拜读文军同志的大作,感到文军同志思想更加圆熟,功力更加劲道,见解更加敏锐,学术水准有较大的提升。

文军同志的大作从“臣民”到“新民”,是从一个侧面抓住了中国近代人格演化特征。“臣民”是相对于朝堂而言,是一个地地道道的政治术语。而在中国古代,“庶民”“生民”“烝民”等词语与“臣民”相较,政治色彩淡化多了。文军同志之所以选择“臣民”,是为了更好地说明近代人格形态的转变。当然,“新民”一词也不是近代的发明或发现,《尚书》就有“作新民”之说。不过,严复的“三民”中的“新民”与梁启超“新民说”之“新民”,早已不是传统“新民”的含义,而是近代意义上具有公民意义的新民了。文军同志的大作主题突出,观点鲜明,让人眼前一亮。

文军同志能较为娴熟地运用西方哲学、心理学、教育学等学科的知识对中国近代人格观进行分析与研究,让读者能够更好地理解中国近代学者内在的心境。近代中国是西方各种思想、主义争鸣的大舞台,各种思潮、主义在这里展现,也在中国大地一较高下,展开中西古今之争。离开了世界的视野便无法理解近代中国思想,而没有西方哲学、心理学、教育学、政治学等知识背景也就无法真正理解中国近代人格理论。难能可贵的是,文军同志的大作没有就中国近代的人格学说而言中国人格学说,而是将康德、马克思、弗洛伊德、卡西尔等人的人格理论拉进来,以烘托与映衬中国近代人格理论的得失之处。

文军同志的大作化博为约,以约见博,博约结合,对中国近代人格理论作了全面而透辟的梳理。打开文军同志的大作,我们自然会发现,从龚自珍、魏源,到洋务派的曾国藩、李鸿章、张之洞,维新派的康有为、严复、谭嗣同、梁启超,革命派的孙中山、章太炎等,作者将这些思想家的人格理论一一展示,同时指出他们各自特点、得失,这是至今为止,研究中国近代人格理论最为全面也是最为透彻的论著之一。

文军同志不仅是我的学生,更是我的老友,我常告诉他,我们处师友之间。师生是一时的,三年,还是五年,总会结束,朋友是一生一世的,友道是来自生命本我的高度契合。我认为友道大于师道,友道高于师道。老师忘掉是老师，学生忘掉是学生，师无师相，生无生相，不是无相，而是两忘，如此师友，是我的追求，于文军同志处见之。作为朋友，文军同志的举动常常让我感动，又让我赧颜。每当师友小聚，文军同志争着买单，我特不安，因为我知道，不是他有钱，而是他乐于奉献，乐于付出。他的大作，我是指导者，也是受益者，这可能就是古人所说的"教学相长"吧。

值文军同志大作出版之际，想起相交20多年的往事，点滴在心头，拉拉杂杂说了这么多，聊以为序。

颜炳罡

2020年夏于泉城兴隆山

目　录

绪　论

1842年第一次鸦片战争失败，清政府被迫签订了《南京条约》，向西方列强敞开了天朝大国的门户，中国被动地结束了古代社会，进入了近代阶段，引发了近代中国民族斗争、阶级对抗以及中西方文化的冲突和交融，导致了中国政治、经济、社会秩序长达百年的波澜激荡。在这一历史波澜中，除了落后的制度、衰微的经济、腐败的政治、苦难的民众这些令人心痛的景象，还有与这个时代形成鲜明对比的另一种现象——思想文化的空前活跃。在五光十色的思潮中，近代仁人志士有一个共同关切的问题——国民素质如何适应社会发展的要求。可以说，近代中国每一个历史时期的思想家都以其鲜明的历史使命感和理论自觉，根据当时的社会心理和人文资源，反思、构筑和升华中国人的人格观，以引导国民精神觉悟和整体素养的现代化。这是近代各时期维系或变革社会的精神力量，也是前人留给我们的宝贵财富。

第一节　问题的提出及其研究意义

一、问题的提出

西方的坚船利炮给国人心理带来了大地震式的冲击，这种冲击使国人延续了几千年的泱泱大国之豪气几乎荡然无存，对自己文化传统产生了怀疑，“盖晚清以来，积腐瀑著，综他人所诟病，与吾国人自省其阙失，几若无文化可言”[①]。丧失了文化自信的国人，在西方人高傲眼神下，甚至感到中华民族人种的低劣和人格上的自卑。

近代谋求富强的艰苦探索虽然是多方面的，但是关于中国人本身的思索，从一开始就为有识之士所关注。冯桂芬 1860 年就提出，中华以“第一大国而受制于小夷”，“则非天时、地利、物产之不如也，人实不如耳”。[②] 身为皇亲重臣的奕䜣等洋务派大臣也较早突破了“夷夏之别”，不以“师法夷人”为耻，提出“夫天下之耻，莫耻于不若人”。[③] 1862 年，清政府设立了同文馆，并于 1871 年开始把选派留学生作为一项政府的职能。但此时的“采西学”，只是“中学为体，西学为用”，目的是为了“师夷制夷”，人们并没有从根本上产生改变传统文化和政治体制下人格观的想法，封建社会压制人性的“三纲”礼教伦理人格追求并没有发生本质的改变。

甲午战争的失败，给国人带来了巨大的伤痛，进一步唤起了仁人志士思考：中国近代的问题不只是“用”的问题、“器”的问题、“末”的问题，而是“体”也有问题，“道”也有问题，“本”也有问题。这个问题，其实是政治体制问题之下人的基本观念及现代素养的问题。维新变法期间，有识之士突破“师夷制夷”的限制，开始向西方寻求改造中国的整体方案。康有为主张以君主立宪替代反封建君主专制的“博爱”人格观；严复、梁启超等以“开民智”和“新民德”为主题，倡导自由、平等、独立的“新民”人格，醒悟到“欲维新吾国，当先维新吾民”，提出了自由自尊、利群强国及富有冒险精神的新型人格观。辛亥革命前后，孙中山、章太炎从推翻清王朝的革命实践出发，提出了突出革命道德的人格观。辛亥

① 柳诒徵：《中国文化史》，中华书局 2015 年版，绪论第 1 页。

② （清）冯桂芬著，[德]冯凯整理，熊明心校对：《校邠庐抗议・汇校》，上海社会科学院出版社 2015 年版，第 108、109 页。

③ 奕䜣：《同治五年十二月二十三日总理各国事务奕䜣等折》，中国史学会主编：《中国近代史资料丛刊・洋务运动》（二），上海人民出版社 1961 年版，第 25 页。

革命之后，人们认识到资产阶级“革命成功将近十年，所希望的件件都落空……觉得社会文化是整套的，要拿旧心理运用新制度，决然不可能，渐渐要求全人格的觉悟”①。有识之士明确提出，中国现代化的启动不是早年的学“艺”，也不是维新的君主立宪制和辛亥革命的共和制，而在于用现代民主和人权意识来唤醒民众，以改变人们思想观念，构建符合世界发展潮流的人格观。陈独秀、李大钊、胡适等人，倡导人的独立、自由及民主、科学精神，提出了富有现代意义的“科学与人权并重”的人格观。巴黎和会的屈辱及俄国无产阶级革命的胜利，使李大钊和陈独秀等人对西方资产阶级的民主与公理丧失了信心，发现了马克思主义的伟大意义，认识到唤醒广大民众的革命作用，人类幸福人格观开始成为中国革命主流。

上述思想的形成与发展过程，是由地主阶级和资产阶级主导的从最初向西方学艺，到学政治体制，再到要求全体国民人格现代化的过程，标志着中国哲学层面的自我价值体系，实现了从古代精英文化向近现代平民文化的转换。

二、研究意义

近代思想家对于人格观的思考，既批判地继承了固有的文化传统，又吸收了西方文化，其形成与发展，无疑富有承前启后、继往开来的历史文化与哲学研究价值。尽管其中有些思想观点并不十分成熟，缺乏完整系统的理论支持或创建，甚至不乏偏激之词，但这一时期的思想家还是力图为其思想寻求形而上理论根据，为改变腐朽、呆滞、沉闷的封建主义文化下的人格观念，作出了积极的开创性的历史贡献。严复、梁启超、孙中山、章太炎、陈独秀等人对国民人格的思考之深、作出的贡献之大，至今仍无人能够超越。因此，他们的人格思想对我们思考和研究

---

① 梁启超：《五十年中国进化概论》，申报馆编：《最近之五十年(1872～1922)：申报馆五十周年纪念》第二编，上海书店 1987 年版，第 1 页。

当今中国人的人格观,重塑国民人格,实现人的现代化,研究全球化背景下的现代公民意识,具有极其重要的学术价值和现实意义。

(一)研究近代人格观的产生、发展能够丰富近代哲学研究

哲学根源于人类社会实践,是主要围绕着思维与存在的关系问题而展开的认识的辩证活动,同时,哲学又是围绕着人何以成其为人的研究活动,人格的塑造是哲学思考的重要内容。

就哲学形态而言,中国哲学与西方哲学的表现形式有所不同,所关注的问题也不尽相同。冯友兰先生将哲学视为对于人生反思的思想,因此,中国的哲学就是典型的人生哲学,其中有关人格观方面的论述是极其丰富的。他认为,中国人"不大关心宗教,是因为他们极其关心哲学"①,"学哲学的目的,是使人作为人能够成为人,而不是成为某种人"②,而中国传统哲学中人能够成为人的最高成就,就是成为个人与宇宙同一的圣人,其人格是所谓的"内圣外王"的人格。"哲学的任务,就是使人有这种人格。"③

从某种意义上说,中国近代思想家思考的重要问题之一,就是"我"的自觉,即自我的重新发现和再认识。由"我"的自觉使人们重新发现了"人",追求个性的解放,追求个人的独立自由,将个人的独立自由与社会的独立自由统一起来,这是近代思想家们的重要贡献。

近代思想家所追求的人格理想既有情感体验,又富有理性意蕴。这理性意蕴中即包含着对思维与存在关系的辩证认识,它在人格观中即体现为天人关系、人性判断、个人与社会的关系及个体之间的关系。通过揭示近代思想家对这些关系的认识,我们可以从另一侧面发现我国近代哲学思想的变化和发展。

(二)近代人格观研究可以促进近代伦理学研究

伦理学研究不直接探讨人与自然的关系,而是着重探讨人与人之

---

① 冯友兰:《中国哲学简史》,涂又光译,北京大学出版社 1987 年版,第 8 页。

② 冯友兰:《中国哲学简史》,涂又光译,北京大学出版社 1987 年版,第 16 页。

③ 冯友兰:《中国哲学简史》,涂又光译,北京大学出版社 1987 年版,第 12 页。

间以及人与社会之间的关系，人格观问题应是其中的重要研究内容。此外，人与人之间的伦理道德规范，是在历史的发展过程中形成的，折射出这一历史过程中人们的信仰、宗教和哲学思想，是哲学基本问题在伦理道德层面不同程度的体现。近代人格观的研究既与人的信仰、宗教情感和哲学思想有关，也与伦理道德规范相联系，可以丰富与深化近代伦理学研究。

（三）近代人格观的研究，对当今中国人的人格观重建有积极借鉴意义

自进入20世纪80年代，信仰危机在社会上持续发酵，成为我国现代化进程中的一大社会难题。我国大多数民众没有明确的宗教观，有着信人不信神的文化传统。中国人的信仰危机与人格观的模糊是表里相依的关系，信仰危机是表面现象，而人格观念的模糊才是造成信仰危机的重要原因之一。继承优秀文化传统，树立与现代社会相应的健康人格观，并以此为中心重建我们的信仰系统，是今后一个时期的紧迫任务。

"以史为鉴，可以明得失。"而思考与研究当今人格观的最好历史思想资源，若论丰富程度，莫过于被称为"近代"的鸦片战争至五四运动前后这一段历史区间。尽管当时社会发展过程中的主要矛盾与当今社会有所不同，但是现代中国是近代中国的延续，现代与近代有着直接相承的关系。从哲学史的角度研究中国近代人格观的产生发展，考察与之相关的哲学思想形成的社会政治、文化背景和历史轨迹，有益于理清近代中国思想家人格观的精神指向及其所产生的作用和影响。这使我们能够从史实和理论两方面阐明中国近代人格观与中国近代社会文化发展的内在联系。这一切对我们今天思考现代人格观的建设问题，都有极大的启发意义。

近代是一个思想流变过于迅速的时代。尽管其七八十年的历程在几千年文明史中不算长，但是古今中西学问之争、君主专制与君主立宪之争、君主立宪与共和体制之争等诸多问题，都在这期间集中出现。有关中西、新旧思想的冲突，也使中国人传统的人格观与当时现实的矛盾得以集中暴露出来，各种与之有关的哲学观点也涌现出来，而且它们已经化为中华民族文化传统的一部分。因此，近代的人格观与其他传统思想一样，与现当今有着共时性。一方面，它们是我们重建当代中国人格观的宝贵资源，如平等、独立、自由、民主、博爱等观念启蒙思想的演变；另一方面，关于这些思想观念如何与外在的行为、社会制度相统一，近代思想家的思考也给我们留下了许多有益启示。此外，近代人格观的有关不足和遗憾，又为我们今天建构现代人格观提供许多有益的借鉴。由于近代处于激烈的变革时代，政治思想斗争对人格观的影响尤为显著，而科学的进步、经济的发展与人格观点关系却不如今天这般密切。因而，研究近代人格观的产生和发展，可以为我们建构与科学进步、经济发展密切相关的当代人格观，提供理论上的参照。

第二节　近代中国人格观研究的分期

近代中国关于人格观改造的思想，萌芽于 19 世纪中期，形成于 19 世纪后期，深化于 20 世纪初期。

一、近代中国人格观研究的分期

本书沿用从 1840 年鸦片战争到 1919 年五四运动前后为中国近代的历史分期，将这一时期近代人格观的形成与发展分为四个阶段：洋务运动前后、戊戌变法前后、辛亥革命前后和五四运动前后。

（一）“中学为体，西学为用”的人格观

自鸦片战争至甲午战争，是中国近代人格观萌生的时代。这一时期的人格观从总体上讲没有超越以纲常名教为体、以西学为用的范围。

清末政治黑暗、吏治腐败，鸦片战争的失败给中国人带来了日益深重的社会危机和民族危难，泱泱大国的自尊心受到了空前的冲击和震撼。龚自珍、魏源早在鸦片战争之前就提倡经世致用，“不拘一格降人才”，提出了更法和改革的政治主张，并呼吁民众做扶危救亡的豪杰，以

期提高国民的凝聚力。清政府为抵制西方军事和经济侵略，在“中学为体，西学为用”的原则下，开始引入西方先进军事、工业技术。洋务派大力倡导经世致用的富国强兵人格思想，提倡义利并举，反对空讲心性和不尚实学。这一时期，理想人格仍局限于封建伦理纲常名教，对西方的学习和借鉴也仅限于夷人的数术之学或“精奇利便”之器。魏源和当时的洋务派在倡议“师夷长技”的同时，也把封建伦理人格作为复兴人心的“要图”。

曾国藩自幼接受传统儒家教育，深受明清以来孔孟程朱理学影响，以极力维护清朝纲常礼教为本，以经世兴国利民为用，以践行儒家“德政”与“民本”思想为其做官处世的政治理想追求，弘扬忠君爱国的纲常礼教思想，与太平天国在思想上和军事上进行了顽强的战斗。其间，他大力开拓洋务事业，不仅注重引进西方先进器械设备，而且开始重视人才素养更新，促成政府派出留学人员学习技术文化。在军事上，他将传统墨家、法家思想与儒家伦理纲常融合一体，提高了军队的思想凝聚力与战斗力，以仁智勇的内圣与外王抱负和智慧，成就了圣智并举的“三达德”与“三不朽”，其自我人格的最高价值得以实现。曾国藩等人的作为促进了“同治中兴”，为即将走向末路的大清王朝注射了一剂强心针，也给封建王朝士大夫践行人格理想写下了最后的完美传奇。

（二）融汇中西的“新民”人格观

自甲午战败之后，近代中国人格观进入了实质改变时期。这一时期人格观的主要特征是近代思想家融汇中西思想，出现了与传统臣民人格观不同的“新民”人格观。

如果说，洋务运动期间人们坚守以纲常名教为体的人格观，是为了维护清王朝统治，保持民族的自尊和自信，以增强抵御外强的凝聚力的话；那么，甲午战争的惨败，使人们对传统的理想人格产生了疑惑，乃至丧失了信心。严复于 19 世纪 90 年代在《原强》中就指出，中国的衰弱是由于“民力已堕，民智已卑，民德已薄，虽有富强之政，莫之能行”。他在英国实证主义哲学家斯宾塞的“三育”（智育、德育和体育）理论的影响下，提出国民全面发展的“三民”人格观，倡导“鼓民力，开民智，新民德”，从而使封建伦理文化传统中至高无上的价值理想“德”，从本体的地位下移至与“智”和“力”并列的三要素之一。[①] 古代社会精英理想人格从此下移至平民理想人格，近代人格观的探索重心由以注重圣君贤相的内圣外王人格，转向与时代发展要求相适应的近代平民人格。为了救亡图存，维新派认为中国的改革应调整方向，不但引进先进的机器、枪炮和科学技术，而且要改变定于一尊的君主专制政体，并相应地提出了借鉴西方国家近代思想改造中国的人格观念，将西方人格平等的思想与儒家“人皆可以为尧舜”的观念相融合，宣传“天赋人权”、人之先天资质相同的平等观念；将西方人格平等的思想与儒家的“忠恕之道”相沟通，提出了博爱的观念，等等。

这一时期，梁启超承接严复的“三民”理论，第一个系统地提出了“新民”人格观，主张将社会变革放在千百万人的觉醒和国民文化观念素养的提高上。

（三）为旧民主主义革命献身的人格观

戊戌维新之后，孙中山、章炳麟等人基于对中国传统人格观的反思与继承，借鉴西方近代哲学与伦理学观点，倡导推翻清王朝的革命理论，提出了旧民主主义革命人格观。孙中山在推翻清王朝的革命活动过程中，既主张继承传统美德又反对封建礼教，既主张向西方学习又反对全盘西化，逐步确立了带有浓厚的爱国主义和革命现实主义色彩的“三民主义”人格观。章太炎在与改良主义论战中，主张以佛学增进革命道德，提出了革命者所必须具备的道德品质，构建了富有民族文化传统特色的独立人格观，倡导人们在继承文化传统的前提下，追求个性解放和人格独立。

（四）以独立自主平等为理想的人格观

辛亥革命之后，由于思想革命不彻底，社会思想的沉闷与国力的积

---

① 参见严复：《原强修订稿》，《严复集》，中华书局1986年版，第17～19页。

弱并没有发生根本性转变。封建礼教人格观仍然是复辟帝制的借口，已经成为阻碍社会发展的羁绊。陈独秀、李大钊和胡适等人认识到，中国进行反封建复辟的政治革命，要从思想革命开始，要以科学和民主思想为宗旨"革中国人思想的命"，必须进行科学和民主的思想启蒙。在彻底否定封建伦理传统人格观的基础上，建立以个人主义为核心的自由独立的自我人格观，提出了科学、民主和自由独立的"新青年"人格观。他们发起的以科学和民主为旗帜的新文化运动，更加激进地批判封建礼教，倡导个人主义，宣传自主平等的人格观，在五四运动前后产生了巨大影响。这一时期是近代中国人格观的深化时期，主要特征是提倡自主平等的人格观。其思想核心是，中国要改革和发展的前提是个体思想的自由和独立，倡导人们的独立批判精神和思想自由，以激活社会发展的动力。

胡适提出，虽然我们有"民为贵，君为轻"的民主思想，也有平等机会参政的文官考试制度，但中国始终没有建立一个制度来限制君主的专制大权。因此，他极力推介以英国为代表的自由主义政治思想，在人文精神方面倡导个人主义"科学的人生观"，提出了"健全的个人主义人格观"，对当时国民性改造和现代人格观念产生了巨大的启蒙作用。

陈独秀以马克思主义唯物史观，论证了国民精神素质的改造对于国家振兴的重要性，提出了自主平等的人格观念和自由平等的权利意识，并认为富有自由人格的个人是民主政治的基石，而自由平等的权利是自主平等人格的前提，更是民主的本质，诠释了在为广大人民得解放和谋幸福中实现自我价值的人格观。至此，自主平等人格观突破了伦理本位的传统人格观，独立个人从此不再淹没于封建伦理人伦关系的框架中，被置于本位的和基础的地位，从而强调了个体作为认识主体和实践主体的重要性。此外，这种人格观强调个体与国家的协调一致，并不是以个体自我为中心的绝对利己主义，从而将自主人格的确立与国家的强盛、民族的独立任务联系起来，既倡导了以民为主、为前提的民主思想，又张扬了以科学为基础的人文理性，为构建科学和民主的现代人格观、培养中国人的现代公民意识打下了良好的基础。

二、中国近代人格观研究现状

纵观近年来的中国近代人格观研究，尽管成果为数不少，但多存在以下三点缺憾：

第一，多数学者没从哲学的角度思考和界定人格的概念，心理学、伦理学、哲学层面的人格概念交互使用，比如个体人格和社会整体人格概念的混用等，不利于交流和澄清不同层面的问题。

第二，研究成果多以人格思想的历史发展梳理为基本特征，而少有对中国传统哲学和西方哲学与近代人格观的内在关联的研究，也没有对近代不同时期人格观的内在逻辑关系进行细致的梳理。

第三，在涉及传统与近代，尤其是对待儒家人格传统与西方近代人格观念的冲突，人们对以儒家哲学思想为代表的中国传统哲学思想理性分析不够，否定的多，肯定的少。其实，过褒或过贬都不利于对近代人格观的产生及其发展的深层次研究。

本书试图以儒家传统人格观的产生、发展为背景，从哲学角度出发，通过对鸦片战争至“五四”新文化运动这一历史时期不同阶段、不同派别的人格观研究，厘清这些人格观与各种中西哲学思想的联系和各种人格观内在的逻辑关系，以及每种人格观背后所蕴含的哲学理念，以期给人们更多的启示。

第三节　概念的界定与说明

本书书名中的关键词，“近代”“人格”和“人格观”，包括“中国”在内的名词概念几乎都是近代的产物。近代之前，华夷之辨观念之下，国人以“天下”概念为重，“中国”只是个地域概念，不是一个主权国家概念，“中国”即是“中心之国”；其他国家只是文化落后的蛮夷邦国，与天朝中国是朝贡关系，而不是主权平等的外交关系。鸦片战争之前，历史也无所谓“古代”与“近代”，只有朝代的观念。西方列强打开国门之后，按照西方的划分方式，我们的历史才由古代进入了所谓的“近代”。为促进中国社会转型，以保种救亡，近代思想家启蒙的重点就是改造人格或国民性，而“人格”和与之相关的“国民性”等，都是经由日本传入的西方学术词汇。“新民”一词，就是梁启超等人致力于国民性改造，沿用《尚书》中的“作新民”而新造的词汇，旨在唤醒民众摆脱封建臣民人格思想，激发民众反抗封建礼教统治，做人格独立的新国民或现代公民。现就“人格”“人格观”及“国民性”诸概念进行比较系统的梳理和界定。

一、人格与自我

“人格”在当今学术界是一个多学科共用的名词，心理学、伦理学、法学、社会学、人类学和哲学等学科都涉及人格的概念。

目前，人们所说的“人格”多是心理学意义上的人格。这是一种以科学实证分析为方法，以研究人的行为为基础，关于个体或群体的实然人格理论。本书以伦理学意义的理想人格为基础，所研究的儒家传统人格观和近代人格思想中的人格，是哲学层面上的“理性人格”。

（一）人格概念溯源

“人格”(personality)一词的拉丁文原意是代表人的社会角色的面具，用以指代有权利和义务的社会主体身份。在古代罗马，社会分层的标志是人格的完全程度，具有自由人身份、公民资格和家族财产支配权的人才享有完整的人格，缺其中之一即没有参与社会选举的权利。其后，这一观念演变为以权利与义务为主体资格之现代法律人格的基础。此外，西方心理学中的“人格”与“性格”是同义词，表示一个人或社会群体显著的个性、态度和习惯等方面的综合表现特征。

“人格”一词近代从日本引进以后，除代表心理学意义上的实然人格，还受以伦理道德修养为核心的中国传统文化影响，成为中文原有词汇“人品”的近义词，随即与人的品德、品行、人品相联系，成为人之为人的道德品格的代名词。因此，在中文语境中，人格的定义和解释要比西方语境要复杂，在不同的学科有不同的适用角度和层面，同一学科也强调不同的适用领域。

在心理学上，弗洛伊德将人格的结构分为本我、自我和超我。刚出生的人只有一个人格结构——本我，它与满足个人欲望有关，是“我”的自私部分，其行为原则是快乐，代表人避苦趋乐的动物本能，成人后完全潜藏在无意识中。人在出生两年后，在环境的影响下，自我在本我的基础上才逐渐形成，它一方面反映本我的愿望，另一方面接受外部现实影响，对生存条件逐步适应和服从。因此，自我既有无意识性也有前意识性，既考虑满足本我的本能要求也考虑行为后果，体现出人性的理性和复杂性。在体现人性的自我基础上，会发展出代表人之自由意志的超我。超我，代表着人对文化传统价值观念和社会理想的关怀与认同。在一个健康人身上，强大的自我不允许本我和超我过分地掌管人格，其差异性表现出个体人格的实然个性——性格。

弗洛伊德的学说是现代个体心理学人格理论的基础，其人格动力学说以人的性冲动为主要影响因素。后来的研究者注意到，社会、文化对个体人格的形成也具有重要影响。

我国心理学者对人格的定义也莫衷一是。有的学者从社会和文化的角度提出，人格是指人的文化心理结构，是每个人赖以立身于世的一套心理行为方式，在平稳、和谐的社会环境中，自我内心矛盾较小，人格趋于健康、和谐，反之则会发生分裂。① 有的学者从伦理学角度提出，人格作为人性或人的本质的一个组成部分，依照马克思关于人的本质理论，人格应该是伦理关系和道德关系的一种自我塑造过程。②

总之，在当今中文语境中，“人格”一词在生活中有多种含义：有伦理学上的道德人格，它指一个人的品德和操守；有法律意义上的人格，它指享有法律地位的人；在心理学上，人格是性格、行为、态度或习惯的

① 参见殷俊玲：《洋务派矛盾心态析》，《北方论丛》1992 年第 4 期。

② 参见覃光广等主编：《文化学辞典》，中央民族学院出版社 1988 年版，第 8 页。

有机结合，表示人的性情、气质、能力等个人显著的特征；在社会学心理学上，它也表示社会群体的共同特质，是属于同一文化形态下人们所具有的一般特质，表示人的尊严、价值和品格的总和。

（二）人格与自我

人格理论都以研究人的自我为基础，都把人格作为自我的行为和观念的外在表现。人格是自我的"面具"，其后面有一个实实在在的真我，即真实的自我，它可能和外在的面具截然不同。心理学上的自我，是人的原始本能及社会道德规范整合而成的一种自我。因此，这一自我由现实自我与理想自我动态协调组成的自我，既受个人欲望支配，又受社会规范控制。现实的自我是个体经过环境的磨砺，表现出的心理、生理及生存情境的真实状态，而理想自我则是个体对自己发展或将来之理想状态的期待。"应然的"理想自我与"实然的"现实自我，其形成发展与特定社会文化价值观念密切相关，两者既有促进与引领作用，也会在社会环境不利时发生冲突；非理性或脱离现实的理想自我，会导致现实自我人格产生自卑的倾向。在社会学上，自我分为"个人取向自我"和"社会取向自我"——个体自我和社会自我，社会自我是特定社会群体自我人格习惯、行为与信念的综合体现，也有现实表现、个性表现与理想趋同的人格观。心理学上的个体或群体现实自我，都是感性的经验层面上的自我，其人格特点具有独特性、稳定性、统合性、功能性，可以具体描述和测量。①

中国传统的自我与西方文化传统的自我有明显的区别。这决定着其个体层面与群体层面的现实自我与理想自我会有不同的文化特质和价值观念取向。以彼岸为价值指向的西方社会，人们注重客观世界改造，其自我人格倾向于现实性和开放式的个性化。而在注重现世意义世界建构的古代中国社会，人们强调内敛式道德理性修养，其自我人格更具理想性和整体性，个体的现实人格就会有受到压抑的文化倾向。

---

① 参见杨国枢、陆洛编：《中国人的自我》，重庆大学出版社2009年版，第97页。

西方传统的自我是基于个体独立的自我，自我与他人的关系属于契约性的平等关系；而中国传统文化的自我是基于家族或宗族关系的自我，自我与他人的关系属于伦理性的差等自我。本书分别称之为“契约自我”和“伦理自我”，其区别与关系，将在每章小结或结束语中作简要讨论。

从哲学角度讲，人的自我主要是指理性的自我，人格代表理性自我的特性或外现。因此，如果强调人格理性自我的外现部分，可以说“自我的人格”（康德），而要表明与纯粹自我的区分，也可以说“人格的自我”（胡塞尔），表示人自身具有自我意识和自我控制能力，是具有感觉、情感和意志等机能的主体。尤其是指主体人的自我，在挣脱了神的统治后，拥有了区别于动物的超越感性的意志自由后，人之为人的自我从动机上对人类社会法则的认同特性。

康德认为，只有具有善良意志的人才真正具有人格的尊严，而之所以能够具有善良意志，是因为人具有理性。正是因为人具有理性，才使人有可能按照理性的命令展开行动，使得人之原本充满了感性欲望或爱好的意志受到理性的规定：

> 职责呵！好一个崇高伟大的名称。你丝毫不取悦于人，丝毫不奉承人，而要求人们服从，但也决不以任何令人自然生厌生畏的东西来行威胁，以促动人的意志，而只是树立起一条法则，这条法则自动进入心灵，甚至还赢得不情愿的尊重（无论人们如何并不经常遵守它），在这条法则面前，一切禀好尽管暗事抵制，却也无话可说：你尊贵的渊源是什么呢？……它不是任何别的东西，只是人格而已，亦即超脱了整个自然的机械作用的自由和独立性，而这种自由与独立性同时还被看作是存在者委身于特殊的、即由他自己的理性所给予的纯粹实践法则的能力，于是，属于感觉世界的个人在同时属于理智世界的情况下，委质于他自己的人格。这样，人，由于属于两重世界，在与他自己第二重的和至上的天职相关联时，必定只以尊敬来注视自己的存在，必定以至上的敬重来注视这种天

职的法则。

许多依照道德理念来标明各种对象价值的表述都依赖于这个渊源。[1]

康德基于基督教的原罪观念指出，世上饮食男女是“足够罪恶”的人，而其意识中的人道必定是神圣的：每一个理性的创造物——人，凭借人之为人的人格，能够没有任何借口地维护道德法则的神圣性。

这个唤起敬重道德法则的人格理念，将人之本性的崇高性赋予每一个人。因此，一个身陷生活中极大不幸的正直人，只要他能够不顾人的职责，原本可以避免这个不幸；他之所以昂立不移，是在维护和尊重他个人的、人之为人的尊严之中的人道。

（人格）是对于失去个人价值的这种危险的防范。它是对某种全然有别于生命的东西的敬重的结果，经与后一种东西的比较和对照，生命及其一切愉快反而是全无价值的。他依然活着仅仅出于职责，而非因为他发现生命有一丝一毫的味道。[2]

康德的这种“具有善良意志的有理性存在者”，不是经验的描述，而是价值的判断和追求。因此，哲学的人格与心理学的人格不同，它是基于人性层面，人的自我超越经验的价值判断和选择的体现，不只是常识意义上的，也不只是心理学层次与经验描述层次上的，而且还是意义选择或追求层次上的，是一种有关人格的主观观念。

这与我们儒家传统对人性的理解和实践的倡导如出一辙，与中国传统文化中的“君子人格”的定位可谓殊途同归，中西方文化在人类本质深处的理解是相通的。君子人格，在于提升和维护人之为人的尊严，是理性的、没有条件的，即所谓“人之所以异于禽兽者几希；庶民去之，君子存之”（《孟子·离娄下》）。这种人格不是外在强加的，是人的理性

---

① ［德］康德：《实践理性批判》，韩水法译，商务印书馆 1999 年版，第 94 页。

② ［德］康德：《实践理性批判》，韩水法译，商务印书馆 1999 年版，第 96 页。

能够自察的,“仁远乎哉?我欲仁,斯仁至矣”(《论语·述而》),更是需要人去践行和弘扬的,“人能弘道,非道弘人”(《论语·卫灵公》)。可以说,康德将上帝划入物自体后,人的主体价值和尊严得以提升,开启了西方社会注重人之自我人格的现世尊严及意义的反思及构建,也启发了其后的胡塞尔等哲学家基于人类实践的“生活世界”中人格观念的形成。

二、人格与文化

人是环境的动物,人必须适应环境而生存。哲学上的人格,虽然不是经验型的,却是历史型和社会型的,因为不同时代和不同区域的人们对人格观念的理解和追求,是以时代所要求的主流价值观为指向的。胡塞尔提出,人格的自我是在生活世界中的自我,是与他人共同相处和生活的自我,是在自然和社会中行动的自我,是具有历史和个性的自我。

> 既然自我在它自己的积极的发生过程中把自己构成为一个具有自我属性的统一的基底,它也进一步把自己构成为一个稳定和持续的人格的自我,在最广的意义上,我们还可以谈论人之间的种种人格。尽管信念一般来说只是相对而言持续的,并有着它们的变化的方式(通过对现在的立场的变更,其中包括取消或否定,丧失其有效性),但是自我在这样的变化之中表现出一种具有连贯统一性的持续样式,一种人格的特性。①

康德与胡塞尔都强调了人格的意志自由或主动性的理性,因此,人是抱着希望和价值判断生活的,在人实现自己的目的的实践活动中,人既塑造其周围世界又塑造其自身。

后来,维特根斯坦认为,语言必然与人的生活形式联结在一起,自

① 转引自张庆熊:《自我、主体际性与文化交流》,上海人民出版社1999年版,第18页。

我必定是在世界中的自我;哈贝马斯也强调社会结构和居统治地位的意识形态对人格的影响;美国的 M.米德等实用主义的哲学家主张,人的经验和行为具有社会的性质,自我和心灵是在社会中形成和发展的,自我也是在社会的关系中表现出来的功能。

文化哲学家卡西尔从人类创造文化历史的角度,比较全面地论述人格的本质。他认为,"人是文化的动物",人只有在创造文化活动的过程中才成为真正意义上的人,人的本质是永远处在制作之中的,它只存在于人不断创造文化的辛勤劳作之中。人的劳作怎样,人的自我也就怎样,因为自我是人的创造性活动的呈现面貌,是人自身创造的文化历史的"产品",带有深深的历史文化传统烙印。他还指出,"心理学知识的进展几乎根本没有证实这个笛卡儿主义的原则"①,而个体心理研究这"一种始终如一的彻底的行为主义是不足以达到科学的心理学这个目标的。它能告诫我们提防可能的方法论错误,却不能解决关于人的心理学的一切问题"。②

基于上述论述,可以说,人格的自我是主动和具体的,在人与其周围世界的关系中被发现并表现出独特的能力、性格、习惯、态度和动机,不仅从其先辈那里继承了知识和经改造过的环境遗产,还把这份带有他自己的印记的遗产传递给后代。人格的自我不是仅仅生活在当前的周围世界中,而是生活在由过去、现在和将来构成的历史的周围世界中。③ 所以说,人格的自我是具有历史性的自我,是在历史的过程中形成和发展的自我。

三、人格与人格观

当代哲学家冯契正是基于人格自我的社会历史文化的道德主体的角度,提出哲学人格的定义:人格是"从现实中汲取理想、把理想化为现

---

① [德]恩斯特·卡西尔:《人论》,甘阳译,上海译文出版社 1985 年版,第 3 页。

② [德]恩斯特·卡西尔:《人论》,甘阳译,上海译文出版社 1985 年版,第 4 页。

③ 参见张庆熊:《自我、主体际性与文化交流》,上海人民出版社 1999 年版,第19 页。

实”的活动主体之“我”，是逻辑思维、行动、感觉的主体，也是意志、情感的主体，又是一个道德主体。真正有价值的人格是自由人格，它是真善美和知情意逻辑地统一在主体之“我”时，达到的比较完善的状态。[①] 这个人格定义中的“我”，即是哲学上所说的社会历史文化生成的真正的我。这种自我所构成或呈现的人格，即是哲学、伦理学意义上体现人的主体能动性、现实与超越相统一的人格，“比较完善的状态”是自我价值判断与选择的呈现。因此，可以说哲学上的人格与心理学上的人格不同，它不是经验的可描述的概念，而是对理想人格的基本看法和追求的价值体现，代表一定社会历史文化的人对自我价值定位的人格观念。

基于以上分析，笔者认为，人格观是富有文化理性认同和理想信念追求的自我建构与发展取向的观念，是个体追求或社会认同的人格理想。因此，关于人格观的探讨，在哲学层面上也不是抽象的，而是对特定文化历史及其背景下的理性自我人格结构模式之价值取向的分析与判定。它反映了在特定社会文化背景下，人们基于哲学、伦理学的基本观点，对人格的基本看法和要求，其内容包括相应的哲学思想、人性及伦理道德观念和具体的行为内容或模式。

这一界定，符合马克思关于人的本质的逻辑思路，即人格的发展与价值取向应该是“一切社会关系”中的一部分。

四、新民与国民性

伟大的文学家、思想家和革命家鲁迅，通过小说及杂文终生致力于批判和改造国民性，但并未形成完整的思想或理论体系。许寿裳在《怀亡友鲁迅》中说，鲁迅在弘文学院时，课余喜欢哲学文学的书。鲁迅对他常常谈到三个相关联的问题：怎样才是最理想的人性？中国国民性中最缺乏的是什么？它的病根何在？[②] 据此，现在一般认为鲁迅最早是

---

① 参见冯契：《人的自由和真善美》，《冯契文集》第3卷，华东师范大学出版社1996年版，第8～9页。

② 参见许寿裳：《鲁迅传》，北京联合出版公司2015年版，第105页。

在留日期间提出国民性问题的。

美国传教士阿瑟·亨德森·史密斯(中文名明恩溥,1845～1932)根据自己在中国22年的生活观察经历,于1894年出版《中国人的人性》(旧译《中国人的性格》《中国人的气质》)一书,被称为世界上研究中国民族性最早、最详尽的著作,书中列举了中国人爱面子、勤俭、保守、孝顺、慈善等26种性格特点。鲁迅先生曾在日本留学期间研读过此书,并将之推荐为"立此存照"的惊世之作。100多年前,作者在书的引言中写道:

> "中国问题"现在已经不仅仅是一个国家的问题了。这是一个国际性的问题。完全有理由相信,比起现在来,到了20世纪,这个问题将显得越发紧迫。中国人占有整个人类很大的比例,但凡对人类抱有良好愿望的人无不关注如何使这部分人得到发展。如果说上述的结论是正确的话,那么定会得到许多论据的支持——这些论据此前却被大大地忽视了;如果这些结论是错的,尽管得到过多大的支持,到头来也会不攻自破。[①]

近代日本把依法而保有国籍的国家全体成员都叫"国民"。中国近代学者梁启超从日本引进来"国民"的概念,提出倡导国民改造的新民思想。一些学者认为,中国近代的"国民"几乎等同于"公民"。[②] 张灏比较了梁启超的新民思想与儒家的人格理想,指出:新民适用于国家的每个成员,有表达政治权利的选举权,忠诚对象是国家或人民;而儒家的君子一般指能够参与政治的少数精英知识分子,通过做官来实现忠君爱国的政治抱负。[③] 但是,西方公民的自我有社会的自我与个人的自我

---

① [美]阿瑟·亨德森·史密斯:《中国人的人性·引言》,姚锦镕译,中国和平出版社2006年版,第4页。

② 参见陈永森:《告别臣民的尝试——清末民初的公民意识与公民行为》,中国人民大学出版社2004年版,第4页。

③ 参见[美]张灏:《梁启超与中国思想的过渡(1890～1907)》,崔志海、葛夫平译,江苏人民出版社1995年版,第107～108页。

两重性，即每个公民既有为国家和社会尽义务的职责，同时也被赋予受制度保护的不可侵犯的个人权利。在梁启超那里，重点强调的是“群”的集体主义，社会的自我几乎完全掩盖了个人的自我。因此，笔者认为，梁启超其实是承接“国民”的说法，提出新国民理念，“新民”乃是其简称。强调个人权利的公民观念，是其后五四运动时期民主与科学的主题之一。

“国民性”是“national character”或“popular personality”的汉译，也可译为“民族性格”“大众人格”或“普遍人格”，是现代民族国家理论的术语，从欧洲传到日本，再传入中国，指一个民族同其他民族相区别的典型性格特征，即不同民族的全体样组在人格分数上的差别。国民性可以用M.米德和G.贝特森在《巴厘人性格》(1942)一书中运用的人类学方法或跨文化研究、心理测验等方法进行测定。

国民性是社会学、人类学的一个概念，是指文化在民族心理上的积淀，是一个民族在长期历史发展过程中形成的、表现民族文化共同特点的习惯、态度、情感等比较稳定、持久的精神状态和心理素质的总和；是在自然、社会和历史三维现实和民族的文化影响下形成的多层次的统一体，可表现为积极与消极两个方面。因此，国民性是特定历史时期社会文化背景中具体群体的经验层面群体自我精神和行为的外在表现。①

人格观是哲学层面的概念，是特定社会之特定历史阶段群体社会自我的理性化和系统化的思想观念，具体调节和指导个体现实自我人格建构与追求作用。虽然也受自然、社会和历史文化三维现实的影响，但是它是超越经验的理性的自我，能够突破自然法则而摆脱感性欲望本能，行使人的自由意志，维护人自身神圣性或崇高性，由意志自由选择对至善价值的认同。

这种人格的神圣性和崇高性，在西方基督教文化传统国家，个体契

---

① 参见教军章：《中国近代国民性问题研究的理论视阈及其价值》，中国社会科学出版社2009年版，第119～124页。

约自我以上帝的至善为参照和终极追求；在中国圣贤文化传统中，个体伦理自我则以天理和圣人之道为参照和终极追求。因此，人格观是特定文化传统中理性自我的自由意志，对区别于动物的"优越的善"人格性的认同，体现人之尊严的反思和价值选择。

人格观是一个时代哲学思想从本体论、认识论到人性论的反映，是基于时代而超越经验的哲学层面的理性反思和价值观念，对现实国民性有批判和引领作用。因此，人格观是一个思想家或一个时代哲学思想和思维深度的体现。

小　结

人是"狼"还是"羊"
——契约人格与伦理人格的起源

"人能群"，人是社会的动物。汉字的"群"，在篆书中是"君"与"羊"的组合。许慎在《说文解字》中对这个字的解释是："群，辈也。"中国古代社会是典型以家族为基础的农业文明社会，人一出生就有了一个辈分，进入了一个同宗同祖的血缘亲族社会。人与人之间的关系，"群"字就是一个很好的解释：人们应该像羊一样相处，相互之间讲究谦和的君子之风；或者说，像羊群那样，为"君"的头羊，领着一群谦和的羊。因此，中国人的人格观起源于这种伦理自我世界。这种人与人"羊群"般的血缘亲和关系，也是儒家性善论的基础。

17 世纪，英国哲学家霍布斯在其《论公民》(*De Cive*)中引用了古罗马的一句俗语："有两条公理必定同样正确：人待人如上帝，人待人如豺狼。"前者就公民之间的关系而言属实，后者就国家之间的关系而言属实。[①] 于是，“人对人像狼一样”成为霍布斯著名的哲学主张，也成了西方人性恶主张代表性的言论。人们对他这句名言的一般解释是：霍布斯认为人与人的自然状态，就是如同动物世界般的人类社会，每个人都遵循弱肉强食的准则来保全自己，当怀疑有人有侵害自己利益的企图时，便先发制人，如同狼一样立刻进行袭击，产生互相争斗的后果。

霍布斯研究古希腊和拉丁文的著作，经过十余年的努力于1628年完成了修昔底德的《伯罗奔尼撒战争史》的翻译，成为第一个将其从希腊文原稿翻译为英文的人。一方面，霍布斯利用希腊的历史为工具，反对神权和君主专制。另一方面，他认为，修昔底德对伯罗奔尼撒战争的记录，清楚显示了民主政府是无法赢得战争和维持长期稳定的。因此，他认为民主制度并不可取。但是，他又提出，自然社会状态的人，会处于“互相为敌”的状态，每个人只顾满足个人的需要，凡是能满足个人需要的东西都要据为己有，为了满足自己的需要，他们会杀掠抢夺，为所欲为。个人在“自然状态”下暴露的本性就是自私自利，人际关系中充满了各种各样的侵略、强暴、阴谋、杀戮。这样，就使得自然状态成为一种“每个人对每个人”的战争。在这种状态下，没有规则，更没有道德法律，只有强者的狂笑和弱者的哀鸣，所以“人对人像狼一样”。因此，霍布斯认为，要扼制人类内心的侵略和好斗的本性，使人类过上更好的生活，每个人就必须让出自己的基本权利，交给一个公共的权力机构来管理，这个机构就是国家；每个人都需要国家，也必须服从国家的一切法规，这样才能让社会和平安定。被人们赋予最高权力的这个人，或这些人组成的组织，就是“国家”。被赋予权力的国家，就像《圣经》中所提到的巨大海兽“利维坦”，威力无比，能够保持社会安定。

笔者认为，霍布斯是以人的自然本性论，肯定古希腊人与人之间的契约关系，以此否定宗教对人的原罪的设定，以及君主专制下人身贵贱

---

① 参见[英]霍布斯：《论公民·献辞》，应星、冯克利译，贵州人民出版社2003年版，第2页。

的依附关系；其次，肯定了现代国家的作用，强大的国家威力能纠正民主政治的软弱，避免人变成“狼”。

古希腊及西方文化中契约关系的形成，与希腊所处的地理环境有密切的关系。希腊半岛80%是山地，山岭纵横，海岛星罗棋布，各地区面积不大。由于山地众多，山岭纵横，适合农耕的土地很少，很容易形成统辖周边若干个村落的小型城邦国家，“小国寡民”的各城邦国之间以独立自治为主。因此，希腊各城邦政体不同，存在着贵族制、民主制、君主制、寡头制和僭主制等多种统治形式。古希腊难以形成统一的政治中心，不易建成实行单一政体、领土广大的中央集权国家。

由于耕地少，粮食产量很难满足古希腊当时居民生活的需要。随着人口的增长，为了缓和人多地少的矛盾，希腊人注重发展航运业和造船业，向海外进行殖民扩张，因而人员频繁地扩散、迁入、交往流动，导致血缘亲族组织关系社会瓦解。在古希腊的城邦中，人与人相处，我与他人的关系，首先是自然的平等关系。为了各自的生存，避免人与人之间的关系形成霍布斯所说的赤裸裸的狼与狼的关系，人与人之间建立了契约关系，将自己的一部分权利拿出来交给地缘社会组织——政府，从而使“集体主义”导向的家族组织，让位于“个人主义”导向的社会政府。因此，古希腊时期形成的这种契约自我人格，实际上是“先小人后君子”的产物，以防止人暴露“狼”的性恶论本性。

与之形成鲜明对比的是，古代中国河流众多，长江和黄河流域的南北都有宽广平坦的平原，有利于农业耕种，从而形成了稳定的世代群居社会组织。这种农业文明的社会组织，以世代相传的血缘亲族组织为主，缺乏人与人之间的“自然状态”。在这种组织中，人与人首先是血缘伦理关系，伦理关系可以调节生产、物质交换和管理，形成伦理自我人格。这种人格，乃是熟人社会中“崇君子抑小人”的产物，倡导像羊一般谦和君子的性善论人格。所以，在古代中国，人与人是辈分伦理的社群，在地域平坦、辽阔的中原易于建成实行单一政体、领土广大的中央集权国家。

霍布斯出于反对当时英国的神权君主专制的目的，所倡导的理想社会形态是：古希腊的以契约自我人格为基础的民主政治，再加上可以克服民主政治软弱的“利维坦”式的强权政府。在《希伯来圣经》里，利维坦是一头强大怪兽，它畅泳于大海之中，可以使海洋的波涛逆流。它口喷火焰，鼻子冒烟，锐牙利齿，鳞甲裹身，性格冷酷，暴戾好杀，令海中所有生物见之色变，闻风而逃。社会通过契约而统一在一个权力强大人格政府之下，国家就形成了。国家权力即上帝意志，以强大的国家集权，约束人性之恶，结束无政府状态。霍布斯说：“这就是伟大的利维坦(Leviathan)的诞生——用更尊敬的方式来说，这就是活的上帝的诞生。”①

受英国连年内战影响，霍布斯认为，只能承认一个国家的主权，分权会导致内战，如果绝对专制与绝对无政府两择其一，专制君主制则是唯一的选择——君权至高无上，人民绝对服从。领导者最低目的就是维持和平，避免使国家处于内战的状态；如果一旦内战，主权者就自动失去主权，“利维坦”就死了。主权者作为利维坦的灵魂，用一切手段维系权力不失，一是抵御外敌，保证主权不会易主；二是保障人民通过合法劳动生产致富，以促进国家强大。霍布斯认为，法律是主权(即领导者)意志的体现，其目的还是为了维系和平——亦是正义。法律不能满足所有人的狼性，良法必须清晰而残酷。

其实，霍布斯的主张，与中国古代的法家思想如出一辙。中国的“法”字，繁体写作“灋”，是个会意字，也代表一种怪兽。法，从水，表示公平如水；从廌(zhì)，即解廌，是神话传说中的一种神兽。据说它能辨别曲直，在审理案件时能用角去抵触理屈的人。

我国西周时期，各诸侯国基于贵族名分得到分封土地，实行各家族的宗法自治。到了礼崩乐坏的春秋战国时期，弱国要自保，强国想称霸。当时，法家的思想就是倡导国君要有绝对权力，以富国强兵为目

① [英]霍布斯：《利维坦》，黎思复、黎廷弼译，商务印书馆1985年版，第132页。

的，以绝对的意志和权谋统御自己的臣下与国民。国家要制定一套为“农战”服务的严酷刑法制度，一切以法律为准绳，杜绝私情血亲，以农富国，以战强国，弱国可自强，强国能称霸乃至一统天下。秦国统一天下后，以法家思想治国，强大的皇权人格将传统的伦理自我人格压缩为等级“尊卑”人格。汉朝以儒家治天下以后，表面上恢复了传统伦理人格观，其实已经演变为封建纲常礼教下的伦理人格。

总体而言，中国古代的伦理人格观，强调基于血缘亲情的自我关系，以倡导仁者爱人之善为先；而古希腊的契约人格，讲求基于陌生个体的关系，人与人之间以抑恶为先，形成我与他人关系明晰的契约自我人格观。中国人的伦理人格观，是现代中国人集体主义人格的基础；而古希腊的契约人格观，是现代西方以个体为中心人格的基础。

欧洲进入中世纪以后，契约人格观演变为宗教依附型的契约人格，人将自己的灵魂交给了上帝，人类与上帝签订了契约，承认自己有原罪，上帝的启谕能够使人得救。自然状态的个体平等人格，异化为上帝依附下的平等人格。这种人格观，表面上消除了封建贵族与平民的社会差异，其实平民受制于教会和贵族的双重人身依附统治。中国人进入封建社会以后，民本宗族伦理人格逐渐异化为封建专制官本宗法礼教人格。封建皇权和礼教宗法在“温情脉脉”的尊卑有命和长幼有序中，双重控制社会民众，形成了官与民和主与奴交替的依附型人格。

摆脱这种官民和主奴混杂的封建依附型人格观，实现中国民众人格的现代化，是近代思想家和改革家思考和探索的重点之一，也是一个延续至今的重要研究课题。

第一章　自我的迷失与探寻

——中国近代人格观哲学思想的演变

与西方自发式的近代化不同，近代中国社会面临的是“千古未有之奇变”，不仅有外来的冲击，也有内部酝酿已久的求变张力。在封建社会走向瓦解的过程中，新形成的阶级主张改变传统社会政治权力格局，开明人士宣传和推动西方思想文化，重新诠释固有文化传统。因此，这一时期的思想变化是多层面立体式的，围绕着国家民族的存亡与图强，人格观背后的哲学思想转型也表现出多层和多元的特点。几千年封建君臣角色瓦解，与之相应的传统伦理自我出现迷失，近代社会思想家以民族自保与图强为指向，在现实与精神的挣扎中寻求文化与思想上的依托，开始了西方哲学的中国化和中国古代哲学的现代化，他们广泛吸收包括进化论在内的西方哲学思想，在进化、民主、自由、人权等外来思想与中国原有的变易、民本、宗法、家族等固有观念的比较和冲撞中，尝试构建新的自我模式，在新与旧、西与中两种交锋与磨合过程中，力求回答“中国向何处去”和“中国人如何现代化”的时代问题，从而开启了中国近代哲学改造及人格观的启蒙。

中国近代哲学思想的改造过程，是从学习西方物质文明到学习西方政治制度，然后学习西方民主精神和科学态度，最终接受马克思主义的过程，是西方哲学思想不断取得优势，也是中国古代文化传统在被批判中苦苦探索求变与创新的过程。

第一节　中国传统人格思想

中国先秦诸子百家文化，经过汉代以后封建王朝的筛选和碰撞，到了明清时期，主要由儒、释、道三大派构成。佛、道两教在不同的历史时期极具影响力，尤其在古代民间，起着为文化水平较低的民众提供心理调节和安慰的功能。但是，总体而言，在中国古代，佛教和道教文化都不占主导地位，不能改变儒家文化的主干地位。中国古代以儒家为代表的哲学思想特别重视对人性、人际关系和处世之道等问题的探究，倡导“以民为本”的精神，注重尊重他人、尊重民意、与人为善、利群利他、忧国忧民、严于律己、推己及人、向往高尚人格等思想，对中华民族文化的形成发展产生极大的影响。

面对西方工业化市场经济对中国自然农业经济的冲击，人们意识到中国传统社会的滞后性，在对传统政治经济和文化反思过程中，儒家人格思想在近代中国首当其冲地遭受了批判。这一过程，并不是简单的西风烈而东风退，而是守旧的士大夫极力维护封建礼教纲常的合法性，先觉的思想家也试图在长期受压制的佛学、道家、墨家、法家等人格思想中寻求重振中华民族精神的资源。因此，在近代社会引进西方人格思想以改造国民素养这一主流下，既有卫道士的抵抗，也有传统文化中佛学、道家、墨家、法家等人格思想出现的短暂繁荣现象。

一、走下神坛的儒家德性人格观

封建伦理人格观的形成与发展，与家国宗法一体化的社会结构及封建君主专制的政治制度有着不可分离的呼应关系。它最初产生于商周交替之际所形成的帝王“以德配天”及“敬德保民”的人格模式。这种德性人格的产生，标志着国家统治方式由君权神授的直接合法性，开始转向以高尚品德获命于天的间接合法性。这表明统治者的人与神关系，由直接的合一状态转化为间接的对应关系阶段，人神之间出现了适度的张力;人们开始注意摆脱神权的束缚,由对人格神的崇拜转向对世间人(圣王)的崇尚。春秋末期,孔子将这一统治贵族阶层所独有的德性人格观念,以体“仁”践“礼”为核心,下移为面向社会全民开放的人格体系,以宗法血缘为基点的“亲亲”之爱向他人、社会扩充至普世的仁人之爱,将个体自我的实现、人格的完善的最高境界提升到君子圣贤的境界。这标志着,中华民族不依附外在之神的理性自我开始觉醒,以“内圣外王”为人生追求的世俗化德性伦理人格观得以确立。

(一)“内圣外王”——孔子的理想人格观

孔子以自己对天命的理解,将德性及天命从贵族阶层下降到普通士人,给传统的“仁”和“礼”等赋予新的伦理道德含义,把传统的帝王德性人格扩充为面向广大平民的德性人格,提出了被庄子称为“内圣外王”的德性伦理人格观。

1.“修己以敬”——克己以修内圣

在孔子看来,“天生德于予”的这种先验的道德,是存在于人自身的一种潜质。人自身通过“修己以敬”的内省方式来体认,并能够通过不断的反思、修正使自己的内心修养不断提升。这就是被后人所说的“内圣”过程。孔子将“修己以敬”的道德内涵,规定为人间“至德”——“仁”。“仁”是个体人格的最高理想境界,具体内容包括爱人、孝悌、忠恕、克己复礼等内容,也是敬、智、勇、恭、宽、信、敏、惠等众多德目的总和;其行为的核心是忠恕之道,即“己所不欲,勿施于人”(《论语·颜渊》),“己欲立而立人,己欲达而达人”(《论语·雍也》)。这种律己宽人的仁爱之心,是以血缘“亲亲”之情的尽孝和守悌为出发点,生发出“亲疏”关系,确定利他或“亲他”的程度,以规定的“礼”去仁爱他人。在这一过程中,人们塑造自我、完善人格,实现自我的发展及价值的实现。

2.“修己以安人”——由内圣扩向外王

孔子认为,人人可承接天命,以仁爱、克己践礼的内圣之心去尽帮助他人的职责,去实践内圣所体认的道德,其实践的范围既包括社会实践(即“安人”),也包括政治实践(即“安百姓”)。这就是孔子所谓的

“行”，人们在“行”的过程中为他人和社会尽心尽责成就事功，即后人所说的实现“外王”。“君子耻其言而过其行”（《论语・宪问》），“君子讷于言而敏于行”（《论语・里仁》），重“行”的过程要求遵循“己所不欲，勿施于人”的恕道及“己欲立而立人，己欲达而达人”的忠道。因此，“忠恕之道”既是成就事功的外王之道，也是提升内在道德境界的过程。

“修己以安人”，强调富有正义感和真诚待人是与人相处的基本之道，在处理人际关系之“行”上的要求也是多方面的。孔子不赞赏虚情假意的言表，认为“巧言令色，鲜矣仁”（《论语・学而》），赞同以“仁者静”（《论语・雍也》）的态度去面对生活，对待他人的评价要有自己的是非判断，“众恶之，必察焉；众好之，必察焉”（《论语・卫灵公》），这样才能做到“君子成人之美，不成人之恶”（《论语・颜渊》），倡导积极而审慎的待人心态。孔子还强调，“出门如见大宾，使民如承大祭。己所不欲，勿施于人。在邦无怨，在家无怨”（《论语・颜渊》），这是文人士子待人接物和承担政事所应持有的诚敬态度，是“修己以安百姓”的基本体现。担任了一定的官职，对他人要恭敬，对百姓要爱惜，言语谨慎，这是孔子所倡导的为官之仁德。为官的人不仅在文化发达的城邦要持有这种仁德，即使到了荒蛮之地也应如此，即“居处恭，执事敬，与人忠。虽之夷狄，不可弃也”（《论语・颜渊》）。外在表现的慎独，反映出的是内心修养之高，这既是天赋之德的要求，也是行使天赋使命所提出的人格要求。

总之，“内圣”之用在于“外王”，“外王”的过程也是成就“内圣”的必要手段，单靠“内圣”或“外王”均不可能达到“仁”的境界，“内圣”与“外王”皆备才能实现真正的自我及成就理想人格。孔子所倡导的是一种富有主动性、开放性、独立性的自我，张扬了一种人之为人的实践理性，这种理性富有对待人生和生活的积极精神，是重实用轻思辨、重人事轻鬼神和善于协调人际关系的理性，它最终沉积为人们的自我文化心理结构基础，成为中华民族文化传统的集体无意识原型。

(二)“内圣”与“外王”的不同侧重——孟子和荀子人格观比较

后人在传述儒家的人格学说过程中,在褒扬至美至善的圣贤人格的同时,在阐释道德完善人格的过程和方式上发生了两个转向:一是强调心性修养,以突出德性和德行,界定人的根本价值;一是注重协调、规范社会人际关系,更多地强调实现社会事功的重要性。在一定程度上,这种分野恰恰体现了“内圣”同“外王”之间的内在张力。在战国时期,以孟子和荀子为代表的儒家思想家,从不同的角度进一步发展了孔子所创立的理想德性人格观,而人格思想的上述分化则自孟子和荀子始即已显露端倪。

1.孟子的“复性说”

孟子承接孔子的天命说,将天赋之德作为人与动物的本质区别,并将之转化为凡人皆有的普遍道德心理情感:“恻隐之心,人皆有之;羞恶之心,人皆有之;恭敬之心,人皆有之;是非之心,人皆有之。”(《孟子·告子上》)这种以心理情感为基础的人的本善道德之心,进一步将仁爱之心与内在心理情感相连接,使之成为与动物、野人的本质区别。孟子强调人之为人,“其所以异于深山之野人者几希”(《孟子·尽心上》),将天之真实不妄的天然之“诚”,化为伦理意义上的真诚不伪的应然之“诚”。他以不忍人之心为基础,将孔子的仁道发展为仁政,“人皆有不忍人之心,先王有不忍人之心,斯有不忍人之政矣”(《孟子·公孙丑上》),从而将儒家“泛爱众”一般的伦理要求,进一步推向政治生活的准则。关于天人关系,孟子认为“尽其心者,知其性也。知其性,则知天矣”(《孟子·尽心上》),实现天人合一,完成了天理的伦理化。孟子在孔子天人合一的自我使命感的基础上,强化了个体主观能动性,更注重张扬主体的力量。为实现仁政理想,其使命感充溢着“如欲平治天下,当今之世,舍我其谁也”(《孟子·公孙丑下》)的社会责任感。

基于天人合一之自然道德禀赋和强烈的社会责任感,倡导富有个性的个体自我独立的理想人格,这是孟子人生哲学和人格观的重要特征之一。他认为,人之所以为人,是因为人具备高尚的精神,这比人的生存需要更重要，所谓“饮食之人，则人贱之矣”（《孟子·告子上》）。孟子提出了“小我”与“大我”之分：“耳目之官不思，而蔽于物。物交物，则引之而已矣。心之官则思，思则得之，不思则不得也。此天之所与我者。先立乎其大者，则其小者弗能夺也。此为大人而已矣。”（《孟子·告子上》）认为个体自我精神可直接与天之“诚”相通，强调人与天之精神上的统一，无须以指向外在社会的事功为中介，而只需通过对“在我者”之“大”的绝对把握，即可充分实现其本性，实现人格的提升。由此，孟子构建了个体自我独立完整的内心人格世界，即所谓“居天下之广居，立天下之正位，行天下之大道。得志，与民由之；不得志，独行其道。富贵不能淫，贫贱不能移，威武不能屈”（《孟子·滕文公下》）。

但是，张扬自我意志力量，并不意味着孟子漠视人自身的局限性。他十分重视自我的德性涵养，提出要成为与天合一的“天民”，必须要有一个理性自觉的过程，从本然的我提升为理想的我。这一过程是“求其放心”的过程，“学问之道无他，求其放心而已矣”（《孟子·告子上》）。这一“求其放心”的过程，是养“浩然之气”及磨炼意志的过程，理性之自觉与意志的磨炼是展现先天善端并“扩而充之”，彰显人之为人潜能的过程，也是自我实现与人格完善的过程。为实现个体自我人格的直接提升，孟子极其强调人的内在自省和反省体验，主张“反求诸己”，“万物皆备于我矣，反身而诚，乐莫大焉。强恕而行，求仁莫近焉”（《孟子·尽心上》）。

孟子虽然提出“天下之本在国，国之本在家，家之本在身”（《孟子·离娄上》），认为“士之失位也，犹诸侯失国也”（《孟子·滕文公下》），但他的这种理想人格侧重于士子文人成为社会先觉者，而不一定需要去从事某一君臣角色来实现。所以，他本人虽奔波于诸侯之间，却不像孔子那样急于做什么官职以实现其外王之道，其主要目标是为尽自己的责任和义务去劝导君主施仁政，去开启民众的德性。而且，对于那些在社会上功业卓著但德行有污者，孟子都评价很低，乃至不乏轻视之意。如，孔子高度赞扬的管仲，在孟子看来则是“功烈，如彼其卑也”，“管仲，曾西之所不为也，而子为我愿之乎？”（《孟子·公孙丑上》）其鄙夷之意，溢于言表。

孟子在张扬自我的独立与人格自觉的同时，也注意到自我受外在无法超越力量的限制。他对天命与孔子一样存在一种“在外者”的天命意识，所以强调机遇，“五百年必有王者兴”（《孟子·公孙丑下》），认为“求之有道，得之有命，是求无益于得也，求在外者也”（《孟子·尽心上》），“莫非命也，顺受其正。是故知命者，不立乎岩墙之下，尽其道而死者，正命也”（《孟子·尽心上》），主宰的天命与理性自觉的结合，纳入了顺命的观念。但是，在孟子那里，理性自我的选择却是自由的，自我无法与“在外者”抗衡，而在道德领域可以自由选择，“求则得之，舍则失之，是求有益于得也，求在我者也”（《孟子·尽心上》）。这突出了孟子与孔子理想人格特质的不同，即自我的道德实践走向自我心性涵养，更加突出以“独善其身”为主、“兼济天下”为辅的内圣人格风范。

2.荀子的“积善说”

在荀子那里，对内在的道德修养也相当重视。比如，他曾提出“自存”“自省”“自好”和“自恶”等诸多个体自我内在修养的方式（《荀子·修身》），还提出了后世儒者大加发挥的“慎独”观念，体现了他对孔子人文关怀的基本特征的继承。但是，荀子对天人关系的认识，与孔孟有所不同。在荀子看来，天即自然，与孔孟天人合一观点不同，提出了“明天人之分”（《荀子·天论》），人之为人，不在其禀赋，而在于其有自觉的道德意识：“水火有气而无生，草木有生而无知，禽兽有知而无义；人有气、有生、有知亦且有义，故最为天下贵也。”（《荀子·王制》）从而将人与自然分离，并将人提高到高于自然的地位。在此基础上，荀子进一步提出天职与人职之分：“不为而成，不求而得，夫是之谓天职。”（《荀子·天论》）他认为天是无意志的，自然天成是其本然的表现；相反，人却有经纬自然的能力，“故天地生君子，君子理天地”，人的职能是治理天地，突出了人的价值和人在治理自然过程中的自我能力的展现，从人的外部表现确证人与动物的区别。

因此，与孟子强调先天之善端的内在心性不同，荀子更注重人道，看重“礼”这种人自身规定的做人规范对于人格修养的作用，并将之提升为人道的最高准则，“礼者，人道之极”（《荀子·礼论》），“故学至乎礼而止矣，夫是之谓道德之极”（《荀子·劝学》），从而将仁的内在规范作用转换为礼对人的外在制约。所以，他认为，人之自我的本然状态——人性，并不是纯善的，甚至是恶的。与孟子从人的天然本性讲人性不同，荀子从人的自然本性、人的后天德性与人的自然本能的关系，来论定人性。他提出，要将人之本然的我提升到理想的我的出路是“化性起伪”，认为“凡性者，天之就也，不可学，不可事；礼义者，圣人之所生也，人之所学而能，所事而成者也”（《荀子·性恶》）。荀子主张，修身的基本方法是用外在的“礼”来对个体自我进行节制和约束，“礼者，节之准也”（《荀子·致士》）；而修身的目的则指向外在社会秩序的实现，要使“贵贱有等，长幼有差，贫富轻重皆有称者也”（《荀子·富国》），即通过礼仪教化限制人之自我本性中的恶，将人的自我意识提升到符合社会规范要求的自我人格境界。

因此，荀子极其重视外在礼和法的重要性，认为“礼”是“人道之极”（《荀子·礼论》），“强国之本”（《荀子·议兵》），“天下从之者治，不从之者乱；从之者安，不从者危；从之者存，不从者亡”（《荀子·礼论》）。因此，一个人高尚人格的体现，是以礼修身，自觉适应社会秩序的要求，成为实现和谐稳定的社会秩序的一个环节。从“化性起伪”出发，荀子也认为普通人都可以为圣人。但与孟子以浩然之气展现先天禀赋不同，他强调依靠后天积善的过程：“涂之人百姓，积善而全尽，谓之圣人。彼求之而后得，为之而后成，积之而后高，尽之而后圣；故圣人也者，人之所积也。”（《荀子·儒效》）积善的过程，是个体的人接受社会教育提升人格的过程，即通过习行社会规范，从而使个体自我在人格上达到社会所要求的理想人格境界，实现理想人格的完善。这种忽视人格培养内在依据，进行强化道德教育的思想，有忽视个体人的自愿及自我的能动作用的趋向。因此，从根本上说，荀子的人格理论更为注重外王的方面，他心目中的圣人已不再是德性意义上的，而是“修百王之法，若辨黑白；应当时之变，若数一二；行礼要节而安之，若生四枝；要时立功之巧，若诏四时；平正和民之善，亿万之众而抟若一人”（《荀子·儒效》），是通过体现社会政治要求的外在修教，成就建功立业的圣王。

比较而言，孟子的人格观对后世知识分子的影响颇大，是士大夫行己自乐、践德自守的重要精神资源；而荀子的人格理论则在某种程度上为统治者制定纲常礼教所利用。此后，封建纲常礼教借助于强调对社会关系的协调和规范，要求个人和家庭绝对服从国家、社稷、君主的利益，以强化社会对个体的约束和限制，成为李斯和韩非等战国时期法家思想的滋生土壤。然而，这又在某种意义上进一步把那些无力实现其社会抱负的士人们推向了内在自我的反求上，内圣反成了外王无法展开的无奈选择，这反映了宗法政治社会群己关系的复杂性，个体价值实现与人格理想达成的矛盾。

（三）“君为阳，臣为阴”——封建士大夫理想人格的悲歌

在秦始皇统一天下之后，各诸侯国消失了，政治权力集中到君主的手中，大一统的君主专制形成了。从秦朝到清朝，除了其间分裂时期，从中央到地方各级政府，一切政务的最高决定权都集中到了皇帝手中。皇帝的意志就是法律，皇权至上成为法律的最高原则。文士武将只有为官一条正途，择君而就的人身自由在某种意义上已经丧失。

1.董仲舒的“天人感应说”

汉武帝刘彻在反察秦朝灭亡的教训后，采纳了董仲舒的建议，将儒家思想作为专制皇权和中央集权统治的理论依据。

董仲舒的学说之所以被汉武帝采纳，原因是多方面的，但与其重新诠释的天人关系，并以这种天人关系重新界定皇权的合法性不无关系。

在原始儒家那里，孔子承继西周重人轻神的传统，天虽有其形而上的色彩，但天的第一义是广义的自然。到战国末，荀子就完全否定了天对人的作用，上天成为纯自然之天，失去了其人格神的魔力。与之相反，董仲舒使自然之天又回到了超自然之天，“为生不能为人，为人者天

也，人之人本于天，天亦人之曾祖父也。此人之所以乃上类天也”（《春秋繁露·为人者天》），“天者，万物之祖，万物非天不生”（《春秋繁露·顺命》）。当然，董仲舒人格化了的天与西方的上帝不同，后者是超人，而前者仍承袭天人合一的传统与人同属一类，“以类合之，天人一也”（《春秋繁露·阴阳义》）。但是，他仍然肯定人为万物之贵的地位，“人之超然万物之上，而最为天下贵”，并可“上参天地”（《春秋繁露·天地阴阳》），“天地之符，阴阳之副，常设于身，身犹天也，数与之相参，故命与之相连也”（《春秋繁露·人副天数》），即人与天地可以相互感应。

在上述天人关系的基础上，董仲舒将天人关系与政治统治相关联，提出“天者，百神之君也，王者之所最尊也”（《春秋繁露·郊义》），“王者，人之始也”（《春秋繁露·王道》），进而提出“唯天子受命于天，天下受命于天子”（《春秋繁露·为人者天》），“天子受命于天，诸侯受命于天子，子受命于父，臣妾受命于君，妻受命于夫”（《春秋繁露·顺命》），重新确立了君权神授的神圣合法性，“春秋大一统者，天地之常经，古今之通谊也”（《汉书·董仲舒传》），将形而上的本体转换为神学的本体，将超验化的天与人格化的天合而为一，并将之作为君临一切的无上权威：“天地者，万物之本，先祖之所出也，广大无极，其德昭明……君臣父子夫妇之道取之此，大礼之终也。”（《春秋繁露·观德》）

董仲舒基于其天人观，在肯定人的价值的同时，又将天与社会伦理关系相关联，“王者与臣无礼，貌不肃敬，则木不曲直，而夏多风暴”（《春秋繁露·五行五事》），反之则天“恩及草术，则树木华美，而朱草生”（《春秋繁露·五行顺逆》）。在肯定了君主神权合法性的同时，又提出了天以德性警惩帝王及大臣的不德行为的思想。但是，董仲舒将阴阳范畴引入伦理规范，提出“君为阳，臣为阴；父为阳，子为阴；夫为阳，妻为阴；阴道无所独行，其始也不得专起，其终也不得分功，有所兼之义。是故臣兼功于君，子兼功于父，妻兼功于夫，阴兼功于阳，地兼功于天。举而上者，抑而下者”（《春秋繁露·基义》）。这实际上明确了所谓“天道”下的人伦主次关系，突出了君主的绝对权威，从属的一方成为依赖者,失去了独立人格的主体地位,否定了士人对天意的解释和对君主的批判权力,确立了绝对的伦理纲常名教。皇权的这种专制与天地君亲师传统完美地结合为一体,德性人格传统使皇帝自然成为天下臣民的道德与法规的楷模,名正言顺地以"天命"来统治百姓,这种表面上的"内圣外王"人格的理想宣扬,实际上向世人昭示的是政治伦理体系:个人只要加强自身的道德修养,将修身、齐家、治国、平天下结合在一起,就能实现政治上的内圣与外王的统一,从而完成了将个人的道德修养凌驾于政治制度建设之上的转化;儒家的德性人格观也因而成为专制皇权与宗族制度的连接纽带,异化为符合封建统治要求的伦理纲常名教,实现了君主对社会文化和人的思想观念控制的"大一统"。

在春秋战国时期,各国的政治体制的特征是君主专制。但是,由于诸侯国林立,各君主的统治范围仅限于自己的诸侯国。由于争霸和图存的需要,各君主以思想开明的姿态,广招天下有德才之士,士的思想观念和人格理想因而有较大的选择空间。虽然君与臣的关系是权力依附型的,不过那时的士可以择明君而匡扶,在思想自由的基础上,也有一定的个体人身自由与自我人格独立,而且士在以不同方式展现独立的个体自我人格的同时,也促进了社会整体自我人格理想的发展。

从汉儒开始,在上述大一统的政治体制中,知识分子已经没有了由圣而王的期望。不过,在所谓政统和道统的渗透与磨合中,知识分子注重坚守道统,形成了独善其身、尊德重道的士大夫气节和意志性品格。其间,虽不乏不顾政治利害和个人得失乃至生死的汉末清流,但在政治的极度高压下,先秦儒家德性人格在现实中已很难有存身之地,精神自由独立的个体受到了抑制,充满主体性活力的理想人格逐渐淹没在纲常礼教的伦理道德规范体系之中。魏晋时代,老庄学说复行,传统儒学在"援道入儒"后成为当时的玄学。在朝不保夕的门阀豪族严酷统治下,魏晋名士继续天人之辩,对已经权威化和教条化名教的虚伪性、强制性和功利化进行了批判和反抗,化当然为自然,主张德性应本于自然。因此,当时的名士要么如嵇康那样只有在别俗弃世中寻求自我的自由与人格的独立，要么像郭象等那样以放弃自我的方式得到自我，只有那些身居极位的圣君帝王，才能够“虽终日挥形而神气无变，俯仰万机而淡然自若”(《庄子注·大宗师》)。

2.宋明哲学家的内圣人格

魏晋以后，佛道盛行，形成了儒、释、道并行于天下的局面。在佛教昌兴的隋唐时期，面对儒学正统地位受到挑战的局面，虽也不乏韩愈等极力回应佛家挑战的儒家思想家，但缺乏对传统儒家思想及人格观念系统的建树。

宋明时期是哲学家辈出的时代。宋儒对魏晋玄学道法自然、忽视人文价值的倾向进行了批判。张载提出，“老子言‘天地不仁，以万物为刍狗’，此是也；‘圣人不仁，以百姓为刍狗’，此则非也”(《张子语录·语录上》)，承继孟子性善论；王阳明也主张恢复人的尊贵地位，“夫圣人之心，以天地万物为一体，其视天下之人，无外内远近，凡有血气，皆其兄弟赤子之亲，莫不欲安全而教养之，以遂其万物一体之念”(《传习录中·答顾东桥书》)。宋明儒学家将富有至高人格境界的圣人情怀视为先天先验的至善存在，他们从哲学高度回答了道德的起源与本质，证明了封建道德规范体系的神圣性和永恒性，提出“为天地立心，为生民立道，为去圣继绝学，为万世开太平”(《张子语录·语录中》)，表现出相当自觉的人文关怀和历史意识，从而使封建道德转化为人们的信念，形成人们的自觉行为，对其后直至清末的人格思想影响极大。

宋明儒学家将孟子的心性论与佛家的心性论结合，将内圣外王之道深化扩展成为伦理自我认识的永无止境的知行过程。这一过程既包括对人格修养的本体论证明，也有关于如何获得这种修养的经验描述。宋儒再将天人关系扩展为世俗伦理关系，使“仁”的含义扩大为“博爱之谓仁”，使儒家的人文精神更加普遍化，“天地万物与吾一体，固所以无所不爱”(朱熹《答胡广仲五》)。因此，他们所推崇的人格典范——圣人的形象是“诚者，至实而无妄之谓，天所赋、物所受之正理也。人皆有之，而圣人之所以圣者，无他焉，以其独能全此而已”(朱熹《通书注·诚上第一》)。天赋之“诚”,是道德之真的品格,是人格的基础。除了“诚”之外,理想人格的另一规定是“明”,即理性之自觉,即自我通过致知修己,体认人之为人所具备的诚。“自诚明者,先尽性以至于穷理也,谓先自其性理会来,以至穷理;自明诚者,先穷理以至于尽性也,谓先从学问理会,以推达于天性也。”(《张子语录·语录下》)自诚而明,说的是个人修养从确立本体开始,以之为方向,穷理致知、完善自我的过程;而由明到诚,则是在穷理致知的修养过程中进入自觉状态,最终的结果都是形成至善与理智合一的人格结构,达到“诚与明一也”的境界。

这一过程与一般的致知过程不同,其中有一个“觉”与“知”的分别,“知,谓识其事之所当然;觉,谓悟其理之所以然”(朱熹《孟子集注·万章章句上》),因此“莫先致知。能致知,则思一日愈明一日,久而后有觉也。学而无觉,则何益矣?又奚学为?……才思便睿,以至作圣,亦是一个思”(《二程集·上》),强调主体了悟之“觉”是突出对所知转化为主体德性的关键作用,即“上达必由心悟”(《孟子·尽心下》),“时时于良知上理会,久久自当豁然有见”(王阳明《答周冲书》)。当然,这里所说知与觉,不是针对外在事物的见闻之知,而是对伦理关系的体察或良知上的理会,是德性之知。

理学家还强调“敬”能对人格恒定起着维持的统摄作用,认为“敬”可以使自我专注于所觉知之本体,“主一则是敬”(《二程集·上》),强调人格境界的恒定需要以自觉谨严的精神状态来保证。

此外,宋明理学家的理想人格倾向于内圣,这明显地反映在他们所理解的德性之知与见闻之知的关系之中。张载指出,“诚明所知乃天德良知,非闻见小知而已”(《正蒙·诚明》),“见闻之知,乃物交而知,非德性所知;德性所知,不萌于见闻”(《正蒙·大心》)。宋明理学家将伦理理性作为人格内在的规定,认为对事物事实的认识,只是工具理性或技术层面的“知”,它从属于善恶评价的德性之知,“医书虽圣人存此,亦不须大段学,不会亦不甚害事,会得不过惠及骨肉间,延得顷刻之生,决无长生之理,若穷理尽性则会自得”(张载《经学理窟·义理》)。宋明儒学家对与人健康直接相关的医学知识尚如此，其贬低实用知识的态度可见一斑。明儒王阳明对知识技能的不屑态度更有甚之，认为“大端惟在复心体之同然，而知识技能非所与论也”（王阳明《传习录中·答顾东桥书》），“是故明伦之外无学矣。外此而学者，谓之异端；非此而论者，谓之邪说”（王阳明《万松书院记》）。

从天人之辨至人格取向，不难看出，宋明儒学家强调伦理理性化理解的绝对优先，注重价值理性的凸显，消解了技术理性，使其人格取向偏向内圣的极端，表现出以智为本，以天理为体，“主一是专主一个天理”（王阳明《传习录上》），“圣人一身，浑然天理”（《朱子语类》卷五十八），人格纯乎天理成为成圣、实现自我的唯一标准。

尽管宋明理学家从朱熹到王阳明都注重经世致用，但都时时将内在心性的完善放在首位，而不看重外在的事功。在价值取舍上，在他们心目中内圣以绝对优势压倒了外王。宋明儒学家的内圣趋向从学理上是上承孟子突出内圣的路向，但其历史现实因素是不可忽视的。

封建君主专制政体发展至宋明时期，大一统的中央集权得到了进一步强化，成熟的科举制度成为士子文人唯一实现自我价值的正途。他们以科举进入权力圈以后，由士变仕，在君主极端扩张的自我人格之下，理想人格与政治现实之间的矛盾冲突，使他们对外王的憧憬成为幻想。另外，封建君主专制政体与生俱来的弊端——吏治腐败，又使得朝廷注重宣扬内圣心性修养的重要性。宋明两代外患不断，依靠德性修养凝聚人心，是朝廷的惯用手段。因而，历史的、传统的、现实的、学理的，等等，诸多因素将儒家内圣外王的理想人格从外王倾轧至单向的内圣，从而造成了士大夫现实人格的扭曲，失去了儒家奋争、进取的精神。朱熹对理想人格的成就只寄托于对古代士人的感叹：“古之为学者，始乎为士，终乎为圣人。此言知所以为士，则知所以为圣人矣。”（朱熹《策问》）即使成就非凡事功的王阳明也是在精神压抑中度过一生的：“精神、道德、言动，大率收敛为主，发散是不得已，天地人物皆然。”（王阳明《传习录上》）

综观儒家理想人格及其特质的演变，一个突出的特点是内圣的分量越来越沉重，外王的品格却越来越薄弱。经世致用的口号虽代代相传，注重客观实践的精神却举步维艰，步步萎靡。在名教与专制政治双重统治下，各个时代的儒者不得不根据现实，在可能的范围内设计和阐发理想人格。尽管内圣外王在儒学后期虽有内倾的偏向，经世致用的目标却始终未变，内圣外王的德性人格的本质也没有改变。所谓后期儒学的内倾倾向，是相对于前期重政治实践这一面而言的，宋明诸儒并未背离儒学一贯的内圣外王的人格模式，只是倾向于从内圣直接推出外王，未能顺着先秦圣王人格的思路将外王实践具体化。而一旦外在的社会政治局势有所松动，儒家人格理论的外王诉求也就必然会以某种方式体现出来，因为这是蕴含在其整个思想体系之中的。

战国时期，孟子和荀子进一步丰富和发展了孔子的人格学说。前者强调个体内在心理精神与天理的契合，讲求养浩然之气，注重独善其身的个体自我人格修养；而后者更注重协调人际关系，讲求个人服从国家利益和君主意志的社会自我人格养成。应该说，先秦的儒家人格观是推崇以礼乐文化教化实现君子德性人格养成为主要特点的，折射着肯定独立意志、独立人格的理性自我之光，奠定了中华民族集体无意识的人格思想观念基础，铸就了中国传统人格富有社会责任感和浩然正气的精神特质。但是，儒家人格观注重在宗族伦理框架内实现自我、完善人格，有压抑个性的倾向，这一特点对后来的人格观念产生了消极影响。

从秦初至清末长达两千多年的封建君主专制统治期间，中国知识分子阶层以修齐治平为人生理想，追求由士而仕，力图通过匡助国君、替天行道，在建立不朽事功的过程中，实现自我人格理想的达成。但是，随着封建君主专制权力不断扩大及君主自我人格非理性化极度扩张，他们个人的独立意志和独立人格受到压抑，在崇尚古之圣君贤相的同时，形成了热衷仕途、委身皇权的士大夫群体依附人格。尽管历代都有忠于儒家理想人格，敢于冒死犯颜、直抒己见的诤臣，但对大多数士大夫而言，富有主体张力的自我人格在以君主、宗族、尊长为贵的三纲五常的礼教伦理价值系统中被消解了。

二、明清经世致用的人格思想

明中期开始，封建君主专制走向衰落，商品经济发展催生了资本主义萌芽，西学东渐之风开始影响中国，思想界开始反思和批判远离社会实践的旧儒学，以重振经世致用的传统儒家思想。这一启蒙思潮，为清朝政权入主中原所终止。面对西方政治经济和文化的冲击，中国近代知识分子以挽救民族危亡为己任，承继明末清初经世致用启蒙思潮，批判晚清政治弊端，以振兴中华传统文化为出发点，倡导学习西方，寻求中国社会改革与发展的出路，试图为中华民族振兴找到一条御侮自强、救国救民之道。

（一）经世致用思想的源流

所谓“经世”，即治世之意；“经世致用”，指学问必须有益于国事，由明清之际思想家王夫之、黄宗羲、顾炎武等明确提出。经世致用思想在中国传统文化中源远流长，在中国由传统社会向近代转型过程中，这一思想呈现出鲜明的特征，对整个中国近代社会思潮乃至中国近代历史的发展脉络，都产生了深远的影响。

经世致用思想与先秦传统儒学的“入世哲学”精神一脉相承。孔子面对春秋时期礼崩乐坏的局面，不注重思辨性和解释世界本原以及鬼神等问题，而是将帝王的民本德性人格下降到普通民众，以“仁者爱人”为内圣外王人格的追求，为每个人都能够履行的社会责任。因此，原始儒家的思想学说，重在引领人们做心怀天下的有为君子，倡导教统治者做以仁政造福百姓的圣君贤相。在先秦典籍中，“经”字常和“纶”字并用，含有“匡济”之意。如《易传》曰：“君子以经纶。”《庄子》指出：“春秋经世，先王之志，圣人议而不辨。”《中庸》讲：“惟天下至诚，为能经纶天下之大经。”以孔子为代表的先秦儒家视经世与修身如车之两轮、鸟之两翼，将其作为儒家思想的中心观念。可以说，忧国忧民、关注国事、针砭时弊，尤其是救国于危难与解民于倒悬，亦即先秦儒家传统经世思想，对后世知识分子和士大夫产生了深远的影响。如范仲淹的“先天下之忧而忧，后天下之乐而乐”，张载的“为天地立心，为生民立道，为去圣继绝学，为万世开太平”。

但是，儒家思想在汉代成为国家意识形态的思想基础后，在大一统封建帝王无限扩张的人格压力之下，逐步异化为谋取功利乃至禁锢人们思想的工具。到了宋代，程朱理学大兴，朱熹提出的“存天理，灭人欲”迎合了当时宋王朝改变社会风气的需要，遂成为社会的伦理准则，使修身养性的“内圣”与治国平天下的“外王”形成对立，走上了“穷理”僵化之途。自明中叶以后，以陆九渊、王阳明为代表的“心学派”，注重发挥人的主体能动作用，弥补了理学的弊端。“心学”的后人，在封建官僚制度的挤压下也逐渐抛弃了“经世”精神，只致力于“心学”本身，士林学风流于狂禅隐语式的“束书不观，游谈无根”(苏轼《李氏山房藏书记》)，空疏已达极点。不过，在理学和心学的发展与更替的这六百年间，儒家以天下为己任的主流文化精神在广大知识分子思想中播下了求变图强的种子，促进了实学的兴起与发展。

早在南宋时吕祖谦、叶适和陈亮等浙东学人中，就提倡经世致用，主张治经史以致用，把经世致用之学与功利之学结合起来，反对当时的理学家奢谈心性命理的空疏之学。在明清之际，基于君主专制的弊端和明亡经验教训，以顾炎武、黄宗羲、王夫之为杰出代表的思想家，针对腐朽僵化的明朝政治统治，大力反对空谈，主张关心时政，大力倡导实学，主张“实习、实讲、实行、实用之学”(颜元语)。而贯穿这所谓“实学”的一个中心思想，便是经世致用的精神，由此形成了一股有影响的社会思潮，提出了改革和创新的主张，范围涉及政治、经济、教育、军事、法律、地理、风俗和科学，等等。在政治上，他们直言批判封建专制制度。黄宗羲在《明夷待访录》中，提出统治者要“以我之大私为天下之大公”“公其是非于学校”，顾炎武则主张“庶民干政”。经济上，痛斥土地兼并造成的社会矛盾激化，研究均田办法。教育上，痛批学风的空疏，“书生徒讲义理，不揣时势，未有不误人国家者”，批判科举制度“以八股为文章，非文章也。志在利禄，不过借此干进。彼尚知仁义礼智为何物？不过钩深棘远，图中试官已耳，非真学问也”，主张转变学风为“事关民生国命者，必穷源溯本，讨论其所以然”，根据社会需求“生存一日当为生民办事一日”。

经世致用思潮在纠正时政和转变学风等方面比较一致，但是思想家们的哲学来源与方向比较复杂。有的改造理学重在心学，有的将心学与理学相调和。如，黄宗羲著名的《明儒学案》以阳明心学为核心，基于“心外无理”的思想阐发其思想，但也吸纳程朱理学“无气则无理”的唯物主义观点。顾炎武的哲学观点则偏重程朱以批判陆王。王夫之、颜元既批判程朱又批判陆王，有唯物论思想；尤其是王夫之的思维深度和广度都超过前人，把中国古代的唯物主义推向高峰。

（二）清朝经世致用思想的衰落

由于康熙、雍正和乾隆三代皇帝自身即是习用汉文化的表率，加上国土的扩张和平乱的成功，经济也空前繁荣，社会文化也表现出浓郁的书香气息。于是，他们在当时被奉为文治武功的千古圣君。虽然政治统治相对稳定，但清朝政府并没有降低对教育和思想界的严酷管控，一方面重视文化融合，将失去生机的朱子理学与政治统治结合，建立起一套完整的满汉结合的政治文化体系，将内圣治学和外王治世的功夫，异化为服从于封建统治的礼教修身功课；另一方面，加强文化专制，大兴文字狱，严格控制教育的内容和文人士子的思想。乾隆时期，屡次禁毁书籍，众多文臣书生因文获罪。从此，儒家关怀现实的一面只剩下了泛泛空谈，黄宗羲、顾炎武、方以智等人经世致用的思想与方法，只余下对儒家经典的考证方法，众多知识分子把时间和精力用在对古代典籍寻章摘句的整理和考证上，以逃避现实。

这种没有思想内涵的考据之学得到乾隆的首肯，一些达官贵人也加入这一行列，形成了以惠栋为首的“吴派”和以戴震为首的“皖派”汉代经典考据之学，史称乾嘉学派。乾嘉汉学家以汉儒经注为宗，以古音学为主要研究对象，在经史地理、音韵及文字训诂，乃至金石、天文历法和数学等考据方面，都取得了长足的发展。虽然乾嘉学派是文化专制的产物，有脱离社会现实的明显缺点，但是其平实与严谨的学风，丰富和精湛的成果，尤其是在研究和保存传统典籍、丰富传统文化研究方法上的诸多贡献，也为后世研究传统文化留下了宝贵遗产。

三、佛家、墨家和杨朱人格观的近代影响

在西方政治军事和思想的冲击下，清政府的思想统治势力减弱，以儒家礼教纲常为意识形态的政治主流思想出现了危机，不仅为西方思想在中国的泛滥提供了空间，也为近代思想家在中国传统的佛家、墨家和杨朱学派等思想中寻求精神资源提供了时机。

（一）近代的佛学人格之光

清末以来封建礼教制度文化逐渐走向崩溃，与之形成鲜明对比的是，中国传统佛教文化在新知识界反而受到关注。从龚自珍、魏源到康有为、梁启超、章太炎、王国维等思想家都十分重视佛教文化的作用。他们“半是儒家半释家”的学养或精神世界，给他们的人生理念和社会实践乃至文化思想，增添了特殊的色彩。

在儒、释、道三家中，儒、道两家的政治态度与人生原则虽然有差别，但是都带有浓厚的伦理色彩和政治色彩，“天人合一”的本体观在社会层面往往蜕变为“天王合一”，士大夫的道统人格异化为王权依存型人格，先秦饱满的主体理想人格也异化为“不为主即为奴”的极端平庸人格。因而，在皇权的控制之下，知识分子的思想活动演绎多于创造，信服大于怀疑，服从超过批判，一旦被皇权疏离或排斥，士大夫的整个生命存在意义都会出现危机，惶恐不安。①

佛教在近代知识分子中产生影响主要有两个原因：其一，19 世纪末 20 世纪初的中国，佛教仍然在不少地方盛行，宋明理学本就是援佛道入

---

① 参见哈迎飞：《“五四”作家与佛教文化》，上海三联书店 2002 年版，第 6 页。

儒的产物，佛学也是当时传统知识分子应该涉及的知识和思想范围；其二，社会的动荡、经济的衰退和官员道德的沦丧与精神的匮乏，传统家庭关系和人际关系发生了重大变化，觉醒的知识分子在迷失与寻求中，在佛学教义中找到亲切感。鲁迅曾说过："释迦牟尼真是大哲，我平常对人生有许多难以解决的问题，而他居然大部分早已明白启示了，真是大哲。"[①]佛家的理想人格强调平等思想，倡导众生平等的价值观念，以普度众生为根本宗旨，主张破除一切差别，人们的出身、血统、种族不足以区分人的高低贵贱。因此，在等级森严的封建社会，佛教因不参与政治，在满足人们对平等的向往和苦痛的心灵安慰上，起到了很大的心理调节作用，因而在民众中有比较广泛的影响。另外，佛家理想人格在生活实践层面有因果报应说，要求人们时刻省察并及时改正自己的行为，积善求福，勇于去恶，为了求得修持的正果以摆脱人生苦难而勤勉奋进，成为中华民族善恶观念和心理约束的重要内容。当然，佛家理想人格追求的价值目标具有虚幻性和极端片面性，否定现实生活的积极意义，只能提供精神安慰，而不能成为促进社会改革的思想。

在中国近代，新旧文化的冲突造成了社会精神世界的"价值真空"，佛教的众生平等和西天极乐世界，给当时苦难中的民众带来了超越现实的心理安慰和虚幻的精神寄托；而佛家坚持大悲为首，主张自觉抵制人世间的道德腐败与精神沉沦，激起许多知识分子超越现实的浪漫情怀和英雄主义。致力于推翻封建专制统治的维新派、改良派和革命家，也都不同程度地以佛家的平等民主为思想资源，支持无我的牺牲精神。

龚自珍、魏源、谭嗣同、梁启超、章太炎等近代思想家、革命家及学者、诗人，都曾有意识地从佛教哲学中吸取精神力量。如龚自珍的《己亥杂诗》中，正面咏佛的就有 22 首，引用佛学术语的有 11 首。[②] 而康有为撰著《大同书》，谭嗣同提出"仁以通为第一义"和"通之象为平等"，梁

---

① 许寿裳：《亡友鲁迅印象记》，人民文学出版社 1977 年版，第 44 页。

② 参见罗丽娅：《从〈己亥杂诗〉看龚自珍的佛学思想》，《钦州师范高等专科学校学报》2002 年第 4 期。

启超明确肯定“佛教之信仰乃平等而非差别”。他们在戊戌变法前后，呼吁人们学佛、信佛，希望把佛学变为维新派从事政治变革的精神武器。1922年，梁启超在清华大学讲学时，又对佛学理论作了总体概述，提出佛家所讲的法“就是心理学”。[①] 章太炎于戊戌政变后，逃亡日本，成为革命民主派。他接受西方进化论，主张无神论，反对神权论的“天”“帝”和“天命”，同时认为佛教的“万法唯识论”实为“无神教”，主张“依自不依他”，去除“奴隶心”，尊重自我之主体性，驳斥王阳明的“良知”说，提倡科学的自我主体精神，以反对封建专制。[②] 胡适曾充满感情地在《中国文学过去与来路》中指出，佛教的三十三重天以至大千世界，丰富了中国人的想象力。可以说，佛家的平等思想作为一种传统文化资源，为推动中国近代社会的变革做出了一定的精神贡献。

此外，在阶级矛盾日益尖锐和民族危机加剧的形势下，陈独秀等近代思想家也对佛教的消极作用，提出了彻底的批判与否定。陈独秀在《答李大槐》中提出，“魏晋以来，佛法流入，生事日毁，民性益偷，由厌世而灰心，由灰心而消极，由消极而堕落腐败”[③]，同时反对抽象“科学”的崇拜，引导人们走向对解决中华民族具体问题的马克思主义的信奉。在他们看来，马克思主义哲学从人类社会自身的生产力发展来解释社会进化的原因，提出了有别于生物进化的社会发展规律，因此比一般的哲学和社会科学更具有科学性和说服力。

(二)近代墨家人格的再现

墨家理想人格发端于春秋战国时期，在当时，“天下之言，不归杨则归墨”(《孟子·滕文公下》)，可见其学说影响之大。

春秋战国之际，大国之间争相称霸，小国则依傍大国图存，天下攻伐四起，民不聊生。墨家认为，“繁为攻伐，此实天下之巨害”(《墨子·

---

① 参见李喜所:《中国近代社会与文化研究》，人民出版社2003年版，第274～285页。

② 参见张世英:《中西文化与自我》，人民出版社2011年版，第306页。

③ 陈独秀:《答李大槐》，《陈独秀著作选》第1卷，上海人民出版社1993年版，第162～163页。

非攻下》)，提出了“兼爱非攻”的天下和平主张，培养训练有素的侠士，“墨子服役百八十人，皆可使赴火蹈刃，死不旋踵”(《淮南子·泰族训》)，“以杀止杀”，四处奔波以制止争伐。著名的“止楚攻宋”，便是墨子和他的弟子们以其超常的智慧和勇于赴死的胆略，制止了一场可能血流成河的战争。

墨家理想人格模式的中心思想是“兼相爱”，“凡天下祸篡怨恨其所以起者，以不相爱生也”(《墨子·兼爱中》)，因此，主张不分亲疏与差等地爱天下所有人。墨家理想人格还有崇侠尚武的侠肝义胆精神，社会危难时能够“杀己利天下”(《墨子·大取》)，追求拯世救民，不惜牺牲个体生命。因而，军事化的墨徒团体，以自强不息和爱好和平自励，粗衣淡食，不为势夺，不为利诱，提倡无私奉献、不怕牺牲的救世人格精神。为报知遇之恩的荆轲，以“图穷匕见”的方式去刺杀秦王，以拯救危在旦夕的燕国人民，即是战国末期墨家人格的践行典范。

此外，墨家以其卓越的科学思想成就，在春秋战国百家争鸣时期，成为非常有影响的一个学派。墨家提出了以经验为基础的认识方法，主张“闻之见之”和“取实予名”，在认识论、逻辑学方面成就颇丰。后期墨家分化成两支：一支注重认识论、逻辑学、几何学等学科的研究，另一支则转化为秦汉社会的游侠。后期墨家对前期墨家的经验主义倾向有所克服，承认理性思维在认识中的作用，对“故”“理”和“类”等古代逻辑的基本范畴作了明确的定义，区分了“达”“类”和“私”等概念，对判断和推理的形式也进行了研究，在中国古代逻辑史上占有重要地位。

秦汉之后，墨家学派在官方主流意识形态中销声匿迹了，游离于正统封建知识分子之外的民间社会或反政府集团中，但其思想及理想人格模式已经融入中华文化的血脉基因之中，在历史长河中的不同阶段，也会适时地表现出来。受经世之学和西方科学思想的影响，清代中期的考证风潮之中，就呈现过“墨学复兴”。墨家追求的“平等、博爱”和“天下为公”的人格价值观，以及求真务实的科学精神，迎合了近代救亡与革命的主题，为近代资产阶级革命者提供了思想资源和文化信心。

面对近代西方列强瓜分中国的局面，为救亡图存和民族振兴，当时的资产阶级民主革命派寻求古代墨家思想资源，以其激进的救世理论和科学思想成就，为民众提高民族文化自信，鼓舞革命斗志，于是墨家人格观念在社会公开再现。

可以说，墨家思想是一种典型的群体人格模式，其再现与复兴，与近代资产阶级与小资产阶级的整体力量弱小有关。面对势力强大的封建主义与帝国主义内外压力，革命者利用民间群体帮会和行会的力量，发动武装起义和暗杀活动，表现出以“天下为公”为信仰的殊死奋斗精神。

（三）杨朱人格思想的复兴

战国时期杨朱“贵己”和“不以物累形”之说，是先秦各派中个人主义的最突出代表。他们主张“轻物重生”，忽视外在一切方面，只看重自己的生命和利益。天下虽大，毕竟是身外之物；一毛虽小，却属于己，因此“不以天下大利，易其胫一毛”（《韩非子・显学》）。在战乱征伐不断的战国时期，杨朱之说为民众自保自存、独善其身的消极避世思想提供了心理安慰，产生过很大影响。在中国传统文化中，杨朱之说算得上是极端重视个体性自我的人格思想学派。他们希望完全脱离社会群体，企图把自我变为孤立存在的个体。这种思想，在以宗法伦理为基础的古代社会，是不可能实现的幻想。孟子当时批判杨朱之言，指责他们极端自私，只是“为我”而“无君”，“无父无君，是禽兽也”（《孟子・滕文公下》）。

梁启超在戊戌变法失败逃亡日本期间，在《费希特人生天职论述评》中，最早介绍费希特的哲学，把费希特的自我观与中国先秦杨朱之“为我”思想联系起来，认为费希特的自我观“若与杨氏之说同一根柢”，并通过介绍培根、霍布斯、笛卡尔、斯宾诺莎、卢梭、孟德斯鸠、康德等西方近代哲学家的思想，宣传西方近代的“主体性哲学”，大力宣扬了康德的自由意志论，认为“真我”和“良知”是绝对自由，善恶“皆由我自择”。受利己主义促进西方资本主义发展的启示，梁启超曾将利己主义视为拯救和振兴中国的一服良药。[①] 他说，西方近代的利己主义学说"其理论之完备，实有足以助人群之发达，进国民之文明者"，因此，"今日不独发明墨翟之学足以救中国，即发明杨朱之学亦足以救中国"。[②]

当然，梁启超提倡利己，但并非提倡极端的利己主义，而是希望国人将个人利益与社会群体利益合理地结合起来[③]，"团体之公益与个人之私利，时相枘凿而不可得兼也"[④]。当二者冲突之时，还是将利群置于首位，则"不惜牺牲其私益之一部分，以拥护公益，其甚者或乃牺牲其现在利益之全部分，以拥护未来公益"[⑤]。因此，当民国初年个人主义在中国开始蔓延，他又惊呼："今举中国皆杨也。……呜呼，杨学遂亡中国！杨学遂亡中国！"与梁启超持同样看法的，还有严复。严复一方面肯定杨朱之学为我之学的合理性，"人皆自修而不治天下"，"为我"并非等于自私；另一方面又不满杨朱之学后来的蜕变，蜕变为"拔一毛以利天下不为"的自私自利。梁启超与严复对杨朱之学的这种矛盾态度，表明他们心目中的自我，虽然反对封建伦理自我而倡导个人为本位，却是有社会担当的自我。

到了"五四"时期，个人主义和利己主义成为最时尚的信仰，张扬"自我"主体精神，成为一面在启蒙阵地中高高飘扬的旗帜。如易白沙在《新青年》发表《我》一文，高呼"救国必先有我"，我与世界不可两分，但"我"是本位。"由先后之说，必有我而后有世界"；"我为先，世界次之，国家为后"。[⑥] 不仅世界、国家、社会的基础是个人，而且利他主义，说到底，也是一种利己主义，因为"吾有此种爱人之心，即须完成之，如

---

① 参见张世英：《中西文化与自我》，人民出版社 2011 年版，第 360 页。

② 梁启超：《十种德性相反相成义》，《饮冰室合集·文集》(五)，中华书局 1989 年版，第 49 页。

③ 张锡勤：《梁启超思想评议》，人民出版社 2013 年版，第 240 页。

④ 梁启超：《论中国国民之品格》，《饮冰室合集·文集》(十四)，中华书局 1989 年版，第 3 页。

⑤ 梁启超：《新民说·论合群》，《饮冰室合集·专集》(四)，中华书局 1989 年版，第 77 页。

⑥ 易白沙：《我》，《青年杂志》第 1 卷第 5 号，1916 年 1 月 15 日。

不完成即是于具足生活有缺，即是未达正鹄"，其观点代表一种新的反封建礼教人生观和自我人格观，在当时固然有反封建专制的积极作用。但是由于救亡的政治需要，这种个体权利的启蒙没有完成现代转换，给后人造成了只强调自己权利或利益而忽视社会义务的弊端。这种唯我式的个人主义，以自我为中心，极化为以物欲为目标，成为放弃公共责任的借口，是一种自利性的人生观念和人生态度。其实，无论在古代还是近代中国，自我思想中都有一种小我与大我的二元观念，虽然在思想史之中大我的内涵多有变迁，但小我的价值唯有放在大我的意义框架之中方能实现，这是各时期人格观的共识。不过，从近代到当代，随着大我的嬗变、异化和逐步解体，最终小我（个人）失去了大我的规约，变异为唯我式的个人主义。①

上述种种中国传统文化人格观，在封建社会制度的宗法礼教集权思想长期挤压下，不可避免地异化和扭曲，个体的主体性受到矮化，人身依附的观念和"子民"意识非常明显。这本身也是近代改革与革命的障碍与难题，近代的个体主义思潮也给后人留下了启蒙的尾巴。如何面向未来返本求新，以推进人格观念的现代化，一直是中国近现代哲学的重要任务。

第二节 进化论对近代人格思想的影响

19 世纪末的甲午战争，中国败给邻邦日本，被寄予厚望的数十年洋务改革以徒劳无功宣告结束，整个帝国无论国家实力还是文化自信，都产生空前的危机。1895 年，北洋水师学堂总办严复发表《原强》，文中介绍了达尔文学说，进化论自此传入中国，似乎给中国找到了连连遭受挫败的根本原因和救命稻草。

---

① 参见许纪霖：《大我的消解——现代中国个人主义思潮的变迁》，《中国社会科学辑刊》春季卷，2009 年 3 月。

严复在《原强》中首创“物竞天择”一词，用自然淘汰诠释社会上的弱肉强食现象，在广大中国知识分子中产生强烈的震撼。这一思想在流传中又衍生出一个“下联”——“适者生存”，和一个“横批”——“优胜劣汰”。从此，“物竞天择，适者生存”和“优胜劣汰”这 12 个字，成为进化论在汉语语境中的基本定义。三年后，严复出版了古雅耐读的译著《天演论》，更是引发了举国震动。其后的十多年中，《天演论》发行过 30 多种不同的版本，创造了当时中外书籍出版的纪录。

一、达尔文的进化论

查尔斯·罗伯特·达尔文(Charles Robert Darwin，1809～1882)，出生于英国，生物学家、进化论的奠基人。他早年乘坐“贝格尔号”作了历时长达五年的环球航行，对沿途动植物和地质结构等进行了大量的观察和采集记录。以此为基础，经过二十年的研究，他撰写了《物种起源》一书。他提出的生物进化论学说，摧毁了当时的各种唯心神造论以及物种不变论。恩格斯将进化论与细胞学说、能量守恒转化定律，列为 19 世纪自然科学的三大发现。

达尔文的进化学说，从生物与环境相互作用的观点出发，认为生物的变异、遗传和自然选择作用能导致生物的适应性改变，其核心是自然选择原理：生物都有繁殖过剩的倾向，而生存空间和食物是有限的，所以生物必须“为生存而斗争”。在同一种群中的个体存在着变异，那些有利适应环境的变异，能使个体存活下来并繁殖后代；而不具备有利变异的个体就被淘汰。如果自然条件的变化是有方向的，则在历史过程中，经过长期的自然选择，微小的变异就得到积累而成为显著的变异，由此可能导致亚种和新种的形成。20 世纪四五十年代，现代遗传学家摩尔根等人的研究与发现证明了达尔文进化论基本的科学性。

《物种起源》于 1859 年 11 月出版之后，在英国和整个西方基督教社会引发了强烈的地震。如果说，牛顿的万有引力定律依然为上帝保留了“第一推动”的角色，那么，达尔文的自然选择理论，则从根本上废黜了上帝。自然选择理论无须复杂的数学公式，简单明了的结论，就给基督教世界的人们心灵带来了更有震撼力的冲击。

1859 年 6 月，当时的英国首相帕默斯顿勋爵，曾经向维多利亚女王建议授予达尔文以爵位。但是，女王的教会顾问和牛津主教都加以制止。因为达尔文的进化论，不仅只是论述了自然界生物和人的进化，还牵扯到了人的精神与道德来源与进化的问题。

托马斯·亨利·赫胥黎（Thomas Henry Huxley，1825～1895），是与达尔文同时代的英国著名博物学家、生物学家和教育家，曾通过自己的研究提出，人类和大猩猩的脑部解剖具有高度相似性，还提出过生命来自无生命物质的唯物主义观点。因此，他对达尔文进化论非常推崇，时常为达尔文与当时神学家和社会名流辩论，成为支持进化论的最杰出代表。但是，赫胥黎并不完全接受达尔文的许多看法，并在其著作《进化论与伦理学》中，提出了有关人类伦理在社会中的作用。

二、严复与社会进化论思想

生活在晚清的严复，从英国回来后，亲身感受到西方资产阶级革命对社会发展的促进作用，希望中国资产阶级发动社会革命，取代封建社会的统治，因此要以社会进化理论为变法奠定基础。所以，严复根据自己启蒙变革的思想，以翻译的名义，宣传社会改革对中国的必要性和迫切性，有选择地介绍了进化论。与其说严复的《天演论》是译作，不如称其为译著，因为它与赫胥黎的原作《进化论与伦理学》，在社会进化论上的中心思想，称得上南辕北辙。按照鲁迅的说法，严复的《天演论》是他“做”出来的，而不是译出来的。[①] 严复只是以原作为基本素材，根据当时中国社会的现状，抒发了自己对进化论在社会发展作用中的理解，以唤起时人改变贫穷落后的国家的斗志。赫胥黎曾经与当时英国著名的

① 参见鲁迅:《关于翻译的通讯》,《鲁迅全集》第 4 卷，人民文学出版社 1981 年版，第 374～375 页。

宗教权威进行过公开而激烈的进化论辩论，以“达尔文斗犬”著称。但是，他不主张将自然界中弱肉强食的现象，放大到人类社会中，认为人类已经进化到伦理竞争的层次，不再适用低等生物的弱肉强食法则。

严复在书中以大量批注宣传社会达尔文主义，以此解释中国存在的社会问题。其实，这其中夹杂着斯宾塞的社会进化论思想。在达尔文的《物种起源》里是找不到“物竞天择，适者生存”这种社会学观点的。达尔文进化论强调生物演变的历程是自然选择的结果，不是神或外来智慧的设计。但是，在救亡图存大于求知的近代中国，科学学说不如改革思想受人重视。因此 20 年后，当《物种起源》终于被翻译到中国时，其影响力却平平，远逊于《原强》和《天演论》。

严复在他的译著中，处处用进化论的观点来批判当时中国社会僵化的封建制度，用“物竞天择，适者生存”的观点来驳斥反对变法的各种保守主义。他用尖锐的话语指出，如果恪守“祖宗之法不能改”而不思变法，中国将面临亡国亡种的危险。同时，他坚信进化论，相信优胜劣败，适者生存，“世道必进，后胜于今”①，所以，只有自强、独立，中国才有希望。因此，严复提出了“自强保种”的爱国主义主张，以进化论来取代传统的儒家中庸思想，这对近代价值观的转变具有重要的启蒙意义。

三、进化论在近代的影响

《天演论》于 1898 年出版后，正在南京求学的鲁迅买回这本书后，一口气读完；同样受到进化论思想影响的，还有康有为、梁启超、胡适和青年时代的毛泽东等。“天演”“物竞”“淘汰”“天择”，这些术语都渐渐成了报纸文章的时髦用语，也成了爱国志士的口头禅，许多人用来给自己改名或为儿女起名。

《天演论》所宣扬的进化论，风头之盛，可以说，改变了其后几代中国人的思维方式、价值观念，彻底打破了封建社会“天不变，道亦不变”

① 严复：《天演论》，《严复集》，中华书局 1986 年版，第 1360 页。

的传统思想。“物竞天择，适者生存”深深地影响了封建社会改良派、资产阶级思想家和无产阶级革命家，对中国人民反帝反封建运动，起到了巨大的促进作用。

此外，《天演论》的问世，也受到在华教会势力的极大关注和极力反对。此时的严复，与达尔文当年在英国的遭遇十分相似。为维护上帝创造万物而且永远不变的教义，天主教神父李问渔在教会界发起了对进化论的攻击，于 1907 年出版的《哲学提纲·生理学分册》附有《天演论驳义》一文。基督徒商人李春生则在 1908 年出版《东西哲衡》一书，书中辱骂达尔文、赫胥黎和斯宾塞是“世界上诡邪怪哲”，诬蔑严复的《天演论》“无只字不是愚民惑世之言”，并斥责他们“造种种诡异无根之学说，传播流行，抵触吾教”。

进化论改变了近代中国的世界观，强化了中华民族的群体意识，将人格理想由“以天下为己任”下沉为“以百姓之民生为己任”，促进了中华民族由封建臣民的伦理自我转向社会群体自我，自保自强的现代民族观念和国家振兴图强的意识得以树立，人类社会的历史发展观念发生了根本转变，从而为唯物史观的传播扫清了障碍，为人们认识和改造社会，寻找科学的救国救民的真理铺平了道路。

进化论改变了近代中国的世界观，表现在以下几个方面：

一是改变了华夷之辨的传统狭隘的民族主义。人类共同起源于动物，在开放的自然界进化，物种之间在自然界是平等的竞争关系，等等，这些进化论思想打破了近代中国人以华夏为中心的“外夷狄”观念，解除了“师夷狄”的争议，破除了以闭关锁国来抵抗侵犯的观念。

二是传播了现代自由观念。在中国传统的思想中，家族和民族意识比较强烈，但缺乏个体自由观念，封建等级森严的礼教制度，严重地压抑了个体思想、言论和行为自由。在封建统治危机的背景下，进化论传播了个体自由的价值观，这对中国古代上千年的礼教等级制度起到了摧枯拉朽的作用。

三是带来了富有活力的竞争观。优胜劣汰的进化思想，对动摇封建社会君命不可违和讲求资格与辈分的社会旧习，产生了积极的改革作用。

四是为社会变革提供了思想武器。进化论给中国带来了社会发展的理念，促进人们从思想深处反思封建制度与现代化的矛盾，促进了由洋务运动向西方学习技术，到维新变法向西方学习制度的改变；同时，为阶级观念、革命意识的启蒙提供了思想武器，为马克思主义在中国的传播奠定了思想基础。

总之，进化论在戊戌前后进入中国，成为这一时期思想界的主流思潮，物竞天择与适者生存等进化思想，深深地震撼了当时的进步青年，激发更多的爱国志士向国外学习西方知识和思想，寻求救国救民之道。

第三节　近代个人主体人格思想的传播

受基于市场经济的西方个人权利观的影响，自然农业经济下中国传统的个人观和功利观开始解体。清末之际，由于主流文化意识形态的式微，学术思想界展开了西方个人主义和功利主义人格思想与儒家德性伦理传统人格观的讨论。

一、近代功利主义的传播

晚清以后，由于社会经济的衰弱和主流文化的缺失，民众的经济生活和精神世界都出现危机，佛教的虚幻和墨家的侠义已经不能满足人们的心理需求，受严酷的现实与西方个人主义的影响，传统伦理自我人格世界开始向以个体为中心的功利主义倾斜，人们开始接受以个体之乐为善，开始表达强烈的个人感官享受，认可人食色享乐的欲望动机。到了“五四”时期，儒家的德性伦理主导作用开始崩溃，个人主义思想得到了前所未有的张扬，功利主义摆脱公私对立的负面阴影，发展成为代表社会新时尚的人生观和人格观。

西方的“功利主义”，正如边沁所言，是“最大多数之最大幸福”的学说，即每个人追求利益与幸福，与社会全体的利益与幸福联系在一起。

功利主义主张，通过自私增加个人的能量，使集体活性化，最后走向利他。严复在翻译穆勒的《论自由》(*On Liberty*, 1859)时，使用过“功利之说”一语，但没有对“功利主义”进行更深刻的论述。梁启超是中国最早将“功利主义”作为一个思想课题综合提出的人，他还介绍了霍布斯、斯宾诺莎、卢梭、培根、笛卡尔、达尔文、孟德斯鸠、边沁、亚当·斯密、亚里士多德、康德等人的有关思想，但多只是提供有关西方思想的“百科全书”式的知识介绍，没有形成思想体系。其中，首次提及“功利主义”的是其《乐利主义之泰斗边沁之学说》一文。日本学者川尻文彦探讨梁启超的功利主义思想时发现，近代日本和中国传统将边沁放在“自私与利他”的框架中来接受，但是以梁启超为代表的中国近代知识分子探讨“功利主义”时，还将之与自由主义密切地联系在一起。梁启超在《新民说·论公德》中认为：“吾中国道德之发达，不可谓不早。虽然，偏于私德，而公德殆阙如。试观《论语》《孟子》诸书，吾国民之木铎，而道德所从出者也。其中所教，私德居十之九，而公德不及其一焉。”[①]又认为，私德以公德为基础，只有通过公德，才会产生新道德，出现新民。梁启超认为公德才是当务之急，其所谓的“功利”，实非边沁个体之“功利”。恰恰相反，他反对以单纯利己为目的的功利主义，因为这种奔逐“私利”的作用以“破坏”为主，而不是“爱国”的个人自私之德，他所主张的“功利”是富有社会责任“良知”的“新道德”，提倡墨子“兼爱交利”的社会功利。[②] 可以说，这种外来的功利主义思想，只是启发了梁启超等思想家对传统荀学、墨学和佛教经典的再解读，将荀子的性恶论、墨子的“交相利”和佛教的苦乐观与西方的功利主义相联系，以期将中国的传统人格思想与西方的人格观念相衔接。

在“五四”时期，功利主义的影响非常大，对封建社会长期存在的禁欲讳利传统，形成了强烈的反动潮流。陈独秀、梁启超和傅斯年等众多

① 梁启超：《新民说》，《梁启超全集》第 2 册，北京出版社 1999 年版，第660～661页。

② 参见[日]川尻文彦：《“自由”与“功利”——以梁启超的“功利主义”为中心》，《中山大学学报》(社会科学版)2009 年第 5 期。

颇有影响的知识分子，都发表过宣扬或批判功利主义的文章。陈独秀在《人生真义》一文中说："社会是个人集成的，除去个人，便没有社会；所有个人的意志和快乐，是应该尊重的。执行意志、满足欲望（自食色以至道德的名誉，都是欲望），是个人生存的根本理由，始终不变的。"另一方面，"社会是个人的总寿命，社会解散，个人死后便没有联续的记忆和知觉"，因此，"个人生存的时候，当努力造成幸福，享受幸福；并且留在社会上，后来的个人也能够享受，递相授受以至无穷"。[①] 傅斯年在《人生问题发端》一文中，引用西方哲人的话说："我最初所想的是上帝，后来是理，最后是人。"[②]人生的意义不再像传统中国那样来自天命、天道、天理，也不再像清末民初那样来自抽象的公理，只能用人生解释人生，这就是用功利主义的"人生的福利（welfare）和人生的效用（effects）去解决人生问题"。他最后认为，正确人生观的结论应该是："为公众的福利自由发展个人。"[③]接受功利主义和快乐主义的道德观，但拒斥纯粹的物质主义和感官享受，似乎是"五四"一代知识分子的共同看法。正如当代学者所说，"五四是一个理想主义的时代，又是一个青春主义的时代，那个时代的启蒙者真正在意的，不是区区个人私利，而是人类和社会的公共幸福。之所以要将个人解放出来，呼唤个人主义，乃是为了挣脱一切家庭的、宗法的和国家的枷锁，为新的理想社会奋斗"[④]。

二、近代无政府主义人格思潮

19 世纪 40 年代，欧洲机器化工业生产促进了资本主义的发展，社会财富迅速增加，贫富差距和政治权利却日益两极分化，城市小资产阶

---

① 陈独秀：《人生真义》，《新青年》第 4 卷第 2 号，1918 年 2 月 15 日。

② 傅斯年：《人生问题发端》，《傅斯年全集》第 1 卷，湖南教育出版社 2003 年版，第 84 页。

③ 傅斯年：《人生问题发端》，《傅斯年全集》第 1 卷，湖南教育出版社 2003 年版，第 88、92 页。

④ 许纪霖：《个人主义在中国——"五四"时期的自我观研究》，童世骏主编：《西学在中国：五四运动 90 周年的思考》，三联书店 2010 年版，第 284 页。

级的生存空间受到挤压，政治权利被边缘化，产生了以反对私有制度和强权为标志的无政府主义社会思潮，主张取消国家和政府权威，以追求社会公正和平等。

西方的无政府主义之父，是法国人普鲁东和德国人施蒂纳。普鲁东倡导崇尚绝对的个人主义，认为国家纯粹是人类愚昧的虚构产物，仇视一切组织、制度、国家和政权，最理想的社会制度是以个人为基础的互助制。① 其后，俄国人巴枯宁与克鲁泡特金强调个人的无限自由，反对任何形式的约束，主张以没有权力支配的各个团体的自由联合来代替国家政权；主张以共产代替私有，创造发挥人类互助本能的社会，以绝对平均主义实现社会公正与平等。因此，他们提倡以恐怖行动对抗社会权威，用暴动和暗杀等极端的手段推翻政府。②

20 世纪初叶，无政府主义经日本留学生和国内学者介绍，逐渐在中国形成独立的政治话语派别，尤其在“五四”新文化运动前后达到高潮。1927 年的“四·一二”反革命政变以后，无政府主义队伍虽然作为政治派别消失了，但是作为一种思潮，一直对中国的思想界和政界发挥着影响。无政府主义当时主要在小资产阶级中传播，他们感受到生存的危机与压力，幻想废除政府统治，实现彻底的平等和自由。这也反映了戊戌变法夭折后，爱国志士对和平改良的期待和幻想破灭，开始倾向于暴力革命。无政府主义所宣扬的暗杀和流血对当时的热血青年充满了极大的诱惑力，是小资产阶级对社会现实愤恨的寄托，是知识分子寻求救国之路的新选择。此外，道家老庄的“无为而治”，儒家孟子的“人性本善”和墨家的“兼爱”，古代“大同世界”的传统思想，也是无政府主义在近代中国传播的思想根源。

五四运动以前，无政府主义的代表人物是刘师复。他在广州结社并出版刊物，宣传被尊为“师复主义”的无政府思想。无政府主义的发

---

① 参见高瑞泉：《中国近代社会思潮》，华东师范大学出版社 1996 年版，第 243 页。

② 参见高瑞泉：《中国近代社会思潮》，华东师范大学出版社 1996 年版，第323～326 页。

展随着新文化运动进入活跃期，通过对传统君权思想和封建专制的抨击，对社会不平等现象的无情批判，在进步人士特别是青年人中引起了共鸣。无政府主义者主张通过教育特别是劳动来改变个人的道德品质，倡导“互助工读活动”，知识与劳动相结合。这在当时成为不少新一代青年人的思想标志。

此外，俄国十月革命的宣传，也对无政府主义的迅速传播起到了推波助澜的作用。十月革命模式，引起了中国人对非西方现代化道路的浓厚兴趣，许多人把俄国革命看成无政府主义革命的典范，热情讴歌这场革命对社会改造的作用。这个时期，中国无政府主义组织纷纷建立，不仅加大了理论宣传力度，也不断在实践中大胆尝试。影响最大的是赴法国的勤工俭学运动和工读运动。随着中国革命形势的发展，许多觉悟的知识分子转向了马克思主义，并与无政府主义划清了思想界限。无政府主义阵营发生分裂，并逐渐退出人们的视野。

无政府主义与马克思主义的传播时间基本同步，从表面上看，两者的思想有相似之处。如，对资本主义制度的揭露和批判，反对阶级压迫，主张通过暴力革命实现社会公正与平等，等等，两者都有类似的主张。因此，起初人们常常把两者混同。但是，马克思和恩格斯很快意识到两者的区别，并撰写了一系列文章批判无政府主义观点，尤其是对马上消灭掉国家的主张等观点进行了批判，指出国家的存在基础是由于阶级存在，无产阶级首先要成为国家的统治者，才能改造资本主义社会进入共产主义社会。

在中国共产党成立前后，马克思主义和无政府主义发生过一场论战。1919 年 2 月，无政府主义者黄凌霜在《进化》月刊上发表《评〈新潮杂志〉所谓今日世界之新潮》一文，把马克思主义歪曲成所谓“集体主义”加以攻击。1920 年春，几个无政府主义者在《奋斗》杂志上连续发表题为《我们反对布尔扎维克》和《为什么反对布尔扎维克》的文章，向马克思主义公开发起挑战。这个时期，正是上海和北京等地的共产主义者着手筹建中国共产党的时候，陈独秀等党的创始人发表了一系列文章，阐明了两大方面观点：一是不能抽象地反对一切强权，反对一切国家，指出，“强权所以可恶，是因为有人拿他来拥护强者无道者，压迫弱者与正义。若是倒转过来，拿他来救护弱者与正义、排除强者与无道，就不见得可恶了”[①]。二是在一个团体、一个社会内，人人都要绝对自由，那是办不到的，也是不可能的。劳动团体的权力不集中，各团体自由自治，这不仅不能打倒资产阶级，而且会为资产阶级所利用，分化瓦解，各个击破，使劳工运动遭到破坏。

北京共产党小组成立以后，混入小组内的无政府主义者黄凌霜、袁明熊、张伯根等人，极力反对马克思主义无产阶级专政的理论与建立全国统一的组织。李大钊等共产主义者与他们进行了坚决的斗争，并迫使他们退出了北京共产党小组。这次论战持续了一年之久，经过深入的讨论，许多先进的知识分子划清了马克思主义和无政府主义的界限，走上了马克思主义的道路。[②]

三、近代个人主义人格思潮

西方的基督教文化传统中，以个人面对上帝为基础的个人主义，在资产阶级身上发展到了高峰，成为现代西方社会思想的根基。个人主义是一种强调个人自由和个人利益，并强调自我支配的政治、伦理学说和社会哲学。实质上，是一种从个人至上出发，以个人为中心来看待世界、看待社会和人际关系的世界观。近代资产阶级思想家，为反对封建道德和宗法礼教的禁欲主义，把个人主义思想作为武器，提倡基于个体的永恒不变的人性观，并使之成为道德的基本内容和判断善恶的主要标准。

启蒙和改造国人的个体素养，是近代思想家和革命家非常一致的

---

① 陈独秀：《谈政治》，《独秀文存·论文》（下），首都经济贸易大学出版社 2018 年版，第 119 页。

② 参见黄金凤：《早期中国共产主义者与无政府主义者关系之研究》，《中共党史研究》2014 年第 6 期。

观点。他们认为要巩固共和国体，推进中国的现代化，就必须从“立人”开始，塑造时代发展所需要的“个体人格”，“新民”要从传统的伦理自我人格走向西方的契约自我人格。

近代诸多中国知识分子认为，个人自由是近代西方得以建设富强而文明国家的关键，也是解决当前中国问题急需的要素。他们将介绍和推行“自由”理念，视为推进中国改革的重要社会责任。陈独秀是积极的个人主义早期倡导者，主张“国人思想倘未有根本之觉悟，直无非难执政之理由”，“人民程度与政治之进化，乃互为因果，未可徒责一方者也。多数人民程度去共和过远，则共和政体固万无成立之理由”①。他自己发誓，从 1916 年始，与过去之历史“一刀两断”：“吾人首当一新其心血，以新人格；以新国家；以新社会；以新家庭；以新民族；必迨民族更新，吾人之愿始偿。”他呼吁向西方学习，建立全新的以个人为基础的新人格观：“若以一人而附属一人，即丧失其自由自尊之人格，沦于被征服之女子、奴隶、捕虏、家畜之地位。此白皙人种所以兢兢于独立自主之人格，平等自由之人权也。集人成国，个人之人格高，斯国家之人格亦高；个人之权巩固，斯国家之权亦巩固。”②他认为只有抛弃封建社会的人身依附人格，个体形成独立自主的人格，才能使家族、社会以及中华民族赶上世界现代化的步伐，中国国富民强之期才指日可待。

其实，以陈独秀为代表的近代中国知识分子，以传统中国读书人修己以达人的方式，将西方自由民主政治上的人民自治，转化为国民自治思想，并辅之以历史进化的乐观信念，深信自由民主是历史进化的胜利与未来，历史进化的动力在于自由和独立的个人，这是进化的必然性。因而，他们坚信，中国社会里的“个人”虽然在过去的历史中丧失了积极行动的力量，一旦认识到人类历史的进程规律，会重新成为历史进步的

---

① 陈独秀：《谈政治》，《独秀文存・论文》(下)，首都经济贸易大学出版社 2018 年版，第 119 页。

② 陈独秀：《一九一六年》，《独秀文存・论文》(上)，首都经济贸易大学出版社 2018 年版，第 27 页。

动力，重启中国进化的脚步。近代中国知识分子并没有强调“个人”不可放弃或让渡的人权，在衡量个人价值时，还是以“群”(无论其为国家、民族、阶级或人类整体)的福祉为终极目标。因而，接受了马克思主义的陈独秀认识到，共产主义及其革命组织所追求的，远比既有的西方之自由民主更为先进和科学，能为更多中国人带来真正的幸福与自由。[①]

第四节　近代马克思主义人格思想的崛起

近代爱国人士在尝试寻求振兴国家和民族出路的过程中，或是希望从传统中开新，或是致力从西学中求变。但是，借鉴西方资本主义、学习日本“明治维新”的失败，尤其是辛亥革命之后，“共和其名，专制其实”，中国人民仍然没有摆脱日益加重的多重压迫，人们对资产阶级革命失去了幻想。一大批革命者和思想家开始觉醒，衰落的中国并没有因为帝制的推翻而获得新生，革命的使命并没有真正完成，中国社会的变革还需要另辟蹊径。

“十月革命一声炮响，给中国送来了马克思主义”，中国的革命面貌发生了根本性变化。在用马克思主义理论武装起来的中国共产党领导下，中国人民最终通过艰苦斗争和浴血奋战，把中华民族从危难中解救出来。

一、马克思主义在近代中国的传播

1917年俄国十月革命成功，世界上出现了第一个社会主义国家，开辟了人类社会新纪元，马克思主义学说得到了实践的认可，这震撼了整个世界，马克思主义成为举世瞩目的焦点。俄国的情况与中国相似，都是落后的农业国家，都需要转变为先进的工业国家。俄国十月革命的

---

① 参见杨贞德：《转向自我：近代中国政治思想上的个人》，三联书店2012年版，第8～34页。

成功，启发中国有志之士重新选择救国救民的道路。继资产阶级民主思想启蒙之后，又一次伟大的思想启蒙运动，在近代中国开始了。

李大钊是最早介绍十月革命的学者，深刻认识到马克思主义对社会改革与发展的重要作用：

> 自俄国革命以来，"马克思主义"几有风靡世界的势子，德奥匈诸国的社会革命相继而起，也都是奉"马克思主义"为正宗。[1]

1918年7月，他发表了《法俄革命之比较观》，"吾人对于俄罗斯今日之事变，唯有翘首以迎其世界的新文明之曙光"，表露了对十月革命胜利欣喜之心声。他的《我的马克思主义观》，是中国马克思主义传播史上一篇极其重要的文献，代表着他当时对马克思主义的研究达到了较高的水平。

新文化运动领袖陈独秀也在十月革命的触动下，从原先宣传资产阶级民主主义思想转向宣传马克思主义。作为一种崭新的思想理论，马克思主义给当时沉闷的中国思想界注入了新风，唯物史观成为当时认识社会和改造社会科学方法的代名词，引起了中国进步知识分子的浓厚兴趣。有关介绍唯物论或辩证法的著作、译作大量出版，大学讲坛也开始讲马克思主义哲学，唯物史观在学术界及思想界出现空前盛况。对马克思主义持质疑态度和批评立场的一些学者也不得不承认，"无论赞成与反对，而唯物辩证法闯入哲学界总可以说是一个事实"[2]。

从1920年开始，一批初步接受了马克思主义的知识分子，开始了筹建中国共产党的准备工作。在各地纷纷建立组织的基础上，以中国共产党第一次全国代表大会召开为标志，1921年7月建党的工作正式完成。

马克思主义的先知和先觉者，是近代中国的一大批优秀的知识分子，如李大钊、陈独秀、毛泽东、蔡和森、邓中夏、瞿秋白、周恩来、董必武

---

① 《李大钊史学论集》，河北人民出版社1984年版，第2页。

② 张东荪编：《唯物辩证法论战》，北平民友书局1934年版，第135页。

等，绝大多数是具有较高文化修养的知识分子。其中，李大钊和陈独秀还是北京大学的知名教授。这一现象表明，马克思主义与中国的文化和现实产生了共鸣，迎合了当时知识分子思考和寻求救国思想理论的迫切心理需求，马克思主义是应当时中国现实之需而来的。

二、马克思主义与近代革命的双重诉求

西方资产阶级民主思想，在理论上讲，本来应该成为反封建的有力武器。但是，在现实中，它却成了西方在中国进行殖民统治的帮手。这给近代中国知识分子带来了双重的精神痛苦，一方面是帝国主义和封建传统双重的压迫，使劳苦大众陷入绝望的苦难之中；另一方面是在资本主义文明冲击下，国人对中华文化传统的自信心丧失殆尽。

马克思主义的唯物史观和剩余价值学说，使社会主义由空想变为科学。它不仅揭示了资本主义社会转变为社会主义社会，实现共产主义的客观规律，而且指明了无产阶级获得彻底解放的历史条件和历史使命。这给近代中国摆脱双重压迫和谋求解放，提供了世界观和方法论，使中国先进分子找到了解决中国现实问题的主体力量，将“做工的”工农大众树为斗争力量的社会“台柱子”，要通过“阶级竞争”使“劳动阶级自己造成新的强力，自己站在国家地位，利用政治、法律等机关，把那压迫的资产阶级完全征服”①。

更重要的是，马克思主义与以往各种“主义”不同，它不仅反对封建主义，而且告诉人们，资本主义社会存在种种弊端，其所代表的文化和创造的文明对人类有着巨大的异化作用，号召人们去推翻它和代替它，建立优于资本主义的社会制度。这些思想，给中国知识分子重新树立了民族文化自信，指明了重建中华文化传统的方向。此外，新生的俄国号召反对帝国主义，以平等的态度对待中国。这与屡屡欺压中国的西

---

① 陈独秀：《谈政治》，《独秀文存·论文》(下)，首都经济贸易大学出版社 2018 年版，第 119 页。

方帝国主义国家形成鲜明对比，使中国先进分子更加向往社会主义。

马克思主义为中国人民反帝反封建的双重诉求，提供了成功样板；为长期被资本主义国家侵略的中国人民，提供了改变落后中国的思想武器，激发了复兴中华民族文化的信心。1920 年 12 月，毛泽东在致朋友的信中说："我看俄国式的革命，是无论如何的山穷水尽诸路皆走不通了的一个变计。"[①]由于十月革命是在马克思主义指导下取得成功的，中国先进分子从俄国十月革命的胜利中看到了中国的出路不是资本主义而是社会主义，选择马克思主义、"走俄国人的路"，就成为当时中国先进分子的共识。

三、马克思主义与中国传统文化土壤

先秦儒家经典《礼记》之《礼运》篇，描述了"天下为公"的大同社会，是近代思想家和革命家反帝反封建，探索拯救国家和民族前途命运的重要资源。

康有为在《大同书》等著作中，将古代"大同"学说与西方近代社会学思想相结合，给"大同"学说赋以新的含义。梁启超的"世界大同"，则是借助中国古代的乌托邦精神，去领悟世界政治格局及未来中国的具体地位。孙中山所主张的革命纲领——三民主义，就是以社会主义与传统"大同"社会理想为主要框架构建的。他甚至以"大同主义"理念，对俄国社会主义革命的性质进行全面解读。但是，无论是康有为的《大同书》，还是孙中山的"天下为公"，都没能提出达到理想社会的现实改革途径。马克思主义通过唯物史观，不仅揭示了社会发展的规律，还提供了实现"天下为公"——共产主义的路径。

可以说，古代儒家的大同社会，为近代知识分子认同和选择马克思主义提供了传统文化上的思想准备，也是马克思主义在中国革命实现扎根发展的文化土壤。李大钊是中国第一位介绍马克思主义理论的

---

① 《毛泽东书信选集》，中央文献出版社 2003 年版，第 3 页。

人，他将“大同”理想与“世界联邦”构想相融合，认为十月革命揭开了世界大同过程的序幕，会在世界社会组织中产生巨大影响，将推动人类组织的大联合，实现各种族间的无国界发展。[①] 陈独秀认为，社会理论各界要在批判中国传统文化中，努力实现“大同主义”，提倡中国人民要与世界各国的有识之士共同努力创建世界大同。毛泽东等近代优秀青年，深受康有为《大同书》的影响，也将列宁主张的社会主义作为世界大同进行理解。[②]

当然，由于马克思主义的思想特点和思维方式是基于西方文化传统，尤其是西方自然科学和社会科学研究方法，与中国以《易经》为代表的天人合一思想和阴阳思想及其分析问题的方法，明显不同。近代中国知识分子要真正理解和运用马克思主义，必须补课，并在中国具体现实的实践中去体认和发展。马克思主义对社会问题的研究，虽然从资本主义的最普遍的商品入手，对人类社会进行显微式的解剖，但却是从人们须臾离不开的衣食住行等基本生存条件出发，来研究问题的，不仅揭示了资本主义社会剥削和异化无产阶级的本质，发现了阶级和阶级斗争的客观存在，找到了社会发展的基本运动规律，还提出实现理想社会的具体途径，将空想社会主义变成了科学，并通过俄国十月革命得到验证。在当时知识分子的心目中，马克思主义是在把中国古代的“大同”社会现实化和科学化，不仅给中国近代社会指明了前进的方向和道路，也给近代中国知识分子乃至劳苦大众，提供了分析和认识社会问题的理论武器和科学方法。

可以说，以中国古代“大同”理想为代表的趋同意识和民本思想，为马克思主义在近代中国传播和植根中国民众社会，奠定了思想和心理基础，使其逐渐发展成为指引中国革命道路方向的理论主导者。

---

① 参见《李大钊文集》(上)，人民出版社 1984 年版，第 622 页。

② 参见《毛泽东选集》第 4 卷，人民出版社 1991 年版，第 1471 页。

四、马克思主义的东方文化基因

众所周知，马克思主义作为人类优秀文化遗产的产物，主要是批判地继承德国古典哲学、英国古典政治经济学和英法空想社会主义而创立的崭新的无产阶级思想的科学体系。其中，德国古典哲学不仅仅是马克思主义的三个来源之一，更是在哲学史占据着枢纽的位置。

恩格斯在《反杜林论》中说过："康德在这个完全适合于形而上学思维方式的观念上打开了第一个缺口，而且用的是很科学的方法。"[①]康德是德国古典哲学创始人，是反神学启蒙哲学思想的集大成者。西方反神学启蒙运动，打破神学形而上学思维方式，而这一哲学突破受来自东方的人本思想文化影响颇深。康德深受莱布尼茨和沃尔夫哲学的影响。莱布尼茨是近代理性主义哲学的重要代表，无论是其单子论的本体论思想，还是其"最好世界"的神学理论，都充满了浓郁的理性主义色彩。沃尔夫是莱布尼茨的忠实追随者，对莱布尼茨的学说与哲学思想进行了系统化阐释，形成了对德国古典哲学影响很大的莱布尼茨—沃尔夫体系，其理性主义独断论，给当时占统治地位的虔敬主义神学或信仰主义独断论以猛烈冲击，从而极大地推动了德国启蒙运动的发展。这对于康德和黑格尔等人都产生了深刻的影响。[②]

目前，我们尚不能确定，沃尔夫哲学转向人自身理性是否受中国哲学影响，可以肯定的是，莱布尼茨和沃尔夫对儒家道德实践理性的理解和应用，可以说明西方传教士翻译的中国哲学著作与哲学家思想产生了共鸣。[③] 莱布尼茨通过研究中国有关鬼神的问题，认为孔子不是不承认鬼神的存在，而是不主张去认识鬼神而已，确认孔子的学说重在强调

---

① 恩格斯：《反杜林论》，《马克思恩格斯选集》第 3 卷，人民出版社 2012 年版，第433 页。

② 参见王馨、王立新：《莱布尼兹和沃尔夫眼中的中国哲学》，《求是学刊》2011 年第 4 期。

③ 参见[日]井川义次、赵淼：《拉丁语译〈四书〉与欧洲对中国哲学的接纳——围绕莱布尼茨与沃尔夫》，《河北民族师范学院学报》2017 年第 1 期。

人之主体精神实体的存在，以此来规定生活秩序和伦理、政治实践。①

沃尔夫的哲学体系包括理论哲学和实践哲学两大部分，其实践哲学则包括自然法、伦理学、政治学和经济学。沃尔夫有一篇著名的《关于中国实践哲学的讲话》，大量使用了儒家经典的思想和材料。这其中主要涉及《大学》的三纲领和八条目，《中庸》的“人心”“道心”和“明善”，《孟子》的“理义之悦我心”的思想。与此同时，沃尔夫还积极接受了朱熹理学，其《讲话》的主旨与朱熹理学相应和，主张理性和知识可以开导出道德；他引用《大学章句序》和《小学》，阐释了朱熹理气、天命之正和形气之私的理学思想，所提到的所有重要观点和哲学概念，都可以在儒学经典中找到对应处。他在此文中指出，道德并不是像教会宣称的那样，仅仅来自上帝的昭示和信仰，人类运用自己的理性就可以区别善与恶，并借此建立一套完整的伦理、道德体系和国家统治模式；他还提到，儒家的伦理道德观不仅在理论上和他自己的观点不谋而合，而且中国上千年的伦理道德实践证实了他自己观点的正确性。值得注意的是，康德在《纯粹理性批判》的先验辩证论中，对理性心理学、先验宇宙论和理性神学的批判，基本上都是针对着沃尔夫的理论哲学。沃尔夫认为，道德完善过程是“从今生一直到来世”无限推进的，而康德关于灵魂不朽的纯粹实践理性悬设，也明显受了这一伦理学思想的影响。②

由此，我们可以断言，中国儒家哲学思想与从莱布尼茨、沃尔夫到康德的哲学思想，已经在人本哲学上达成了融合。可以说，两者是在文化交融中实现了“基因配对”成功。

康德承继了莱布尼茨—沃尔夫重人不重神的实践理性哲学思想，在哲学上实现了哥白尼式转变，指出不是事物在影响人，而是人在影响事物，人比事物本身更重要，提出了著名的人的“知性为自然立法”论断。在宗教问题上，康德承认，无论是经验还是理性都无法证明上帝的

---

① 参见张秀华：《莱布尼茨与马克思的中国观之比较》，《北方论丛》2015 年第 4 期。

② 参见陈猛：《沃尔夫对儒家经典的使用与接受》，《北京行政学院学报》2017 年第2 期。

存在，只是为了维护道德权威必须假设上帝与灵魂的存在；一个行为是否符合道德规范，并不取决于行为的后果，而是采取该行为的动机。康德还认为，只有当我们遵守道德法则时，我们才是自由的，因为我们遵守的是我们自己制定的道德准则。[①] 康德在《实践理性批判》中对人格维护和保证人之为人尊严的论述，也与荀子的"积善说"相当地契合。

应该说，康德关于人格自律的学说，与中国传统儒家的内圣性可谓"不谋而合"了。只是儒家更强调人格的展现，是由己而不是外在的神，康德将之交给了至善的上帝了。

中国传统文化，对包括莱布尼茨、康德、黑格尔在内的欧洲思想界，以及马克思主义创始人，都产生过深远的影响。这说明，马克思主义是一种吸收和包容了包括中国文化在内的，人类文化发展中一切有价值内容的思想体系。[②]

此外，马克思主义是关于无产阶级和人类解放的学说，是人的解放学。马克思基于劳动的异化，提出了实现人的真正自由的个人全面发展的理论。马克思主义的人本主义是科学的人本主义，源于马克思对崇高的人的本性，即对人的热爱和对自由的向往。中学时代的马克思在一篇题为《青年在选择职业时的考虑》的论文中，表述了这样的思想：一个人决不应该仅为了获得个人的谋生手段来选择职业，而应该为了全人类的幸福，为了发展和完善人的各种能力来选择职业。这与中国传统儒家的"为己之学"与"为人之学"的命题，也相当吻合。

总之，无论从马克思主义哲学产生的来源还是其科学的人本主义特点，都与中国传统文化中"以天下为己任"的情怀，以及孟子所说的"民为贵，社稷次之，君为轻"的民本思想有一定的共鸣之处。可以说，这是中西文化基因融合的结果，也可以说与维特根斯坦所说的"家族相似"耦合。所以，在马克思主义中国化的过程中，马克思主义也不可避

---

① 参见[德]康德：《实践理性批判》，韩水法译，商务印书馆 1999 年版，第 93～96 页。

② 参见张允熠：《中国文化与马克思主义》，山西教育出版社 1999 年版，第 4～11 页。

免地被代入一定程度的中国文化的因素。新民主主义革命时期的中国共产党人,都是以传统的"以天下为己任"的责任感来参与到血与火的斗争之中的。他们抛头颅、洒热血,在革命道路上义无反顾,体现了共产党人大无畏的为全人类谋幸福之革命精神。

小 结

华夏庶民与欧洲"幽灵"
——孔夫子与马克思的"庶民人格"思想

"一个幽灵,共产主义的幽灵,在欧洲游荡。"这是著名的《共产党宣言》开篇的第一句话。这个宣言,是马克思和恩格斯 1847 年 11 月为"共产主义者同盟"起草的同盟纲领。第二年,无产阶级革命席卷欧洲。1871 年 3 月 28 日,人类历史上第一个无产阶级政权——巴黎公社宣告成立。1917 年 11 月 7 日,俄国十月革命建立人类历史上第二个无产阶级政权,成立了马克思主义政党领导的第一个社会主义国家。1921 年 7 月 23 日,中国共产党在上海正式成立。经过 28 年的艰苦卓绝的奋斗,中国共产党领导中国人民推翻"三座大山",成立了中华人民共和国。

1842 年鸦片战争失败后,中国近代仁人志士,包括洋务派、改革派,以及后来的保守派和激进派,为了摆脱帝国主义殖民侵略、封建压迫,致力于救亡图存和振兴中华,从引进器物和技术、改变政治体制到文化革新,始终意识到改变国人的人格观念与提升国民素质的重要性;其间,或从固有传统中汲取思想力量,或注重引进西方先进的思想,可谓前赴后继,不惜牺牲生命和终生气力。但是,历经近 80 年的努力,却没有成功。中国共产党人以马克思主义为思想理论武器,带领全国人民,用了不到三十年就推倒了"三座大山",取得了新民主主义革命的胜利。

就本章所讨论的人格思想范围而言,笔者以为,这一胜利是马克思主义的胜利,也是人们一直批判和否定的以孔夫子为代表的文化传统的胜利。

中国共产党人以马克思主义为指导,解决了孔夫子于2500年前提出的治理社会的三大难题——对百姓"富之""教之"的问题、使民众"有耻且格"的问题以及"为政以德"的问题。

第一个问题,"富之"和"教之"是对待百姓的物质欲望和精神追求问题。

> 子适卫,冉有仆。子曰:"庶矣哉!"冉有曰:"既庶矣,又何加焉?"曰:"富之。"曰:"既富矣,又何加焉?"曰:"教之。"(《论语·子路》)

孔子在卫国时,有一天学生冉有驾车载着老师走在路上,师徒两人边走边聊天。孔子看着街上过往的人,说:"人口真是不少啊!"冉有问道:"老师,一个地方人多了,作为管理者该做什么呢?"孔子回答说:"要让他们富裕起来呀!"冉有又问:"百姓富裕了,再做什么呢?"孔子说:"要让他们接受教育。"《论语》中所记录人物言行,一般都与这个人的经历和才学有关。冉有问老师地方治理,即说明他以管理见长。孔子认为他这个学生,当个千户规模城市的市长,或替人管理拥有百辆四匹马豪车的大户之家,都没有问题(《论语·公冶长》:"求也,千室之邑,百乘之家,可使为之宰。")。后来,冉有给当时鲁国执政者季康子当了家臣,在抵抗齐国进攻时,表现出了非凡的才智。也正是这位学生,说服了季康子,迎回了在外流亡了14年的孔子。

《论语》中的这段对话所反映的是孔子"先富后教"的政治思想,即百姓的经济富裕是开展道德教化的基础。因此,孔子重视教化,但并不主张脱离人们基本生存需要,肯定人们的正常欲求,或者说主张人们物质生活已经达到一定程度后,再注重道德教化,这样教化才会有成效。这是孔子非常务实的实践理性,也是后来的统治者所忽视的。

第二个问题,是有关百姓的人格尊严问题。

道之以政，齐之以刑，民免而无耻；道之以德，齐之以礼，有耻且格。（《论语·为政》）

这段话反映了孔子对待法治和德治关系的思想，体现了他对人格尊严的维护。孔子不反对法治，而且他的主政经历中，是以法纪严明著称的。但是，孔子强调的是，用刑法治理的前提，首先要做好道德教化引领工作，以礼仪规范提升人的自尊心为先，强调法治的惩治在后。因此，传统儒家的治理思想，注重教育的教化作用，以人区别于动物本能的人格尊严为法则，提升人们的自觉道德约束力，使人们在人格尊严之下遵守法律。

第三个问题，是事关百姓与统治者关系的问题。

子贡曰："如有博施于民而能济众，何如？可谓仁乎？"子曰："何事于仁，必也圣乎！尧舜其犹病诸！"（《论语·雍也》）

修己以安百姓，尧舜其犹病诸！（《论语·宪问》）

在《论语》中，"尧舜其犹病诸"两次出现，这是孔子对心目中这两位圣人的遗憾，意思是说，由于各种条件限制，这两位圣王终生励精图治，也没能实现使广大百姓安居乐业和天下兴旺的美好愿景。孔子对统治者的要求是，不以图一己之私为先，也不以自己的集团利益为重，要"博施于民而能济众"，以让天下百姓过上幸福生活为己任。

当然，孔子是站在民为邦本的角度来倡导这三个政治理想的，不可能基于现代民主制度，主张尊重每个人天生平等的权利。但是，这已经是一个了不起的突破性思想进步了。这种基于平民尊严和幸福的政治主张，比西方早了两千多年。而真正为民众争取经济自主权和主体人格尊严，是从马克思正式开始的。

14 世纪末，信奉伊斯兰教的奥斯曼帝国，动摇了西方天主教封建神权统治，马可·波罗的《东方见闻录》也开阔了欧洲人的视野，他们对高度人文化的、富饶的东方世界文明，产生了强烈的探索欲望。随着工场手工业和商品经济的发展，新兴资产阶级以复兴古希腊和古罗马古典文化为思想武器，以东方社会人本主义精神为理想，与封建神权和贵族统治相对抗。在其后的四百多年里，欧洲各国通过宗教改革和资产阶级革命的方式，争取平民的经济财产保护权、受教育权利和政治民主权利，促进了工业革命的发展，催生了19世纪资本主义工业文明。

但是，在此过程中，所谓的反对神权的人本主义胜利，只有少数资产阶级成为最大的受益者，他们与过去的贵族一起，不仅垄断了工业资本，还重新瓜分了土地，而广大民众的生活和生存状况更加悲惨。当时，马克思所在的德国，垄断军政要职的普鲁士贵族和“容克地主”集团，不断加强经济控制，加剧了下层劳动人民生活的赤贫化。贫民由于生活贫困，到森林里捡拾枯枝、采摘野果，一些人也通过破坏猎场和牧场发泄愤恨，许多人因此被逮捕入狱。这种处罚，不但没有阻止所谓的违法行为，反而导致许多人故意违犯法令，希望被送进拘留所，得到一份监狱口粮。1836年，在普鲁士因此而受到处罚的有15万人之多，占全部刑事案件的77%。面对这种严峻的形势，普鲁士统治者不是从社会制度层面寻找问题的根源和解决问题的方案，反而出台了一个更严厉的法案，将人们在森林里捡拾枯枝、采摘野果等行为升格为盗窃犯罪，给予更严厉的刑事处罚。

1841年，马克思获得耶拿大学哲学博士学位后，担任《莱茵报》主编。马克思了解到所谓的“农民林木盗窃”问题，感到十分气愤，便在《莱茵报》上写了严厉抨击普鲁士上述做法的一系列文章，认为这是剥夺贫民捡拾枯枝等传统习惯的权利，并系统提出了自己的森林立法观，公开维护农民的利益。普鲁士政府立刻派人查封《莱茵报》，马克思被迫辞去了报纸的主编职务。但是，马克思从此认清了政府虚假人本主义的丑恶一面，坚定了为劳苦大众同政府抗争的决心。这就是马克思主义发展史上著名的“林木盗窃问题”。

1843年，马克思在报上发表了一篇批评俄国沙皇的文章，普鲁士国王接到沙皇的抗议后下令查禁《莱茵报》，马克思因此失业。1845年，马克思在法国参与编写《前进周刊》，其中有对德国的专制主义进行尖锐批评的文章，再次招致普鲁士政府的不满。随后，马克思被法国政府派流氓殴打，驱逐出境。这年12月，马克思宣布脱离普鲁士国籍。自此，马克思转向政治经济学的研究，成为一名共产主义者，终生在不断驱逐下流浪于各国，为无产阶级的解放和幸福而思考和写作。

中国的近代社会，与马克思所处的德国普鲁士时期相比，广大民众的生活和生存状况有过之而无不及。帝国主义的剥削和封建统治的压迫，战乱的破坏造成了沉重的社会负担，民族产业得不到应有的发展，城市的多数家庭处于半破产状态；在农村，占人口比例不到10%的地主阶级，占有土地达80%，广大农民挣扎在饥饿的生死边缘。[①]

近代的思想家和改革家，其实很少思考具体的民生改进问题。保守者强调文化传统的固守价值，以维护地主阶级的既得利益；激进者以进化论思想为底蕴，否定自己的文化，搬来各种西方思想"启民智"。其潜台词是，中国落后是由于百姓没有"进化"好。

1894年的中日甲午战争及六年后八国联军进占北京，中国人的自尊自信也就此彻底被打垮。王尔敏在《晚清政治思想史论》一书中指出：

> 从此一个世纪崇洋媚外，死心塌地服了洋人，甘受洋人欺负不敢抗争。最可耻者是高级知识分子，丧心病狂：从此以诅咒攻伐丑诋鄙薄唾弃中国固有文化、人物、历史、文学、哲学为能事，一百年来史不绝书，那些流行的皇皇巨著不都在吗？这冲击下来的各样丑剧，国人表演得还少吗？真是士大夫之无耻是为国耻。
>
> 整个二十世纪中国不是没有超卓人才，亦自有国学大师、史学大师，以及醇正精审科学家工程师，循谨之良吏，实多退为潜流，而全面风气趋向浮躁、激进、哗众取宠。保守变为贬词，进步始入人心；一味打倒固有文化，连根拔起，是反对固有文化的主流思想。

---

① 参见谢迪斌：《人地矛盾下的制度困境——近代中国农村土地产权制度的演变》，《生态经济》2005年第6期。

真是黄钟喑哑，瓦釜雷鸣。新的思想自然是全盘西化，而今尚在盛行。廊庙之上，涌入些洋迂，士流之中充满洋痞。

……民主与科学。这决不是单凭一两个明星学者，一天登高一呼，就会神迹一般的天下风靡景从了。做研究、做文章须使之简单化，这是高明艺术，做学问把问题简单看，则只能算是蠢材。请学界重新处置当前思想问题吧！应该重估二十世纪。①

笔者未必全部赞同王尔敏先生的议论，绝大多数近代思想家和改革家还是传承了中国传统知识分子的忧国忧民情怀，以兴天下和救百姓为己任。但是，近代学人否定封建礼教专制，也把孔子的基本问题抛弃了，既不了解西方历史的基本发展过程，又缺乏对社会现实的深入分析，简单化地照搬与固守，把改革问题搞成西化或倒退，耗费近八十年的思想探索和流血牺牲，始终没有找到出路。

马克思成为无产阶级革命理论家的经历，以及马克思主义在中国革命实践的影响，可以让人明白一个道理，产生于西方资产阶级革命过程中的各种社会哲学和人格思想，无论思辨逻辑多么严密，这些理论是资产阶级从封建神权和封建贵族统治争取公民权利的思想武器，从本质上与广大的劳苦民众无关，都解决不了孔子所提出的那三个问题，也完成不了近代思想家和改革家通过改造国民素质救亡图存的愿望。所以，近代的自由主义、无政府主义、功利主义和个人主义，等等，是少数资产阶级争取权利的工具，都改变不了中国广大无产阶级的现实困境。近代资产阶级总体规模与革命性的弱小，决定其不能成为社会变革的主要力量，他们担当不起挽救中华民族存亡与振兴的重任。

我们应该认识到，孔子的基本社会政治主张和马克思反对资本主义异化思想，都是面向劳苦大众的人本主义思想，是提升和维护平民人格尊严的人本主义，不是抽象的、为少数人利益服务的人本主义。他们解决百姓幸福和国家兴旺的办法很“简单”，就是先让百姓富裕起来，然

---

① 王尔敏：《晚清政治思想史论》，广西师范大学出版社2005年版，第4～6页。

后接受再教育,成为富有主体性人格尊严的人。这是他们共同的庶民人格观实现之路。

俄国十月革命炮声发出的第二年,1918 年 11 月中旬,李大钊在天安门前发表了《庶民的胜利》的演说:

> 我们这几天庆祝战胜,实在是热闹的很。可是战胜的,究竟是那一个?我们庆祝,究竟是为那个庆祝?我老老实实讲一句话,这回战胜的,不是联合国的武力,是世界人类的新精神。不是那一国的军阀或资本家的政府,是全世界的庶民。我们庆祝,不是为那一国或那一国的一部分人庆祝,是为全世界的庶民庆祝。不是为打败德国人庆祝,是为打败世界的军国主义庆祝。[①]

李大钊所赞颂的"世界人类的新精神",就是维护世界大多数人的生存权利和人格尊严的精神,不是抽象的或为少数人服务的人本主义精神,是为全世界广大"庶民"服务的哲学和政治思想理论。

正如本章第四节所初步论证的那样,这种精神与中国传统儒家的民本思想有着中西文化基因交流的渊源,或有共时性的相通,是让百姓从经济上翻身、从精神得解放的哲学思想和政治实践理论;同时,也是反对帝国主义、资本主义和封建主义的近代先进社会科学理论,使中国人能在"三座大山"面前,看到社会发展希望,找到思想文化自信的思想武器。

因此,共产主义这个欧洲的"幽灵",随着十月革命的炮声来到中国,经过近代先知先觉的知识分子传播到人民大众中后,中国的"庶民"从灵魂深处与之产生了共鸣,很快就在全国各地燃起了推翻旧世界的大火,用了 28 年时间完成了前人 80 年未达成的目标。这是中国共产党人,用马克思主义指导无产阶级革命实践的胜利,也是孔子为代表的中国优秀传统文化的胜利。

---

① 李大钊:《庶民的胜利》,《李大钊文集》上册,人民出版社 1984 年版,第 593 页。

第二章　自我的复苏与彷徨

——洋务运动前后经世致用的人格观

鸦片战争之前，中国自给自足的封建自然经济，使得英国等国工业产品难以在中国畅销。为了改变这种局面，英国等资本主义国家商人贿赂清朝官吏，向中国源源不绝地偷运大量鸦片，赚取大量白银，扭转了贸易逆差，也促进了清政府的衰败，“随着鸦片日益成为中国人的统治者，皇帝及其周围墨守成规的大官们也就日益丧失自己的统治权”[①]。

鸦片战争前夕，清末政府吏治腐败，官僚贪赃枉法、道德堕落，社会矛盾日益尖锐，诸多弊端集中暴露。面对这种社会危机，有识之士反对皇权专制下的学术脱离实际，开始摆脱占统治地位的汉学与宋学的羁绊，把视线转向社会现实，继承发展了明末清初兴起的儒家“经世致用”的传统，提出社会变革的要求。鸦片战争失败后，爱国知识分子深刻认识到学习西方先进技术以“制夷”的重要性，开始“睁眼看世界”，由此引发了以自强为目的“采西学”“制洋器”为特征的洋务运动。

洋务运动，也称作“自强运动”，是中国力图实现工业化迈出的第一步。这期间，洋务派人士在中西文化交流、冲击过程中，认识到君主专制的弊端及社会发展对人格素养的新要求。由于历史的局限，他们虽

---

① 马克思：《中国革命和欧洲革命》，《马克思恩格斯选集》第 1 卷，人民出版社 2012 年版，第 779 页。

然倡导变革,但是仅局限于不变封建之“道”的“以中国之纲常名教,辅以诸国富强之术”的范围,抒发传统理想人格之“外王”的使命感。

第一节　洋务派的事功人格观

第二次鸦片战争之后,清政府的达官要臣,从思想上认识到西方坚船利炮的厉害,开始引入西方先进的技术,20年前魏源提出的“师夷长技”主张才得以实施。洋务运动,是中外民族矛盾和中西文化冲突下的产物,其核心内容是:分割体用,采末固本,变器卫道,用夏变夷,即所谓的“中体西用”。①

从总体上讲,无论内容还是形式,洋务运动时期的思想还没有形成一种新的哲学和伦理思想体系。但是,兴实业、造器械之“兴利”活动,再次引发了“义利之辨”,从而引起了封建纲常礼教之下人格思想的分化。于是,“中学为体,西学为用”的文化原则下的人格模式应时而生,与重商有关的“义利并举”及学习西方政治与文化的观念,也开始孕育。但是,由于清政府文化专制的保守性,这一时期的人格理想,最终以向封建礼教的复归而告终。

一、清末经世致用思想的复兴

康乾盛世之后,到嘉道年间,前朝积压的社会矛盾日益凸显,政治和经济危机也给思想家带来反思和批判文化专制的契机,经世致用与社会改革呼声再度响起。陶澍、林则徐、龚自珍、魏源以及稍后的康有为,以今文经学为主干,继承和发展了明末清初的经世致用精神,借经书的所谓“微言大义”,发挥自己社会改革的主张,以极大的社会责任感,揭露矛盾,抨击时政,指责清王朝统治的腐败以及官僚队伍的无能和迂腐。在揭露问题的同时,他们要求“更法”,呼吁“改革”,提出了一

① 参见昌切:《清末民初的思想主脉》,东方出版社1999年版,第19页。

系列社会改革措施。而且，林则徐等一些较有远见的知识分子，已经开始把目光投向了世界，出现了“开眼看世界”的新趋势。

林则徐出于了解西方国家的需要，翻译西书，成为近代中国“开眼看世界的第一人”。随后，魏源在林则徐编译的《四洲志》基础上编撰了《海国图志》。在《海国图志》中，魏源提出“师夷长技以制夷”的思想，主张“善言心者必有验于事矣，善言人者必有资于法矣，善言古者必有验于今矣，善言我者必有乘于物矣”(《皇朝经世文编・叙》)等，为经世思想注入了新的内容。正是有了陶澍、魏源等一批深受王夫之思想影响的湖湘士人，高举经世致用的大旗，一改湖南的学术风气，极大地影响了随后的曾国藩等湘军集团士大夫。

近代经世致用思想的回潮，实质上是在面对外夷入侵及清王朝积贫积弱的状况，要寻找一条救国自强之路，解决中国走向哪里和中国人如何现代化的问题。

当时对于中国要何去何从的争端，大致有两派：一派属于洋务派，即所谓“新派”，讲究“师夷长技以制夷”，要学习西方的先进的东西，包括技术、经营模式、科学文教等等。洋务派的观点就是要“经世致用”，要实际操作，学习新的有用的东西，不管是否颠覆传统，关键要看实际效果。一派坚持旧的传统，抵制便宜好用的洋货，痛恨洋务派，却无法抵抗洋货的蔓延。

因此，在中国近代处于社会转型的特殊时期，经世致用思想表现得五花八门、千姿百态，但概括起来，主要有以下几个方面：

一是，开始认真切实地研究和学习西方。除了林则徐的《四洲志》和魏源的《海国图志》，一批国人开眼看世界，刊刻印发一大批著作文章。如，李兆洛的《西洋奇器述》、陈逢衡的《英吉利纪略》、王蕴香的《域外丛书》、郑光祖的《舟车所至》、梁廷枏的《海国四说》，等等。这些文献，对世界各国地理位置、方圆四至、平方面积、相邻国家、山川、河流、气候、物产、历史、地理、政治、经济、军事、外交、人种、风俗、语言、文字、宗教、服饰等都作了研究和介绍，使国人开始认识到中国只是世界的一隅，中华民族只是世界民族的一员。从此，闭关自守的一个封建大国，眼界变得开阔，思想也逐渐多元和开放。

二是，在对社会现实的批判深度及广度上超过历代。在政治上，他们声讨政府腐朽和贫富不均，谴责科举制度禁锢思维，提出刷新吏治、惩治贪污、整饬军备等主张，他们对农田占有、西北边防、科举官制等提出“改图更法”的主张，强调精兵简政，积极倡导以海运代河运、取消“盐引法”代以“盐票法”，实行食盐自由运销，提出“节用”与“开源”并举等措施。龚自珍、魏源等继承和发展了清代复兴的今文经学治学方法，积极从事致用之学的研究，力图振兴实学，真正做到“通经致用”，直面现实问题，促进国计民生发展。一些经世致用思想家们，抱着爱国之心，潜心研究边疆史地，目的是要巩固边防，抵御外侮。

三是，积极地促进西学的引进和传入。在坚持“经世”传统的同时，注重把西学和经世之学二者融为一起，为西学传入中国打开了通道。近代儒家知识分子群体，也因此发生了分化与改组，有的试图把经学大义运用到实际政治中去，成为“通经致用”派；有的致力于自然科学研究，以科学技术为武器实现富国强兵，组成“科学技术”派；有的则主张学习西方的军事技术，积极倡导派留学生、译西书、设学堂、兴军工、办实业、练军队，以维护伦纪圣道，史称“中体西用”派；之后的“维新变法”派，积极推行君主立宪，也以融合中西制度进行变法。

经世致用思想，总体上仍局限于儒学文化传统体系。当时，少数知识分子学习西方思想，发表西化式改革主张。但是，其规模多局限于少数人的探讨，其思想并未得到清朝主流文化认同，也没有形成社会广泛的共识。

二、“义利并举”——洋务派人格观的价值取向

如前文所言，鸦片战争之后，以烦琐考证为特征的汉学开始衰微，官方程朱理学代之复兴。与以往不同，官方也以“守道救世”为宗旨，强调“内期立身，外期辅世”，避免空疏，以挽救外败于英国和内有乱民的

衰败政局。[①] 洋务运动兴起后，面对西方外来文明的冲击，程朱理学家们在理想人格上，发生了“内圣”与“外王”的两极分化。

以倭仁和吴廷栋等为首的，强调以倡导“克己慎独”“居敬穷理”和“主敬存诚”的道德内省方式，来整顿吏治，笼络人心，以挽救时局。他们认为，“穷理必极其精，居敬必极其言”，“圣贤相传心法，只是一个敬字。敬胜百邪，敬则天理常存，人欲不作。平地成天，继往开来，皆是此一字作用”，并主张“立国之道，尚礼义不尚权谋，根本之图，在人心不在技艺”。[②]

同为理学家的曾国藩、罗泽南等人，虽也注重道德内省，但更讲求以身心修养为基础的力行致用之学，主张学问除修义理、考据、辞章外，还应加上经济，认为这都是孔门必有之科，缺一不可。他们没有将理学与经世相对立，认为“经济之学”是孔门政事之科，虽“古之学者，无所谓经世之求也，学礼焉而已”，但“自内焉者言之，舍礼无所谓道德；自外焉者言之，舍礼无所谓政事”[③]，因此“义理与经济初无两术之可分，特其施功之序，详于体而略于用耳”[④]。在洋务派心目中，“礼”作为维持封建统治秩序的最高伦理准则，是统帅道德和事功的主体，道德、事功都不可偏废一端。

基于上述论争，洋务派主张“采西学”和“制洋器”以增强国力，而顽固派排斥一切外来文化，将西方国家视为“犬羊之国”或“夷族蛮邦”，用古老的“夷夏之辨”眼光否认西方文明的先进性，认为“历代之言天文者中国为精，言数学者中国为最，言方技艺术者中国为备……恐西学之轮船机器未必有如此幽深微妙矣”[⑤]，即使西方有超人之处，也不过是会引

---

① 参见龚书铎：《中国近代文化概论》，中华书局 1997 年版，第 116～117 页。

② 倭仁：《请罢同文馆用正途人员习天算折》，陈元晖主编：《中国近代教育史资料汇编・洋务运动时期教育》，上海教育出版社 2007 年版，第 11 页。

③ 曾国藩：《笔记二十七则・礼》，《曾国藩全集・诗文》，岳麓书社 1986 年版，第358 页。

④ 曾国藩：《劝学篇示直隶士子》，《曾国藩全集・诗文》，岳麓书社 1986 年版，第443 页。

⑤ 中国史学会主编：《中国近代史资料丛刊・洋务运动》(二)，上海人民出版社 1961 年版，第 45 页。

人产生邪念的“奇技淫巧”。洋务派为实现富国强兵的理想,同时也维护了顽固派相同的文化传统道德观念,提出了“中学为体,西学为用”的主张,肯定西方物质文明的先进性和实用性,力主接纳西方技术以图自强。

应该说,洋务派提倡向西方学习是为了自强富国,但对于之后所带来的其他影响,心中并不是很清楚;相反,在专制体制下,维护纲常名教是不用承担任何风险的,所以顽固派咄咄逼人,前者被动,后者主动。顽固派对外来文化很敏感,预感到西方文化会冲击其安身立命的文化根基,这是其主动的主要原因。因此,“中体西用”是洋务派与顽固派共同站在维护纲常礼教文化传统和人格传统的基本立场上,就如何挽救危机和振兴图强相互妥协的结果。

但是,洋务派与顽固派的争端并没有因此而结束。在洋务运动过程中,每遇到与文化传统相关的较大问题,都会引起两派激烈的争论,如19世纪60年代后期,就京师同文馆招收科甲正途人员学习天文算学一事的争论,70代的海防之议及80年代修铁路和派留学生的争议。但是,两派争议最基本的是贯彻洋务运动始终的“义利之辨”。这是从春秋战国延续下来的难题,也是与人格观直接相关的价值观问题。

洋务运动之初,顽固派以“重义轻利”的极端内圣“义利观”为依据,认为治国安邦之根本在礼义而非权谋,修身养性之准则在尚义理而斥利欲,认为天下只有农桑百工才是生财之道,而“伤财之物”中“其害之最甚者,尤莫如商贾多而仕宦众”[①],并提出“外夷以经商为主,君与民共谋其利者也,中国以养民为主,君以利利民而君不言利者也”[②]。

其实,关于义利之辨,孔子早有明确的主张。他虽然讲“君子喻于义,小人喻于利”(《论语·里仁》),但认为“富与贵,是人之所欲也;不以

---

① 中国史学会主编:《中国近代史资料丛刊·洋务运动》(一)上海人民出版社1961年版,第282页。

② 中国史学会主编:《中国近代史资料丛刊·洋务运动》(六),上海人民出版社1961年版,第152页。

其道得之,不处也。贫与贱,是人之所恶也;不以其道得之,不去也”(《论语·里仁》),并没有将义利关系对立,只是要求人们“见利思义,见危授命”(《论语·宪问》),不义之利不可图。宋代理学家承接汉代董仲舒对义利关系的曲解,“正其谊不谋其利,明其道不计其功”(《汉书·董仲舒传》),再加上养心尽性的“存天理,灭人欲”的影响,更加强调讳利而言义了。

顽固派坚守“正道”,利用传统的重农抑商思想,来抨击洋务活动和洋务派,提出:“三代之治法,贵本而抑末,重农而贱商,自古商务未尝议于朝廷。海上互市以来,论者乃竞言商政。……若计存本则日亏,问子母则无著,甚且称贷乞假以补不足,犹号于众曰‘此吾致富之术也’,有是理乎?”(《清史稿·交通志二》)可见,顽固派借此坚决反对兴商,更不允许治国以商为本。

洋务派在实践中逐渐明白了这样一个道理,即要强必须先富,中国要振兴,须走“寓强于富”以及“先富后强”的路子,明确提出“与洋人争利”的观点。他们认为鼓励人们逐利,并不会损害农本,反而会使国家富强,并从传统伦理道德的角度加以论证。左宗棠强调“夫恒情所谓求利者有其具,农之畔、工之器、商贾之肆,此以其财与力易之者也”(《名利说》),表明“财”与“力”是正当的逐利手段,而求利则是合情合理的,“吾益人而不厉乎人,尽吾力,食吾功焉,斯亦可矣”(《名利说》),是无可厚非的。他对不道德的谋利行径也提出批评,“求利者,亦有其具,不以其财,不以其力,以其廉耻易之而已”(《名利说》)。

显而易见,左宗棠言利,继承了先秦儒家的义利观,肯定以正当途径取得利益的正当性和合理性,指出了兴公利的重要性。

李鸿章作为洋务派运动的前沿人物,从“中国积弱,由于患贫”的角度提出了重商富国的思想:“欲自强必先裕饷,欲浚饷源莫如振兴商务。”(《议复梅启照条陈折》)“中国积弱,由于患贫。西洋方千里数百里之国,岁入财赋动以数万万计,无非取资于煤铁五金之矿、铁路、电报、信局、丁口等税。酌度时势,若不早图变计,择其至要者逐渐仿行,以贫

交富，以弱敌强，未有不终受其敝者。”(《复丁稚璜宫保》)

这在今天看来是非常普遍的常识，但在当时却是所谓夷夏观念的大转变。因为在此之前，人们对“夷蛮”西方的认识是他们不仅荒蛮，且生活困难，来华经商是为生活所迫。所以说，“中国积弱，由于患贫”这一判断的出现，是一种民族觉醒的表现。[①]

但是，顽固派从维护守旧的“义利之辨”的角度出发，反对一切洋务富国举措，不承认经济的贫弱是政治及军事节节失利的根本原因，认为只要“政教修明”自然就会“府库充溢”，并提出：“我国朝乾隆之世非有火车也，然而廪溢库充，民丰物阜，鞭挞直及五印度，西洋亦效贡而称臣。今之大势弗及者，以刑政不修，民事不勤耳。稽列圣之所以明赏罚、劝农工者，饬令诸臣屏除阿私逸欲，实力举行之，即可复臻强盛，何为效中国所不能效哉！”[②]

上述言论，竟出自一位曾作为副使出使英德等西方国家的官员之口。可见，顽固派所强调无非是存理与灭欲之下的纲常礼教才是政治之本，对西方文明的成就视而不见。不难想象，当时顽固派之“顽固”，洋务派开展洋务实业之艰难，“内圣”与“外王”的分野是何等明显。

当然，从人格观上讲，洋务派主张用“以商立国”取代“以农立国”、以“义利并举”取代“贵义贱利”的传统道德观念，并不意味着理想人格价值取向的根本的变化。他们要求创办近代新式企业，振兴民族经济，对外与洋人争利，对内鼓励人们兴利与逐利，只是出于富国强兵的需要，这一点李鸿章已经讲得非常清楚。在某种程度上，他们从道德观念上和人格观上否定了汉儒和宋儒奉为神圣的义利观与本末观，力求恢复儒家传统义利观的本来面目。

---

① 参见丁伟志、陈崧：《中西体用之间：晚清中西文化观述论》，中国社会科学出版社1995年版，第118页。

② 中国史学会主编：《中国近代史资料丛刊·洋务运动》(六)，上海人民出版社1961年版，第165页。

三、"华夷之辨"——西方文明对洋务派人格观的冲击

"华夷之防"与"以夏变夷"是延续千百年的传统观念。当西方列强打开国门之后，这种观念虽然受到一定的冲击，但是大多数中国人，包括相当部分的读书人，依旧认为中华帝国各方面都优于西方。如前文所言顽固派坚持中国要富强，不能仿效西方的"奇技淫巧"，而要依靠中国传统的纲常礼教及圣人之学。

1876年"马嘉理事件"发生后，中国清政府按英国的要求派高级官员亲赴英国赔礼道歉。于是，郭嵩焘成为清政府的第一位外交公使，从此拉开了"华夷之辨"的序幕。

郭嵩焘曾担任过广东巡抚，对西方文明的了解，比一般人要多，因而思想开明，认为"西洋立国有本有末，其本在朝廷政教，其末在商贾"[①]。他虽说不清西方各国立国之本的政教与我国有什么区别，但未出国门就能够承认西方国家也有"本"，这在当时可以称得上是石破天惊之语。不过，郭嵩焘在出使英国之前，在与英国传教士理雅格谈论中国与西方伦理道德孰优孰劣时，不同意理氏所言西方优于中国的观点，并请他从仁、义、礼、智、信等伦理道德的五条具体规范看待中国，并逐条加以对比研究。[②]

郭嵩焘真正身临其境后，西方文明对他固有的偏见冲击很大。他在英国看到，英国人并非不知书达礼，他们中有些人受到良好的文化教育，并有道德准则约束自己的行为，言谈举止彬彬有礼，一副绅士派头。英国的学校，"规条整齐严肃，而所见宏远，犹得古人陶养人才之遗意"[③]，"西洋立国二千年，政教修明，具有本末"[④]，遂流露出对英国社会

---

① 中国史学会主编：《中国近代史资料丛刊·洋务运动》(一)，上海人民出版社1961年版，第142页。

② 参见张岂之、陈国庆：《近代伦理思想的变迁》，中华书局2000年版，第67页。

③ 《郭嵩焘日记》第3卷，湖南人民出版社1982年版，第108页。

④ 《郭嵩焘日记》第3卷，湖南人民出版社1982年版，第124页。

伦理道德与风土人情的赞赏之情。此外,郭氏认为,西方人所说的"博爱",实质上也就是相同于儒家的"爱人",并感叹道:"中国言义,虚文而已,其实朝野上下之心无一不骛于利,至于越礼反常而不顾。西洋言利,却自有义在。"①他发现,西方国家的人并不讳言求利,且重利不轻义,义中有利、利中有义,义与利两者并重,这种义利观鼓励人们求利的正当要求,促进了社会的发展和人民生活水平的提高。他还指出,西方国家"以信义相先,尤重邦交之谊,致情尽礼,质有其文,视春秋各国殆远胜之"②。显然,郭嵩焘意识到了中国当时纲常礼教下人格观念的缺陷。

总之,郭嵩焘所看到的西方绝非处于野蛮状态下尚未开化的蛮夷。因为亲身体会到西方的伦理道德,他在分析对比中西方伦理道德的优与劣的问题上,其眼光比一般进步知识分子较为深邃。他不仅看到中国在军事装备、科学技术方面不如西方,而且认为中国在思想文化、伦理道德及人格修养的诸多方面不如西方。这种对中西方伦理道德所进行的初次比较,当然难免偏颇与肤浅,但在当时却也是难能可贵的。

像郭嵩焘这种开明、觉醒的人,当时并不多见。因为在洋务运动兴办的过程中,除了朝中有洋务派与顽固派的争论,民间还有反洋教运动。反洋教有反文化侵略的原因,其中也有文化冲突和对西方不了解的因素,其中理性的成分并不是很多,相反与传统狭隘"华夷"观念有密切联系。当时人们普遍认为"夫中国圣人之教,不外五伦。墨氏兼爱,孟子谓之无父。犬羊不知有父,尚知有母;耶稣不认其母,犬羊不如。乃奉为教主以教天下后世,是率天下后世皆为无父无母之人矣"③。所以,人们将西方人视为"夷蛮之人""犬羊之人",毫无文明教化可言,对西方人进行人格歧视。

民间如此,朝野之中的顽固派官员,坚持拒斥西方有什么文化可

① 《郭嵩焘日记》第4卷,湖南人民出版社1983年版,第297页。
② 《郭嵩焘日记》第3卷,湖南人民出版社1982年版,第136～137页。
③ 王明伦编:《反洋教书文揭帖选》,齐鲁书社1984年版,第24页。

言。前面提到过的一位出使过英国的副使，就是跟随郭嵩焘出使英国的刘锡鸿，他就是一个极端守旧的顽固派。出使期间，他不时向朝廷报告郭嵩焘破“华夷之防”，企图“以夷变夏”的罪行：“一，游甲敦（按：英国一地名，Chatham）炮台，披洋人衣，即令冻死，亦不当披；一，见巴西国王，擅自起立，堂堂天朝，何至为小国主致敬；一，柏金宫殿（按：即今译白金汉宫）听音乐，屡取阅音乐单，仿效洋人所为。”[①]刘锡鸿还一再指斥郭嵩焘在洋人面前“议论黄旗”“藐视朝廷”和“违悖程朱”等，有损大清帝国之尊严。京师的官僚士大夫，如李鸿藻、沈桂芬、王闿运等人闻讯，纷纷向朝廷上奏，要求将郭嵩焘撤职查办。

郭嵩焘回国后，将自己在出使过程中的所见所想写成一部游记，结果遭到周围人一片谩骂、唾弃。最后，皇帝下旨将这部游记销毁才算了事。

郭嵩焘以自己亲身感受，试图向人们讲述西方不仅不荒蛮而且文明，既有“末”也有“本”，其结局只能说明当时社会的封闭，人们的无知，儒家传统开放的自我系统在长期君主专制的压制下已经萎缩，它所展现的只能是奴性十足的“奴才”人格。

四、“中体西用”——洋务派对理想人格的追求

如上一部分所述，郭嵩焘出使英国回来宣传西方人也讲仁爱，也有礼仪，既有“本”也有“末”，结果落得了一个悲惨的下场。可以想象，郭嵩焘的内心当时是非常痛苦的，这种痛苦说到底是面临中西文明的冲突，在封建君主专制下的一种人格分裂。

在洋务运动过程中，经受郭嵩焘这种人格分裂之苦的不止他一人。不少洋务派思想家已经觉悟，要想把洋务搞成功，必须改变观念，整肃道德，重塑人格。例如，郑观应就这样说：“欲攘外，亟须自强；欲自强，

---

① 郭廷以编：《郭嵩焘先生年谱》下册，“中央研究院”近代史研究所，1971年，第675～676页。

必先致富；欲致富，必首在振工商；欲振工商，必先讲求学校、速立宪法、尊重道德、改良政治。”(《盛世危言后编·自序》)浙江学者宋恕也曾提出“三始”与“一始”的改造中国社会的方案，把政治改革的突破点放在“易西服”上。这似乎显得有些本末倒置。实际上，“易西服”涉及人们道德观念与社会风俗的更新，他将此作为变法的起点，说明他对于伦理道德、思想观念在社会改良方面所起的重要作用有一定的认识。[①]

郑观应提出，“欲张国势，莫要于得民心；欲得民心，莫要于通下情；欲通下情，莫要于设议院”(《盛世危言·议院上》)，将革故鼎新的方向直接指向了君臣关系，认为“凡有国事，先令下院议定，详达之上院；上院议定，奏闻国主”(《易言·论议政》)，倘两院意见一致，则由国主决其可否；有议院，则“君相君民之气通，上下堂帘之隔去，举国之心志如一，百端皆有条不紊，为其君者，恭己南面而已”(《盛世危言·议院上》)；无议院，则君相、君民之间“势多阂隔，志必乖违”(《盛世危言·议院上》)；通过议院，国家军政大事“举国咸知”，上下情通，“故有议院而昏暴之君无所施其虐，跋扈之臣无所擅其权，大小官司无所卸其责，草野小民无所积其怨，故断不至数代而亡，一朝而灭也”(《盛世危言后编·议院上》)，明显是对“君为臣纲”“君尊臣卑”的封建专制主义及其伦常名教的否定，表达了向往民主、开明的社会和享有平等自由的人格的愿望。

他们认为，君主与臣民之间的关系应该是“君之有民，犹人骨之有肉，体之有肢，动息痛养一气相通”(《盛世危言·原君》)，君不爱民，则民必不尊君，“二者交弊，转而为交害，此必至之势”(《盛世危言·原君》)。这是从伦理关系上分析君与民的关系，认为两者利害相关、休戚与共，君主“欿然视己为天下之人役，适所以永为天下之人主；侈然自为天下之人主，终且求为天下之人役焉而不可得矣”(《盛世危言·原君》)。他们提出，君民之间是平等的关系，如果君主高高在上，作威作福，那么他就会被百姓推翻。这表明现代平等人格观已经开始萌芽。

---

① 参见张岂之、陈国庆：《近代伦理思想的变迁》，中华书局1999年版，第72页。

如，对于传统伦理道德中某些陈腐教条，洋务派也给予一定程度的批评，认为封建礼教、奴婢、娼妓、童养媳和一夫多妻制等是社会陋俗，主张男女平等，主张妇女自身独立。

但是，清朝对“圣王”概念的强化，使文人士大夫在文化专制下的人格“奴化”达到历代之最。自清朝统治者入主中原到鸦片战争前的近两百年来，清政府在进一步扩大皇权专制范围的同时，还强化了与历代文化专制不同的两大文化政策，一是文化专制主义，二是文化排外主义。[1] 其文化专制除以高压手段钳制不利于其统治的言论外，还千方百计利用汉族文化中有利于巩固其统治秩序的内容。

文化排外主义从禁止传教发展到后来禁止外来学问，使国人对外界茫然无知。与这种文化专制相呼应的是整个清政府所代表的意识形态，完全和中国的主流文化思想契合无间。清政府成为儒家的代表者，与明代皇帝相比，康熙、雍正、乾隆都是深谙儒家文化的“英主”，他们用政治结构彻底控制了文化结构，文化结构被政治结构吞没，皇帝成了文化的塑造者。[2] 所以，近代反封建专制，儒家不可避免地成了“陪绑”的批判对象。

这期间，宋儒理学被改造成官方统治哲学，丧失了原有的学术本性和创新精神，宋明理学文士的使命理念和社会性作用受到压制，乾隆将程颐主张士为帝师、为宰相的言论，斥为“目无其君”，并压制明末的顾炎武、黄宗羲、王夫之等诸大师所提倡的经世致用之学。[3] 在这种畸形汉族文化的大背景下，明末清初的经世致用之学到了乾嘉年间也就病态地发展为没有文化主体精神的“无征不信”的朴学考据学，其中既无理论更无哲学，中国文化一向重视现实、重视人生、重视政治及重视伦理的传统不见了。

可以说，清王朝完全解除了中国知识分子的武装，知识分子对国家

---

① 参见丁伟忠、陈崧：《中西体用之间》，中国社会科学出版社 1995 年版，第 10 页。
② 参见[美]杜维明：《一阳来复》，上海文艺出版社 1997 年版，第 404 页。
③ 参见[美]杜维明：《一阳来复》，上海文艺出版社 1997 年版，第 404 页。

天下大事的判断能力也受到了政治干扰，特别是汉族知识分子已不可能为中国传统文化当家作主了[1]，甚至连宋明理学家陈述自己内圣外王理论的资格也丧失了，听从皇上圣训、指令，诠释皇上至理名言，成了他们责无旁贷的义务。没有主体性思想的文化，使士绅丧失了自我主体依托。面对清朝文化专制主义高压，士子文人的自我意识模糊，士大夫人格的内圣与有限的外王精神世界垮台了，儒家积极入世的伦理德性人格失去了外在的政治支持，沦为一具空壳，被扭曲为一种在落后文化统治者面前的一种“奴才”人格。虽然嘉庆皇帝曾有意着手改革日益腐败的官场，对思想界的控制也有所宽松，以陶澍为首的一批改革派官员开始崛起，挑起挽救社会危机的重任，但其思想资源都限于传统政治理念，所谓“药方只贩古时丹”（龚自珍语）。而鸦片战争的失败，则意味着传统体制在与西方文明的对抗中的根本失败，这次失败引发的是一场社会革命。而以这场社会革命为契机，中国人开始了对其自身文化的反思，以及对封建专制主义传统的怀疑和反抗。

洋务派人物尽管从富国强兵角度，张扬了儒家经世致用外王人格的一个侧面，提出并实施了兴办军工及社会实业的项目，并着眼于社会的发展及民族的危亡，产生了向西方学习的新观念，其中不乏敢向专制制度和传统陋习发起论战或批评者，但是洋务派人物毕竟是被迫走到这一步，他们本身都对民族文化传统有着深深的依恋，而且这种依恋是发自终极文化人格信仰层次的。因此，他们有时或有的人在理智上认为应该因时应变，但情感和现实却难以冲破“华夷之辨”，所以他们常常有时开放，有时保守（如曾国藩反对修铁路），这其中的深层原因，是文化传统所决定的人格观信仰层次上的无意识情结，但更主要的原因是封建君主专制的桎梏以及封闭和麻木的社会现实的束缚（如郭嵩焘的下场），多层压抑的结果，使洋务派处于痛苦的文化人格分裂状态。因

① 参见［美］杜维明：《儒家思想新论——创造性转换的自我》，曹幼华、单丁译，江苏人民出版社 1996 年版，第 3 页。

此他们思想逐渐转向保守，并开始向封建礼教复归。尤其是到了晚年，他们的伦理观基本上回到传统道德的营垒。例如宋恕，他放弃了自己曾经提出过的开议院、立宪法、人人平等的政治伦理主张，转而宣传所谓“专制改进”的观点，鼓吹“三纲五常”、忠君及恪守孝道的合理性。

当然，洋务运动的历史作用是非常大的，尤其是洋务派思想家的观念为后一时期思想观念及哲学层次的“新学”的兴起，打下了良好的基础。

第二节　龚自珍、魏源的豪杰人格观

鸦片战争前后的清道光年间，一批忧国忧民的封建士大夫中的有识之士，对国势日益衰落、政治腐败黑暗的社会局势极为担忧，其中思想敏锐、言论激烈的首推龚自珍，而著述丰富、视野开阔的要数魏源。他们两位是晚清思想界闪耀明亮的双星，史称“龚魏”。

龚自珍在对“衰世”的揭露批判中，提出了“众人之宰，自名曰我”的命题；魏源则发出了“善言我者，必有乘于物”的呼声，两人呼唤有为于社会的“豪杰”，强烈要求挣脱封建束缚，张扬个性，标志着在政治与文化双重专制统治下，被压抑的传统理性自我开始复苏。“龚魏”是个体思想自由人格观的开启者，被誉为中国近代哲学的先驱。

一、“变古愈尽，便民愈甚”——“龚魏”的历史发展观

龚自珍和魏源称得上志同道合，曾一起向刘逢禄学习《公羊春秋》，提倡经世致用的“实学”，主张兴利除弊。龚自珍通过钻研《公羊春秋》，考史论经，把“世”分为三等——治世、乱世和衰世。他认为，当时的社会处于衰世，已是“痹痨之疾，殆于痈疽，将萎之华，惨于槁木”（《乙丙之际箸议第九》），就像一个中了风、生了痨病的病人一样，像将要凋谢的花一样，已陷于日暮途穷的境地。但是，从表面看来，这个衰世又貌似盛世，其实已经病入膏肓：

文类治世，名类治世，声音笑貌类治世。黑白杂而五色可废也，似治世之太素；宫羽淆而五声可铄也，似治世之希声；道路荒而畔岸隳也，似治世之荡荡便便；人心混混而无口过也，似治世之不议。(《乙丙之际箸议第九》)

他尖锐地指出，社会腐化堕落的结果，不仅是政权的岌岌可危，更令人担忧的是，人们在政治和文化专制的高压下，人人自危，以求"无口过"而苟且偷生，没有人格尊严可讲；失去了对积极向上人格观的崇尚与追求。龚自珍秉承传统伦理人格内在的忧患意识尖锐地向封建专制提出批评，认为科举压制人的"能忧心、能愤心、能思虑心、能作为心、能有耻心"(《乙丙之际箸议第九》)，考核选拔出的官吏迂腐无用，只会榨取民众血汗。因此，龚自珍认为应该"改图更法""不拘一格降人才"，呼吁"穷则变，变则通，通则久"。

和龚自珍一样，魏源对清王朝的腐朽统治也作了揭露和批判。当时英国人不仅用鸦片烟毒害中国人，而且造成大量白银流向海外，导致国家财政拮据，老百姓生活极度穷困，而文人士子只热衷以空洞的八股文应科举做官，却"罔知朝章、国故为何物，罔知漕、盐、河、兵得失何在"(《明代食兵二政录·叙》)，全无经世致用之能，面对天下士人都成为无用之才，发出了"举天下人才尽出于无用之一途"(《明代食兵二政录·叙》)的叹息。他在代贺长龄编辑《皇朝经世文编》的过程中，力挽学术上空腐琐屑的颓风，提倡"学以致用"，拟订了"文编"取舍的原则：凡有关实用和时务的文章方予以选入，空洞玄虚、陈腐过时之文论，均予排除在外，使全书的重点在财政、水利和军事上，以使经世致用与考据致用分开，倡导解决有关国计民生重大时务的实学。魏源强调改革，提出"天下无数百年不弊之法，无穷极不变之法"(《筹鹾篇》)，"变古愈尽，便民愈甚"(《默觚·治篇》)。

虽然受历史条件的限制，龚自珍认为道是不变的，社会变革的主张只能在现有的政体下改革。但是，他提出祖宗之法必须随形势的发展而改革，并向清政府发出警告说："一祖之法无不敝，千夫之议无不靡，与其赠来者以劲改革，孰若自改革？”（《乙丙之际箸议第七》）魏源的变法主张，主要是指在盐政、漕运、水利等学以致用方面的改革，并非根本的变革。但他在批判老庄复古思想的基础上，提出“上古之风不可复”，因为“势则日变不可复也”，所以“治不必同，期于利民”（《默觚·治篇》）。与龚自珍相比，魏源虽也讳言变道，但是有了明显的历史进化观念，他在论述“古”和“今”的关系时说：

> 今必本夫古。轩、挠上之甲子，千岁可坐致焉。然昨岁之历，今岁而不可用，高、曾器物，不如祖、父之适宜。时愈近，势愈切……善言古者，必有验于今矣。（《皇朝经世文编·叙》）

魏源以去年的老皇历为比喻，说明器物总是一代一代更新的道理，真正的智慧就在于力求认识切近的时势，以便因势利导，治理万物，经纬天地。在近代刚开始，魏源承继荀子的“古今”之争和“礼法”之争的思想，提出“善言古者，必有验于今”，显然具有新的时代意义。

“龚魏”的变法主张，在当时受到坚持“天不变，道亦不变”的保守派的攻击，揭开了近代“古今之争”的序幕。

魏源在龚自珍去世后，亲历了鸦片战争。作为林则徐的密友，魏源将林则徐编辑的《四洲志》扩充为《海国图志》，把林则徐在战争期间提出的“师敌之长技以制敌”的口号发展为“师夷之长技以制夷”的主张，并将之作为《海国图志》的指导思想，从多方面作了阐述和论证，提出“筹夷势必先知夷情，知夷情必先知夷形”（《圣武记》）。这在当时是一种新的思想，是中国近代史上最早提出的放眼看世界和向西方学习的主张。这标志着近代“中西之争”的开始。

魏源提出了解西方，是其“善言古者，必有验于今”思想的体现，反映出经世致用思想在近代之初的复苏。当然，他在当时主张了解西方是着眼于学习技术，还没有真正了解西方文化，其目的也仅是：

> 尽收外国之羽翼为中国之羽翼，尽转外国之长技为中国之长技，富国强兵，不在一举乎？时乎时乎，惟太上能先时，惟智者能不

失时，又其次者，过时而悔，悔而能改，亦可补过于来时。(《道光洋艘征抚记·下》)

魏源强调立足当今，主张不失时机地变革。这一思想包含着一种社会历史进化观。

二、"善恶非固有"——龚自珍的自然人性论

龚自珍反对儒家的性善说以批判封建专制下的伪善，倾向自然人性论，认为"善非固有，恶非固有，仁义、廉耻、诈贼、狠忌非固有"(《壬癸之际胎观第七》)，因此他认同告子关于人性的观点："龚氏之言性也，则宗无善无不善而已矣，善恶皆后起者。"(《阐告子》)认为善恶都是后起的，它们并非人性所固有的，人可以成为善人，也可以成为恶人，这不是天性本善或本恶。他以此为依据，提出后天环境和后天的教育对人性有决定性的作用，要使人不染恶习而向善，就必须改造恶劣的社会环境，意在呼吁整顿吏治腐败，凝聚人心。

龚自珍根据自然人性论提出"私"是人的天性，人人皆有"私"。他认为，私并不等于恶，禽兽才能真的无私，它们不知父子，不分亲疏，"且夫狸交禽媾，不避人于白昼，无私也"，而人则不同，"若人则必有闺闼之蔽，房帷之设"，因此，"今曰'大公无私'，则人耶？则禽耶？"(《论私》)即使圣帝贤后，也在考虑如何"庇我子孙，保我国家"，忠臣是忠自己的君，孝子是孝自己的父母，寡妇是替自己的丈夫守节，都有自己的私，而并非"大公无私"(《论私》)。因此，龚自珍反对理学家"存天理，灭人欲"的"大公无私"的虚伪说教，主张"先公后私"，或"先私后公"，或"公私并举"。这些主张提出了具有近代意义的新思想。

与龚自珍不同，魏源有"天人合一"的天人关系的认识，是性善论者。但是，他认为人的主善之心容易受到污垢的蒙蔽，要去掉污垢的蒙蔽必须"无欲"以"复心"，而"无欲"的方法是"守本""知足"，其目的在于批判当时社会官吏贪欲无度，抒发了整治吏治腐败、稳定社会局面的社会责任感。

三、“众人之宰，自名曰我”——“龚魏”对“自我”的张扬

龚自珍和魏源对“衰世”的揭露批判直接指向了封建专制统治对众人真实的自我扼杀。更可贵的是，他们都从哲学的高度来推崇“自我”。龚自珍提出：“天地，人所造，众人自造，非圣人所造。圣人也者，与众人对立，与众人为无尽。众人之宰，非道非极，自名曰我。”(《壬癸之际胎观第一》)这段话明确指出，人人都有一个代表主观精神的“自我”，而且“我光造日月，我力造山川，我变造毛羽肖翘，我理造文字言语，我气造天地，我天地又造人，我分别造伦纪”(《壬癸之际胎观第一》)。

龚自珍将“众人”与“圣人”对立起来，把作为“众人之宰”的“我”与“道”“极”对立起来。在他看来，第一原理不是道，不是太极，而是“我”。在中国哲学史上，突出地把“我”作为世界第一原理提出来，使哲学具有如此鲜明的唯意志论色彩，是前所未有的。“众人之宰，自名曰我”这一命题，具有鲜明的反封建的性质，它标志着当时知识分子自我的觉醒，也标志着中国近代人文主义人格思想的开端。[①]

龚自珍对“我”的张扬，是对封建专制统治下人的自我扭曲、人格观异化的反思和反抗：

> 既有世已，于是乎有世法。民我性不齐，是智愚、强弱、美丑之始。民我性能记，立强记之法，是书之始。……民我性能测，立测之法，是数之始。……日月星地既可测，则立之分限，以纪人之居世者，名之曰岁，曰春夏秋冬，是历之始。民我性能分辨，立分辨之法有四，名之曰东西南北……是方位之始。(《壬癸之际胎观第二》)

龚自珍从尊重、张扬人的个性出发，从哲学高度肯定人的共同性与个别性的关系，将私我与本我进行了区分，认为作为“众人之宰”的“我”

① 参见冯契：《中国近代哲学的革命进程》，上海人民出版社 1989 年版，第 34 页。

之本性——“民我性”有统一的一面，因此，“民我性能类”，于是便产生宗法，进而形成礼教和政治制度，而人的行为便有了善恶之分；在统一性的基础上，“民我性不齐”，人与人又是千差万别的，这种差别造成了人们之间的智慧、才能及体态的不齐。龚自珍夸大“我”的作用，意在把改造人心、人格看作是改造社会的根本。

魏源则强调了“我”的主观意志，在《皇朝经世文编·叙》中提出“善言我者，必有乘于物”的主张，认为“法必本于人”，“我”是“物”的本源，强调自我的主观能动性对认识客观事物的主体地位，富有深刻哲学含义。

基于对“自我”的认识，龚自珍推崇自然之天，他不赞成天人感应说，认为自然的变化有必然，也有偶然，所以反对将政治与天相关联，进而反对把专制君主神圣化。龚自珍认为不论是天命还是君命，都有着不合理的成分，“使正者受，不正者亦受，无如何者亦受，强名之曰命”（《尊命二》），明确否认天人感应说，认为那是儒者为了“自售其学”（《尊命二》），提出以天命自居的封建专制君权是造成各级官吏腐化堕落和丧失人格而依附他人的根本原因：“昔者霸天下之氏……未尝不仇天下之士，去人之廉，以快号令，去人之耻，以嵩高其身；一人为刚，万夫为柔……大都积百年之力，以震荡摧锄天下之廉耻。”（《古史钩沉论一》）

龚自珍指出，帝王愚民的结果，使人们仅表面上山呼万岁，人心归顺，但是这种丧人廉耻的统治不仅颠倒是非、善恶不辨，实际上更是政权不稳定的最大隐患。因此，他主张理顺君臣关系，“吾之术，使君无日不与天下相见以尊君。天命曰流行，君命曰出内”（《尊命二》），提出君主主动跑出宫廷去与天下百姓相见，摒弃君臣之间的繁文缛节，恢复三代君臣“坐而论道”的制度，并从巩固政权的角度主张君臣分权，“内外大臣之权，殆亦不可以不重，权不重则气不振，气不振则偷，偷则敝，权不重则民不畏，不畏则狎，狎则变”（《明良论四》）。这一主张，带有君主立宪的“民主”色彩。

龚自珍与魏源对天人关系有着不同的理解。龚自珍否认儒家的道德之天，而魏源肯定“以天为本，以天为归”（《默觚·学篇一》），把天看作是最高原理，把人的认识和修养看作是向天命复归。但是，魏源提出了“人定胜天，造化自我”的命题，强调人的主体能动性。虽然从天人关系来说，魏源也主张“天人合一”论，但是强调只有专心致志、锲而不舍地通过学习和修养，才能达到彻悟、与天为一的境界：“敏者与鲁者共学，敏不获而鲁反获之；敏者日鲁，鲁者日敏，岂天人之相易耶？曰：是天人之参也。”（《默觚·学篇二》）魏源以此强调只要有坚强的意志，就能战胜命运，即“胜天”。这与他亲眼看见西方列强发动的鸦片战争后内心激荡的爱国情感有关，意在唤醒民众，奋发自强。就此而言，“龚魏”虽是从不同的天人关系认识出发，却都是向着突出人的意志的一端，这反映了他们对当时封建专制文化的反抗意识。

四、“不拘一格降人才”——“龚魏”的豪杰人格观

“龚魏”对社会的批判没有停留在对社会表面现象的指责上，而是站在文化觉醒及人格觉悟的高度，反思中国人的自我意识。他们非常蔑视当时那些没有自我意识的庸人，龚自珍将之比为“缚草为形，实之腐肉，教之拜起，以充满于朝市”（《与人笺五》），期望能出现视“京师如鼠壤”的豪杰，促使中国人觉悟过来，不尚空谈，面对现实，寻求救国救民的真理。

“龚魏”张扬自我、呼唤豪杰的倡导，包含一种富有近代气息的个性解放思想。龚自珍处于“万马齐喑”的衰世，他呼唤风雷，祈愿天公“不拘一格降人才”，强调历史是“众人自造，非圣人所造”（《壬癸之际胎观第一》），批判圣人史观，推崇平民创造历史，张扬自我，注重人心和人格对社会发展的历史作用：“人心者，世俗之本也；世俗者，王运之本也。人心亡，则世俗坏，则王运中易。王者欲自为计，盍为人心世俗计矣。”（《平均篇》）他把改造人格和转变人心看作是改造社会的根本，认为变法改制的关键在于提倡积极奋进的豪杰人格。因此，他期望人们“不拘一格”，能冲破纲常礼教的束缚，敢做视“京师如鼠壤”的豪杰。魏源面

对鸦片战争带来的灾难，也提出“天下无事，庸人不庸人；天下非多难，豪杰不豪杰”(《默觚·治篇七》)。就是说，天下无事时，庸人暴露不了他的庸人之相；天下无危难，则豪杰也显示不出他的豪杰才能；国家处于危难之际，才能产生杰出人才和英雄人物。同时，他还鼓励广大民众的爱国热情，提出“古未曾有范金者，亦无抟埏者，亦无削楮、揉革、造木几者，其始有之，其天下豪杰也。或古有其法，中绝数千岁，忽然有之，其天下豪杰也”(《纵难送曹生》)。可见在他看来，所有有所发现、有所创造的劳动者都是豪杰，从而将人才从圣贤的宝座上拉了下来，公开倡导一种面向大众的平民人格观。

因此，魏源同龚自珍一样，认为历史的“势”是众人造成的，提出统治者应出于公心，“以其势、利、名公天下”，使“天下之庶人”都能从事生产，得到利益，并利用名教使“天下之君子”知所劝勉和禁遏，从而能让众人形成“势”，这样就可以大治天下。他又说，“天子者，众人所积而成”(《默觚·治篇三》)，即众人集聚于天子周围，就能造成“势”，使天子成为英明的天子，“故天子自视为众人中之一人，斯视天下为天下之天下”(《默觚·治篇三》)。魏源一方面要求以纲常礼教严肃整治吏制腐败，安顿社会秩序；另一方面呼吁重视大众对社会发展的积极作用，表现出了近代人文主义平民人格思想的开端。

不难看出，“龚魏”的豪杰人格观都非常强调意志的力量。龚自珍更加强调要造就人才，成就大事业，尤其在于发挥主观精神力量。他说：“心无力者，谓之庸人。报大仇，医大病，解大难，谋大事，学大道，皆以心之力。”(《壬癸之际胎观第四》)这里说的“心之力”，即指精神力量，特别是意志力。魏源也认为匹夫只要有真正坚强的意志力，那么，他如不愿富，皇帝也不能让他富；他如自愿杀身成仁，上帝也不能使他寿。“龚魏”强调意志的作用，夸大人自身对外界的影响，这与他们愤世嫉俗，期望国民奋起自强与自救的历史责任感和爱国热情是分不开的，是传统德性人格观中“忧患意识”的折射，使命感和责任心的表露。这一切都带有明显的近代色彩。

"龚魏"的豪杰人格观出于爱国主义的历史责任感，反对皇权专制对人的异化和奴化，昭示着经世致用思想的回归，清末知识分子的人格观由心性内圣开始转向了事功外王。

第三节　曾国藩的圣智人格观

曾国藩(1811～1872)，字伯涵，号涤生，原名子城，湖南长沙府湘乡县白杨坪(今属湖南省娄底市双峰县荷叶镇天坪村)人，宗圣曾子七十世孙，中国近代政治家、战略家，湘军的创立者和统帅。

曾国藩出生在普通耕读家庭，祖辈以务农为主，生活较为宽裕。其祖父曾玉屏虽少文化，但以知书达理著称乡间，其父曾麟书身为塾师秀才。二位先辈以伦理教育启蒙了作为长子长孙的曾国藩，他五岁启蒙，六岁入家塾"利见斋"，十五岁以第七名成绩通过长沙府童子试，二十一岁考取了秀才，二十三岁中举人。经过两次落榜之后，道光十八年(1838 年)，二十七岁的曾国藩再次参加会试，以殿试位列三甲第四十二名，赐同进士出身，其后十年间职位七迁跃十级，升为二品大员。

曾国藩被誉为中国近代化建设的开拓者。在他的倡议下，清政府建造了中国第一艘轮船，建立了第一所兵工学堂，翻译和印刷了第一批西方书籍，安排了第一批赴美留学生。因而，曾国藩与李鸿章、左宗棠、张之洞并称"晚清中兴四大名臣"。他一生官至两江总督、武英殿大学士，封一等毅勇侯，死后谥号"文正"，后世称"曾文正公"。曾国藩一生文治武功，对清王朝及近代中国的政治、军事、文化、经济等方面都产生了深远的影响。

一、坚守纲常名教的政治思想

曾国藩自幼接受传统儒家教育，深受有清以来孔孟程朱之学影响，以极力维护清朝纲常礼教为本，以经世兴国利民为用，以儒家"德政"与"民本"思想为其做官处世的政治理想追求。

(一)忠君爱国的纲常礼教思想

曾国藩与众多的古代读书人一样,是地道的儒家文化的学习与践行者,以孔子的政治思想为正宗,追求政治清明的社会理想,对“人君”的要求,是仁政爱民;对臣下的要求则是“忠君”和“爱国”:

隋开皇之十二年,有司家府藏皆满无所容,积于廊庑。曾不一纪,炀帝嗣位,东征高丽,南幸江都,遂至穷困。唐天宝之八载,帝观帑藏金帛充牣,古今罕俦。曾不数年,禄山反叛,九庙焚毁,六飞播迁,遂以大变,故国之富不足恃;独恃有人主兢兢业业之一心耳。

李牧在赵,匈奴不侵;汲黯在朝,淮南寝谋。林甫为相,阁凤反;卢杞柄政,李怀光叛。反叛,非其本心也!故人君慎置左右之臣,其益于人国者多矣。(《曾文正公日记·辛亥七月廿一日》)

曾国藩在其家书和论述中重要内容之一,就是对贤臣的要求和如何做贤臣:

一门之内,迭被殊恩,无功无德,忝窃至此,惭悚何极!惟当同心努力,仍就“拼命报国,侧身修行”八字上,切实做去。(《曾文正公家书·卷七·同治元年正月十八日与沅弟书》)

贤臣不仅不能碌碌无为,还要以君之大局为重,团结一心,心底无私:

初膺开府重任,心中如有欲说之话,思自献于君父之前者,尽可随时陈奏。奏议是人臣最要之事,弟须加一番工夫。(《曾国藩家书·为政篇·致九弟》)

大君以生杀予夺之权授之督抚将帅,犹东家以银钱货物授之店中众伙。若保举太滥,视大君之名器不甚爱惜,犹之贱售浪费,视东家之货财不甚爱惜也!介之推曰:“窃人之财,犹谓之盗,况贪天之功以为己力乎!”余则略改之曰:“窃人之财,犹谓之盗,况假大君之名器以市一己之私恩乎!”余忝居高位,惟此事不能力挽颓风,

深为惭愧。(《曾胡治兵语录·公明》)

此外,贤臣的治世之道为“爱民”,须以“致贤”“养民”为本:

默观近日之吏治人心,及各省之督抚将帅,天下似无戡定之理。吾惟以一“勤”字报吾君,以“爱民”二字报吾亲。(《曾文正公家书·卷七·咸丰十年七月十二日与沅弟季弟书》)

从曾国藩的“君父”“人臣”和“报吾亲”等用词和语气,折射出其以忠君为核心的宗法式的“神道设教”意味,反映出他注重纲常礼教的道德束缚作用:

三纲之道,君为臣纲,父为子纲,夫为妻纲,是地维所赖以立,天柱所赖以尊。故《传》曰:君,天也;父,天也;夫,天也。《礼仪》记曰:君至尊也,父至尊也,夫至尊也。君虽不仁,臣不可以不忠;父虽不慈,子不可以不孝;夫虽不贤,妻不可以不顺。(《曾文正公家训·卷下·同治二年正月二十四日谕纪泽》)

耳目口体心思各敬其职,而五伦各尽其分,又将推以及物,使凡民皆有以善其身而无憾于伦纪。(《劝学篇示直隶士子》)

为维护天下清明和太平,他提出了治理国家的十四大类重要事项:

天下之大事宜考究者,凡十四宗。曰官制,曰财用,曰盐政,曰漕务,曰钱法,曰冠礼,曰婚礼,曰丧礼,曰祭礼,曰兵制,曰兵法,曰刑律,曰地舆,曰河渠,皆以本朝为主,而历溯前代之沿革本末,衷之以仁义,归之所易简。前世所袭误者,可以自我更之;前世所未及者,可以自我创之。其苟且者,知将来之必敝;其知当者,知将来之必因。所谓虽百世可知也!(《曾国藩文集·体道篇》)

崇扬礼义廉耻,是曾国藩政治思想的要点。这十四类政务,体现了曾国藩既重视君臣之“圣”,又强调经世之“用”的思想特点。其中既有礼也有义,以“礼”崇君治民,体现“圣”;以“义”兴国爱民,体现“用”。

(二)维护纲常礼教的“严刑峻法”治乱思想

以传统儒家思想为根基,以礼义廉耻为纲常的崇君爱民思想,是曾国藩与太平天国政治思想的根本冲突。

早在鸦片战争前,清朝统治已经为内外矛盾所困。鸦片战争的失败,巨额赔款、洋货和鸦片输入加重了经济危机,社会民众不堪重负,激化了阶级矛盾,引发了太平天国起义。与以往中国历史上旧式农民起义不同的是,以洪秀全为首的太平天国领导人,在斗争实践中把中国历代农民的理想诉求系统化、纲领化,从而将中国古代农民的革命思想发展到最高水平。因此,在太平天国起义期间,起义军与清政府在意识形态和文化传统领域的冲突表现得十分尖锐和激烈,这在以往的中国农民起义史上也是空前的。太平天国不仅继承和发展了历代农民起义的均等思想,还引进西方基督教人格平等思想对抗清王朝意识形态与传统的纲常礼教,除了否定封建神权,还猛烈抨击孔子和儒学,将改造过的基督教义作为新的礼俗。[①]

太平天国为满足民众追求均等的向往和摆脱封建统治的愿望,在《奉天讨胡檄》提出:“中国非胡虏之中国,乃上帝之中国”,“公等世居中国,孰非上帝之子女!”[②]洪秀全在宣教之初,推广他的《原道救世歌》,得到了受封建纲常礼教等级剥削、灾难深重的社会底层民众的积极响应:“普天之下皆兄弟,灵魂同是自天来,上帝视之皆赤子”,“天下多男人,尽是兄弟之辈;天下多女子,尽是姊妹之群”,“天下总一家,凡间皆兄弟”。这引起以曾国藩为代表的封建势力极大的恐惧和仇恨。咸丰四年(1854年)2月,湘军倾巢出动,曾国藩发表了《讨粤匪檄》。他在檄文中避开了清王朝之“胡”,而以数千年的礼教传统为基础,进行了针锋相对的驳斥:

---

① 参见张锡勤、饶良伦、杨忠文:《中国近现代伦理思想史》,黑龙江人民出版社1984年版,第24页。

② 转引自蒋星德:《曾国藩传》,北京联合出版公司2015年版,第121页。

> 自唐虞三代以来，历世圣人，扶持名教，敦叙人伦，君臣父子、上下尊卑，秩然如冠履之不可倒置。粤匪窃外夷之绪，崇天主之教，自其伪君伪相，下逮兵卒贱役，皆以兄弟称之。谓惟天可称父。此外，凡民之父，皆兄弟也，凡民之母，皆姊妹也。……士不能诵孔子之经，而别有所谓耶稣之说、《新约》之书，举中国数千年礼义、人伦、诗书、典则，一旦扫地荡尽。此岂独我大清之变，乃开辟以来名教之奇变。我孔子、孟子之所痛哭于九泉。凡读书识字者，又乌可袖手安坐，不思一为之所也！（《讨粤匪檄》）

由于洪秀全的部队所到之处，把读书人的心中圣地学宫和孔庙烧毁，还将百姓的信仰寄托地——佛道寺观及城隍土地庙，予以污损或拆毁。因此，曾国藩不仅站在了政治意识形态的制高点，还以儒释道文化传统的守卫者发出呼吁，增强了对当时广大的知识分子和普通民众的号召力，提高了对太平军的文化批判和斗争力量，为打败太平军构建了统一战线。

尽管曾国藩为剿灭太平天国立下了不朽功勋，但是作为近代著名的政治家，他对"康乾盛世"后清王朝的腐败衰落，洞若观火。太平天国动摇了封建统治秩序，正像曾国藩所说，是"百废莫举，千疮并溃，无可收拾"（《与江岷樵左季高》）。他认为，人民之所以大批起来造反，一是由于长期以来封建统治者苟且偷安，对人民太"宽仁"了，二是由于"人欲"横流、人心陷溺、道德沦丧。他把人民之所以奋起反抗的原因归之于人欲横流，把封建统治者镇压太平天国之所以长期无成效的原因也归于私欲作祟。[1]

> 今日不可救药之端，惟在人心陷溺，绝无廉耻……窃尝以为无兵不足深忧，无饷不足痛哭，独举目斯世求一攘利不先、赴义恐后、忠愤耿耿者不可亟得。……其可为浩叹者也！（《复彭丽生》）

---

① 参见张锡勤、饶良伦、杨忠文：《中国近现代伦理思想史》，黑龙江人民出版社 1984 年版，第 41 页。

因此，曾国藩主张以“严刑峻法”和“痛加诛戮”镇压太平天国起义，同时要“正人心，易风俗”，而且强调两手都要抓，不可偏废：

细观今日局势，若不从吏治人心上痛下工夫，涤肠荡胃，断无挽回之理。(《复胡宫保》)

天下滔滔，祸乱未已，吏治人心，毫无更改，军政战事，日崇虚伪。非得二三君子，倡之以朴诚，导之以廉耻，则江河日下，不知所届。(《复陈俊臣》)

将欲黜邪慝而反经，果操何道哉？夫亦曰，隆礼而已矣。(《江宁府学记》)

关于整顿官场风纪，曾国藩提出“行政之要，首在得人”，危急之时需用德器兼备之人，要倡廉正之风，行礼治之仁政，反对暴政、扰民，对于那些贪赃枉法、渔民肥己的官吏，一定要予以严惩。曾国藩在镇压太平天国过程中，大开杀戒，称得上杀人如麻，以铲除威胁封建统治的邪教影响，因此与其兄弟曾国荃在民间有“曾剃头”之称。

二、重民生与师夷智并重——曾国藩的经世致用的思想

曾国藩推崇孔孟的“仁政”学说，一生为官无论是为政还是治军，注重以“民生”为怀，强调“教之爱民，爱民必先保护闾阎，仁也”，倡导在爱民的基础上，要以保护普通百姓为先。从某种意义上说，这种“仁民爱物”思想是曾国藩在与太平天国斗争中的重要思想武器，是对儒家民本政治思想的一种传承与弘扬。

（一）重农亲民固本的治国思想

曾国藩重视国运民生的财政经济，将农业提到国家经济中基础性的战略地位，主张“民生以穑事为先，国计以丰年为瑞”，并提出了具体措施：

今日之州县，以重农为第一要务。病商之钱可取，病农之钱不可取。薄敛以纾其力，减役以安其身，无牛之家，设法购买；有水之

田，设法疏消。(《劝诫浅语十六条》

曾国藩的重农亲民，不仅发展了农业经济，确保了社会的经济稳定，而且更重要的是，缓和了当时已经比较突出的地主与农民的社会矛盾。

> 军兴以来，士与工商，生计或未尽绝。惟农夫则无一人不苦，无一处不苦。农夫受苦太久，则必荒田不耕；军无粮，则必扰民；民无粮，则必从贼；贼无粮，则必变流贼，而大乱无了日矣！(《劝诫浅语十六条》)

因此，曾国藩强调“今日之州县，以重农为第一要务”，“重农事以厚生”。他在直隶总督任上，大力整顿吏治，减轻民众负担，严令各地“不准于应征钱粮之外，加派分文”，告诫各级官员要“视民事须如家事”，为民众“休养生息”创造了一些必备条件，并采取相应的救济措施赈济灾荒。

曾国藩以农业社会的政治统治为根本，提出以农业安民生，以民生安人心，以人心稳定社会，这是其经世思想在社会治理实践上的具体体现。

(二)务实求变的洋务思想

历时三十三载的洋务运动始于 1861 年，终于 1894 年。曾国藩于 1872 年在两江总督任上病逝。就是在这短短的十年时间里，曾国藩开创了洋务运动的数个第一，因而被列为洋务运动的领袖之一。

务实，是曾国藩思想不因循守旧的重要原因。与太平军作战时，出于实际需要，他多次奏报朝廷要办兵工厂。朝廷为顾全自身安危，打破了由兵部和工部分别把持武器制造的惯例，同意了曾国藩的请求。于是，中国第一家真正意义上的兵工厂——安庆内军械所，于 1861 年秋天在安徽诞生。在这里除生产出子弹、火药和枪炮外，还制造出了中国第一台蒸汽机和中国第一艘蒸汽机轮船——“黄鹄”号。

后来，他与李鸿章一起，创办了中国最大规模的江南制造总局，并派出到外国购买成套“制器之器”的第一人——容闳。在创办江南制造总局期间，曾国藩发现外国人按照图纸的标准和书籍资料设计制造机器，于是中国第一家翻译馆——江南制造总局翻译馆在1868年诞生，并成为近代中国译书最多、影响最大的翻译机构。同治七年(1868年)九月，江南造船厂试制的第一艘轮船驶至江宁，曾国藩登船试航，取名“恬吉”。

曾国藩并没有满足于翻译外国技术，1871年8月19日又与李鸿章联衔会奏《拟选子弟出洋学艺折》，请求朝廷以官方的名义，派遣一批幼童到美国留学，学习西方先进的科技。于是，第一批120名留美幼童在1872年8月11日远赴美国留学，从而培养了詹天佑等一批新式知识分子。

求变，是曾国藩思想与时俱进的显著特点。1864年，曾国藩在攻克南京后，将安庆内军械所搬迁到南京，改名为金陵内军械所。1865年，李鸿章署理两江总督后，在金陵内军械所的基础上筹建了金陵机器制造局；后又将金陵机器制造局与其原设的炮局及购自美国人的铁厂合并，利用容闳出国购回的一百多部机器，建成了江南制造总局。1867年3月，曾国藩又在江南制造总局下设造船所试制船舰，同时筹建译书馆；5月，会同李鸿章将江南制造总局由虹口迁到高昌庙，进一步扩大规模。

受两次鸦片战争的冲击，曾国藩既十分痛恨西方人侵略中国，又对借助外国势力镇压太平天国深为愧疚。但是，他不盲目排外，务实求变，与时俱进，主张向西方学习先进的科学技术，以图自强。他提出：

> 购成之后，访募覃思之士，智巧之匠，始而演习，继而试造，不过一二年，火轮船必为中外官民通行之物，可以剿发逆，可以勤远略。(《复陈购买外洋船炮折》)

曾国藩在内忧外患中，较早地认识到“师夷智”的重要性和迫切性：

> 目前资夷力以助剿济运，得纾一时之忧；将来师夷智以造炮制船，尤可期永远之利。(《遵旨复奏借俄兵助力剿发逆并代运南漕折》)

曾国藩的“师夷智”思想，继承和发展了魏源的“师夷长技”的思想。

“智”与“技”相比，不仅包括引进“制器之器”的思想，还包括派学生学习以及引入相关的科学文化。同时，他还重用和历练了左宗棠、李鸿章、郭嵩焘、丁日昌和沈葆桢等一大批人才，成为日后推动洋务事业的中坚力量。尽管曾国藩去世比较早，但因上述务实求变的杰出思想和贡献，被公认为洋务运动之父。

三、爱兵与爱民并重——曾国藩的军事思想

与拥兵自重的传统封建将领明显不同的是，曾国藩在训练军队和带兵打仗时非常重视爱兵和爱民，以此为做好兵民思想政治工作的法宝。

（一）重视士兵基本素质

曾国藩“数年来痛恨军营习气，武弁自守备以上无一人不丧尽天良。故决计不用营兵，不用镇将”，因此，将清朝的世兵制改革为募兵制，并对招兵提出了明确要求：

> 招募兵勇，须取具保结，造具府县、里居、父母、兄弟、妻子名姓、箕斗清册。各结附册，以便清查。
>
> 募格，须择技艺娴熟，年轻力壮、朴实而有农夫土气者为上。其油头滑面，有市井气者，有衙门气者，概不收用。（《曾国藩文集·营规·招募之规二条》）

招募来的兵勇，都有地方各级人士和亲属实名担保，所选择的对象是那些年轻朴实的农民，而不录用油头滑脸的市井混混和有官气的浪子。

（二）制定严格军纪

为扼制腐朽的军风，振奋军纪，曾国藩设计了《禁洋烟等事之规七条》：

> 禁止洋烟：营中有吸食洋烟者，尽行责革。营外有烟馆卖烟者，尽行驱除。
>
> 禁止赌博：凡打牌、押宝等事，既耗钱财，又耗精神，一概禁革。

禁止喧哗：平日不许喧嚷，临阵不许高声。夜间有梦魇、乱喊乱叫者，本棚之人推醒，各棚不许接声。

禁止奸淫：和奸者责革，强奸者斩决。

禁止谣言：造言谤上、离散军心者严究。变乱是非、讲长说短、使同伴不和睦者严究。张皇贼势、妖言邪说、摇惑人心者斩。

禁止结盟拜会：兵勇结盟拜会、鼓众挟制者严究。结拜哥老会、传习邪教者斩。

禁止异服：不许穿用红衣、绿衣、红带、绿带，不许织红辫线，不许扎红绿包巾、印花包巾，不许穿花鞋。(《曾国藩文集·营规·禁洋烟等事之规七条》)

这七条规定，言语是日常白话的，通俗易懂，可操作且可评价，没有高调虚言，而且基本都是容不得商量的“极刑”。如，吸毒和通奸的要革除，强奸、结拜哥老会、妖言惑众和传习邪教的要斩首。

(三)重视军民关系

曾国藩家训有个“八本”，在其之八中提出“行军以不扰民为本”。为确保不扰民，他在其“营规”中专门制定了通俗易懂的格言式《禁扰民之规》：

用兵之道以保民为第一义。除莠去草，所以爱苗也；打蛇杀虎，所以爱人也；募兵剿贼，所以爱百姓也。若不禁止骚扰，便与贼匪无异，且或比贼匪更甚。要官兵何用哉？故兵法千言万语，一言以蔽之曰：爱民。特撰《爱民歌》，令兵勇读之。(《曾国藩文集·营规·禁扰民之规》)

他还针对农民的艰辛和对军队的关键作用，讲明爱民的重要性：

三曰重农事以厚生。

军兴以来，士与工商，生计或未尽绝。惟农夫则无一人不苦，无一处不苦。农夫受苦太久，则必荒田不耕；军无粮，则必扰民；民无粮，则必从贼；贼无粮，则必变流贼，而大乱无了日矣！故今日之州县，以重农为第一要务。病商之钱可取，病农之钱不可取。薄敛以纾其力，减役以安其身；无牛之家，设法购买；有水之田，设法疏消。要使农夫稍有生聚之乐，庶不至逃徙一空。(《劝诫浅语十六条》)

曾国藩开宗明义地讲湘军的用兵之道，以保护百姓为"第一要务"，注重兵民的依存关系，这在封建社会也是开天辟地的，将自己与过去所谓"兵匪一家"的旧军队区别开来，将"爱民"立为建军的灵魂，使儒家仁者爱人及统治者的亲民思想融入军队建设，提升了军队的文化自觉。为此，还专门编写了让兵勇阅读的《爱民歌》，军队文化建设真可谓细致入微。

(四)倡导官兵一家

曾国藩宣扬官兵亲如一家，用传统伦理亲情强化士官文化，将士兵不只是当作镇压工具，而是把他们当"人"看，并鼓励他们个个要成才：

带兵之道，用恩莫如用仁，用威莫如用礼。仁者，所谓欲立立人，欲达达人是也。待弁兵如待子弟之心，常望其发达，望其成立，则人知恩矣。礼者，所谓无众寡、无小大，无敢慢、泰而不骄也。正其衣冠，尊其瞻视，俨然，人望而畏之，威而不猛也。持之以敬，临之以庄，无形无声之际，常有凛然难犯之象，则人知威矣。守斯二者，虽蛮貊之邦行矣，何兵之不可治哉！

吾辈带兵，如父兄之带子弟一般。无银钱，无保举，尚是小事。切不可使之因扰民而坏品行，因嫖赌、洋烟而坏身体。个个学好，人人成材，则兵勇感恩，兵勇之父母亦感恩矣。

爱民为治兵第一要义。须日日三令五申，视为性命根本之事，毋视为要结粉饰之文。(《曾胡治兵语录・仁爱》)

曾国藩在军队管理上，强调忠与信，认为"独仗'忠信'二字为行军之本"。忠，即是下级服从上级，"第一教之忠君，忠君必先敬畏官长"，士兵不尊重和不服从长官便是不忠的表现；"信以施于同列"，"信"就是同级之间互信互助，团结一心，同舟共济。他又将这种忠和信集中在“诚”上，“诚便是忠信”，不假不虚，推心置腹，“驭将之道，最贵推诚，不贵权术”。不难看出，曾国藩将中庸之诚化为实践层面的忠和信，将天理人情与日常言行有机结合。

（五）注重选将任贤

曾国藩认为“行军之道，择将为先”，选将标准是德才兼备，智勇双全，而德在首位，并把德的内涵概括为“忠义血性”：

> 大约选将以打仗坚忍为第一义，而说话宜有条理，利心不可太浓，两者亦第二义也。（《曾文正公家书·卷八·同治元年六月二十二日与沅弟书》）
>
> 其带勇之人，概求吾党血性男子，有忠义之气，而兼娴韬钤之秘者，与之共谋。（《复林源恩》）

他认为将官必须具备过硬的政治素质，有管理才能，做事公正、清明和勤政，还得有不怕牺牲的精神。

> 抑又有请者，不难于勇，而难于带勇之人。带勇之人，第一要才堪治民，第二要不怕死，第三要不急急名利，第四要耐受辛苦。治民之才，不外公、明、勤三字。不公不明，则诸勇必不悦服；不勤，则营务细巨，皆废弛不治，故第一要务在此。不怕死，则临阵当先，士卒乃可效命，故次之。为名利而出者，保举稍迟则怨，稍不如意则怨，与同辈争薪水，与士卒争毫厘，故又次之。身体羸弱者，过劳则病，精神乏短者，久用则散，故又次之。四者似过于求备，而苟阙其一，则万不可以带勇。故弟尝谓带勇须智浑勇沉之士，文经武纬之才。（《与彭洋中曾毓芳》）

曾国藩虽然择将重“忠义血性”，但是并不欣赏草莽英雄，相反湘军的将领多是儒生士子出身。罗尔纲在《湘军兵志》中统计，凡姓名、籍贯、出身、职务可查的湘军将领179人中，儒生出身的有104人，占58%。以如此众多的儒生为将，这在历代军事史上都是罕见的。[①]

曾国藩将传统纲常礼教，有机地融于湘军的治理建设之中，将传统儒家的伦理亲情与军队法纪结合，形成其鲜明的儒家治军思想与实践智慧。

> 带勇之法，用恩莫如仁，用威莫如礼。……孟子曰："君子以仁存心，以礼存心。"守是二者，虽蛮貊之邦可行，又何兵勇之不治哉？（《曾文正公日记·己未六月初四日》）
>
> 三曰勤训练以御寇。
>
> 训有二端：一曰训营规，二曰训家规。练有二端：一曰练技艺，二曰练阵法。点名、演操、巡更、放哨，此将领教兵勇之营规也；禁嫖赌、戒游惰、慎语言、敬尊长，此父兄教子弟之家规也。为营官者，待兵勇如子弟，使人人学好，个个成名，则众勇感之矣。练技艺者，刀矛能保身，能刺人；枪炮能命中，能及远。练阵法者，进则同进，站则同站；登山不乱，越水不杂，总不外一"熟"字。技艺极熟，则一人可敌数十人；阵法极熟，则千万人可使如一人。（《劝诫浅语十六条》）

曾国藩将封建伦理观念和尊卑等级观念不着痕迹地与军法、军规以及家法、家规结合起来，以将必亲选、兵必自找和层层节制的原则组建军队，在士官之间建立起子弟与父兄般的忠义孝敬组织文化。曾国藩这种爱兵与爱民并重的军事思想，使湘军的纪律性和战斗力大大提升。尽管在作战中有湘军扰民之举的记载，但是与清朝的八旗兵和绿营兵相比，曾国藩的上述措施发挥了很好的作用，在赢取民心和提高战斗力方面起到了积极作用。

四、集"王"与"霸"之大成——曾国藩的圣智人格观

曾国藩的政治、经济和军事思想，明显地体现了其人格观的哲学思

---

① 参见罗尔纲：《湘军兵志》，中华书局1984年版，第56～66页。

想与人格理想。他已经将那种由宋儒所倡导的伦理—宗教型的理想人格发展为一种合圣贤与豪杰为一体,兼具德性、智性与血性的理想人格。所以说曾国藩所推崇、追求的理想人格不仅鲜明地体现出中国传统文化思想的多样性、丰富性,同时也具有很强的时代精神特色。

(一)以儒为宗以墨法道为用的人格观哲学思想

曾国藩承孔孟之学,崇人性善之说,所以认为学习与修身的目的在于“复性”,成为“圣贤”:

> 学者何?复性而已矣;所以学者何?格物诚意而已矣。格物则剖仁义之差等而缕晰之,诚意则举好恶之当于仁义者而力卒之,兹其所以难也。(《答刘孟容》)
>
> 性不虚悬,丽乎吾身而有宰;命非外铄,原乎太极以成名。
>
> 是故皇降之衷,有物斯以有则;圣贤之学,惟危惕以惟微。(《顺性命之理论》)

他认可每个人的人性中都有仁义礼智的“性命之理”,因此,一般的“中人”只要下“复性知命”的功夫,完全可以达到理想的圣人境界:

> 此圣人尽性立命之极,亦即中人复性知命之功也夫!(《顺性命之理论》)
>
> 无欲而为善,无畏而不为不善者,此圣贤之徒,中有所得而不惑者也。(《纪氏嘉言序》)

在人们的印象中,一提到曾国藩,总是讲他早年就追随唐鉴讲习理学,后来拜当朝理学大家倭仁为师,以理学修身养性,遂成为一代理学家。因此,当今人们研究其言行也最终将之归为功成名就的理学家。其实,这种说法忽略了曾国藩作为湘人受湘乡文化影响的背景。

唐鉴曾告诉曾国藩,“当以《朱子全书》为宗”,“此书最宜熟读,即以为课程”,“为学只有三门,曰义理,曰考核,曰文章。考核之学多求粗而遗精,管窥而蠡测;文章之学非精于义理不能至;经济之学即在义理内”,“经济不外看史,古人已然之迹,法戒昭然,历代典章,不外乎此”。

(《曾文正公日记·辛丑七月十四日》)

但是,后来曾国藩强调:

> 义理之学,即宋史所谓道学也,在孔门为德行之科。词章之学,在孔门为言语之科。经济之学,在孔门为政事之科。考据之学,即今世所谓汉学也,在孔门为文学之科。此四者缺一不可。予于四者略涉津涯,天质鲁钝,万不能造其奥窔矣。唯取其尤要者,而日日从事,庶以渐磨之久,而渐有所开。(《曾文正公日记·辛亥七月初八》)

曾国藩在传统理学中加入了"经济之学",还特别强调其"在孔门为政事之科"。这一科,不是原来没有,只是有清以来的士子文人的弱项。迫于镇压太平天国和开洋务之实际,曾国藩所要展现的不仅是儒家士大夫内圣之修,更需要的是外王之功。要强化外王之功,最好的资源莫过于借鉴湖湘前贤王夫之的思想。

事实上,曾国藩对"经济之学"也确实下过一番苦功夫。他大约从道光二十九年担任礼部侍郎前后起,开始孜孜不倦地研究"经济之学",并从中吸取了历代统治阶级丰富的政治、经济、军事等方面的经验,从而解决了一连串的社会实际问题,为其在镇压太平天国起义中取得某些成功,提供了重要条件。[①] 1865 年 6 月,曾国藩主持整理《船山遗书》完稿,共 288 卷,交金陵书局出版,这即是很好的明证。

王夫之在《周易外传·系辞上传》中说:

> 故古之圣人,能治器而不能治道。治器者则谓之道,道得则谓之德,器成则谓之行。器用之广则谓之变通,器效之著则谓之事业。故《易》有象,象者,像器者也。卦有爻,爻者,效器者也。爻有辞,辞者,辨器者也。故圣人者,善治器而已矣。自其治而言之,而

---

① 参见朱东安:《曾国藩和理学》,北京太平天国历史研究会编:《太平天国学刊》第 5 辑,中华书局 1987 年版。

上之名立焉。上之名立，而下之名亦立焉。

这段话的核心要义，即在于强调“立言”与“立功”的关系，无治之言难以立，有功之言才有意义。因此，曾国藩在湘学前贤王夫之等影响下，更注重经世之学，对诸子百家各派学说，都采取兼包并蓄的方针：

> 二曰明刑法以清讼。
>
> 管子、荀子、文中子之书，皆以严刑为是，以赦宥为非。子产治郑，诸葛治蜀，王猛治秦，皆用严刑，以致乂安。为州县者，苟尽心于民事，是非不得不剖辨，谳结不得不迅速。既求迅结，不得不刑恶人，以伸善人之气；非虐也，除莠所以爱苗也，惩恶所以安良也。若一案到署，不讯不结，不分是非，不用刑法，名为宽和，实糊涂耳，懒惰耳，纵奸恶以害善良耳。(《劝诫浅语十六条》)

他教导儿子曾纪泽，学问要兼收诸家：

> 学问之途，自汉至唐，风气略同；自宋至明，风气略同；国朝又自成一种风气……尔有志读书，不必别标汉学之名目，而不可不一窥数君子之门径。(《曾文正公家训·卷上·咸丰九年四月二十一日谕纪泽》)

所以，他对宋明以来的各种学术思想及流派包括程朱理学、陆王心学、明清经世实学、乾嘉汉学乃至道家、佛学、诸子学采取了一种兼容态度。

曾国藩教导人心用儒家伦理，而整饬纪律则重法家。也正是因为这种广纳诸家的理学特点，遭到了当时学者的质问：

> 湘乡训诂、经济、辞章皆可不朽，独于理学则徒以其名而附之，非真有镜于唐镜海、倭艮峰、吴竹如、罗罗山之所讲论者，其终身所得，“以老庄为体、禹墨为用”耳。
>
> 儒者学孔孟程朱之道，当独守孔孟程朱，不必以混合儒墨、并包兼容为大也。
>
> 以杂为通，以约为陋，以正为党，博学多能，自命通人，足以致

高位、取大名于时而已，不当施之于讲学。

湘乡讥程朱为隘，吾正病其未脱乡愿之见耳。[①]

清末这位独尊程朱的道学先生，显然认为曾国藩的理学已经不纯了。这不仅反映了当时以官学为标准的理学门户之见，也折射出传统文人士子与曾国藩对待学问的不同志向，曾国藩已经基于内圣走向外王了。

当代人从回顾历史的角度，对这种现象已经有比较明确的看法：

圣人立言，毋需事功的证明。相反，伟人事功，无以寻找语言的保证。顺便说一句，这是曾国藩在理论上成为一个杂家的根本原因。……曾国藩将他捍卫孔孟之道的征伐，诉诸了“申韩之术”。曾国藩早期事功的“禹墨为本，申韩为用”，与其说显示了这位绝代大儒的杂家品性，不如说标明了这位事功者在文化人格，社会理想和政治实践，具体操作上的协调努力。人格和理想是明确的，但实践和操作却是经历之中和体验之中的。

曾国藩的事功只是凭借着他内心的体验，从而成为他内心的修炼。然而，当后人阅读他的事功时，却按照头脑上的划分，硬是把他的体验分门别类，并且把他在事功上的修炼过程总结成由“禹墨为本，申韩为用”到“禹墨为本，老庄为用”的经世致用历程。[②]

其实，由于历史的原因，封建社会的文人士大夫内圣有余而外王不足，素常以注解圣君王道为主，国家危急之际才有可能举起外王大旗，展现他们勤王的治世权霸智慧。近代湘系集团有不少人强调“立德”与“治术”的衔接关系，都来自王夫之的学说精髓。曾国藩能屡败屡战，最终打败太平天国，开创“同治中兴”的局面，与湘人这种事功精神是分不开的。

曾国藩要镇压太平天国，要卫道除逆，就必须像孔子为鲁国平乱一

---

① 夏震武：《灵峰先生集》卷四，转引自朱东安：《曾国藩和理学》，《太平天国学刊》第5辑，中华书局1987年版。

② 李劼：《李劼思想文化文集》卷三，青海人民出版社1998年版，第118页。

样，调动社会各方面的力量，尤其是在政府正规力量难以依靠的情形下，必须注重先进技术的引进和开发，调动民间乃至江湖力量维护社会传统正义。他依靠在治军上的严谨与对政治与文化叛逆的苛酷，百折不挠地打败了太平天国，务实创新，开拓洋务，为"同治中兴"立下卓越功勋。可以说，这是以王夫之为代表的湘人事功精神的光大，也可以说表现出了传统墨家和法家的实践理性。在功成之际及之后，曾国藩表现出的急流勇退与谦让示弱，又展现出老庄无为不争之风。

曾国藩是一位富有理论修养的实践者，却不是理论家。他尽管留下的笔墨颇多，但没有对自己的思想进行系统的阐述。与其说其思想"杂"，不如说是在特定的历史背景下，文化传统中的"王道"与"霸道"在曾国藩身上实现了集中与统一，其言行反映出了其以儒为宗，以墨、法、道为用的哲学思想特点。

(二)以圣为宗的人格追求

曾国藩以儒为宗，以墨、法、道为用的哲学思想特点，体现在其人格观上的特点，即是以圣为宗，以智为用。

所谓的"以圣为宗"，是说曾国藩信守孔孟成圣成贤之学说，行己待人以君子之风，观人论品以圣贤之德为先：

> 观人之法，以有操守而无官气，多条理而少大言为主。……尤以习劳苦为办事之本，引用一班能耐劳苦之正人，日久自有大效。(《曾文正公家书·卷七·咸丰十年七月初八日与沅弟季弟书》)
>
> 拣选将材，必求智略深之人。又须号令严明，能耐劳苦，三者兼全，乃为上选。(《曾胡治兵语录·将材》)

但是曾国藩完善德性的"复性"方式，却不是独善其身的单向内圣。他否认"现成人才"，而强调后天的修养、磨炼，即通过格物穷理的修身过程，以追求道德的完善：

> 人性本善，自为气禀所拘、物欲所蔽，则本性日失，故须学焉而后复之，失又甚者，须勉强而后复之。(《笔记二十七则·勉强》)

人之生，气质不甚相远也，习而之善，既君子矣。……习而之不善，既小人矣。(《召诲》)

盖欲完吾性分之一源，则当明凡物万殊之等；欲悉万殊之等，则莫若即物而穷理。即物穷理云者，古昔贤圣共由之轨，非朱子一家之创解也。(《书学案小识后》)

天下无现成之人才，亦无生知之卓识，大抵皆由勉强磨炼而出耳。《淮南子》曰："功可强成，名可强立。"董子曰："强勉学问，则闻见博；强勉行道，则德日起。"《中庸》所谓"人一己百，人十己千"，即强勉工夫也。(《劝诫浅语十六条》)

古来圣贤豪杰，何人不从磨炼出来？磨折愈甚，学养愈进。但求志弥刚、气弥静，磨不倒者，即是高人一等耳。(《复陈小帆观察》)

曾国藩在继承儒家人性之善端，以及朱子的气质清浊说的基础上，强调在学习与实践的不断循环中提升认识和处理问题的能力，人之性和己之性在实践磨炼中得到阐发和提升。

(三)以智为用的人格实践

当时理学家继承朱熹之学，强调道问学与格物致知。曾国藩更强调圣人人格中的智性特质，所谓以智为用，就是其行未必随其所知，见知之智须服从善与不善：

则夫善之当为，不善之宜去，早画然其灼见矣。而彼小人者，乃不能实有所见，而行其所知。于是一善当前，幸人之莫我察也，则趋焉而不决。一不善当前，幸人之莫或伺也，则去之而不力。……自世儒以格致为外求，而专力于知善知恶，则慎独之旨晦。自世儒以独体为内照，而反昧乎即事、即理，则慎独之旨愈晦。要之，明宜先乎诚，非格致则慎亦失当。心必丽于实，非事物则独将失守。此入德之方，不可不辨者也。(《君子慎独论》)

圣人者，其智足以周知庶物，其才能时措而咸宜。然不敢纵心

以自用，必求权度而絜之。(《书学案小识后》)

曾国藩发展了朱子格物致知的广度，强调了圣人之“智”独立的个体修养和社会功利价值。

三达德之首曰智。智即明也。古来豪杰，动称英雄。英即明也。明有二端：人见其近，吾见其远，曰高明；人见其粗，吾见其细，曰精明。高明者，譬如室中所见有限，登楼则所见远矣，登山则所见更远矣。精明者，譬如至微之物，以显微镜照之，则加大一倍、十倍、百倍矣。(《书赠仲弟六则》)

因此，曾国藩承接王夫之注重经世致用能力的思想，注重在驾驭重大问题和处理重大事变时的权变能力，突出了孔子的“权”与“时”以及“事不成智不足”的思想智慧。所以，他在镇压太平天国和推动洋务运动过程中，能够突出地展示其“时措而咸宜”及“必求权度而絜之”的掌控能力和管理艺术。

(四)血性豪杰的人格霸气

传统的“圣贤”，以“贤”成“圣”，注重德性涵养的“贤”的谦和贤能及儒雅智慧，表现的是恭敬和戒慎的现实人格。镇压太平天国的成功，曾国藩还展现了传统士大夫少有的血性豪杰的霸气人格特点。

从古帝王将相，无人不由自立自强做出，即为圣贤者，亦各有自立自强之道，故能独立不惧，确乎不拔。(《曾文正公家书·卷八·同治元年五月二十八日与沅弟季弟书》)

他将刚强、豪气、侠义和血性的、非中庸的、偏执人格特点，纳入圣贤人格之中，并赋予其人性本体论之“真”的意义：

天之生贤人也，大抵以刚直葆其本真。(《陈仲鸾同年之父母七十寿序》)

至于倔强二字，却不可少。功业文章，皆须有此二字贯注其中，否则柔靡不能成一事。(《曾文正公家书·卷九·同治二年正

月二十日与沅弟书》)

至于担当大事，全在明强二字。……凡事非气不举，非刚不济，即修身齐家，亦须以明强为本。(《曾文正公家书・卷九・同治二年四月二十七日与沅弟书》)

因此，曾国藩认为要成就大事，仅有儒生的中庸谦和品质是不够的："男儿自立，必须有倔强之气。"(《曾文正公家书・卷九・同治三年六月十六日与沅弟书》)

曾国藩这种与传统儒家人格观明显不同的特点，有湖湘人的亚文化特质，也有明清以来王夫之和顾炎武等思想启蒙的作用，也有龚自珍和魏源所呼唤的豪杰人格观的影子。

(五)内方外圆的人格实现方式

曾国藩认为，要实现以圣为宗以智为用的人格，做人做事强调"拙诚"，即去"伪"而崇"拙"：

君子之道，莫大乎以忠诚为天下倡。世之乱也，上下纵于亡等之欲，奸伪相吞，变诈相角，自图其安，而予人以至危，畏难避害，曾不肯捐丝粟之力，以拯天下。得忠诚者起而矫之，克己而爱人，去伪而崇拙，躬履诸艰而不责人以同患，浩然捐生，如远游之还乡而无所顾悸。由是众人效其所为，亦皆以苟活为羞，以避事为耻。呜呼！吾乡数君子所以鼓舞群伦，历九州而戡大乱，非拙且诚者之效与？(《湘乡昭忠祠记》)

他还认为，如果以为自己阅历丰富过人，待人做事玩弄小聪明，不仅降低人格，也会令人耻笑。所以，人应该以诚为重，积诚为慎，才能不犯一念之妄：

吾自信亦笃实人，只为阅历世途，饱更事变，略参些机权作用，把自家学坏了！实则作用万不如人，徒惹人笑，教人怀憾。(《曾文正公家书・卷五・咸丰八年正月初四日与沅浦九弟书》)

尝谓独也者，君子与小人共焉者也。小人以其为独，而生一念之妄，积妄生肆，而欺人之事成，君子懔其为独，而生一念之诚，积诚为慎，而自慊之功密。其间离合几微之端，可得而论矣。（《君子慎独论》）

曾国藩倡导，对己要求“拙诚”，不要巧言令色，讷省而敏行，目的是让自身保持清醒的自我意识，保证伦理道德之自我的“笃实”的本质，平实用心才能使人格高古，而机巧之人的人格会日趋日下：

近日忧居猛省，一味向平实处用心，将自家笃实的本质，还我真面，复我固有。贤弟此刻在外，亦急须将笃实复还，万不可走入机巧一路，日趋日下也。纵人以机巧来，我仍以含浑应之，以诚愚应之。久之，则人之意也消。（《曾文正公家书·卷五·咸丰八年正月初四日与沅浦九弟书》）

李鸿章是曾国藩的学生，也是他的幕僚，非常有才气。曾国藩很赏识，对李爱卖弄小聪明的浮巧弱点及时纠正，通过旁敲侧击的方式告诫他：“既入我幕，我有言相告，此处所尚惟一‘诚’字而已。”李鸿章听后悚然无语，对老师的一番良苦心知肚明。①

曾国藩的这种人格追求，在对待他人上强调“忠恕”，即践行孔子的“己所不欲，勿施于人”：

“敬”“恕”二字，细加体认，实觉刻不可离。“敬”则心存而不放，“恕”则不蔽于私。孟子之所谓“推”，所谓“达”，所谓“扩充”，指示至为切近。《中庸》之十三章；《论语》之告子贡，告仲弓，皆以“恕”字为开宗要义。大抵接人处事，于见得他人不是极怒之际，能设身易地以处，则意气顿平。故“恕”字为求仁极捷之径。来示以“致知”为大头脑工夫。鄙意“敬”是平日涵养之道，“恕”是临时应事之道；“致知”则所以讲求此“敬”、讲求此“恕”者也。（《复邓汪琼》）

---

① 参见朱东安：《曾国藩和理学》，北京太平天国历史研究会编：《太平天国学刊》第5辑，中华书局1987年版。

曾国藩认为，“敬”则不会放任，“恕”可解除私欲蒙蔽。《中庸》和《论语》中孔子告诫子贡和仲弓的话，都是以“恕”作为宗旨，设身处地为他人着想的理智心态是求取仁义的捷径，而所谓的“致知”即是知“敬”与“恕”的学问，在与他人相处中达成人格的路径。

因此，曾国藩的圣智人格观，与以往的圣贤人格观相比，有着鲜明的个性色彩和时代特点。在这个特定的时代背景下，孔子于两千多年前为鲁国国君平定国内叛乱和图谋振兴鲁国的一幕幕，在曾国藩身上重演了，仁智勇的内圣与外王抱负和智慧得以施展，“三达德”与“三不朽”的人格最高价值得以实现。所不同的是，孔子只是昙花一现，抱憾出走他国；而曾国藩则成就了“同治中兴”的伟业，为即将走向末路的大清王朝注射了一剂强心针，也为历史留下了封建王朝士大夫成就完美人格理想的最后传奇。

小　结

冲击与刺激

——近代中国传统伦理自我的危机

英国以工业文明的坚船利炮，打开了古老中国的国门。从此，工业发达的西方国家开始了对中国的经济掠夺和文化入侵，从而打破了中国几千年自给自足的封建农业自然经济文明，使中国人的世界观、人生观和价值观受到强烈的冲击，中国从此被迫进入了近代社会，开始了现代化艰难探索的进程。

其实，早在鸦片战争的三百多年前，西方人就开始觊觎中国这个巨大的市场。

15 世纪到 17 世纪是西方所谓的“地理大发现时代”(the Age of Exploration)。这一时期，欧洲新生的资本主义为开拓新的贸易市场，他们的船队出现在世界各处的海洋上，开辟了横渡大西洋到达美洲、绕道非洲南端到达印度的新航线，实现了第一次环球航行。大航海时代是人类文明进程中最重要的历史事件之一，涌现出了哥伦布、麦哲伦等许多著名的航海家。对除欧洲以外的国家和民族而言，这场地理大发现带来的影响至今仍是毁誉参半，甚至是刻骨的仇恨，因为欧洲人除了进行物资交流外，还给原生居民带去了占领和死亡。

1514 年，葡萄牙人就来到中国南部海滨。那时，16 世纪中期的中国大门，并不像现在人们想象的，关得那么严和紧。此时的大明王朝，并不绝对禁止与外国人贸易，更没有完全拒绝外国人入境。当时，所谓的禁海，是不让民间进行对外贸易。在南方，外国人可以在春秋两季进入广州进行贸易，只是不允许外国人在广州城过夜，更不能在广州长期居留和定居。四十年后，1554 年葡萄牙人终于获准以贸易的名义进入广东浪白澳。由于浪白澳与广州相隔太远，补给不易，葡萄牙人后来来到了条件更好的澳门。

此时，来到中国的这些西方商人，除了开辟市场获取利润外，好像并没有其他恶意诉求。这一时期，来华的商人和传教士给欧洲各国带去了一个很不一样的东方文明，促进了当时西方文人对东方文明和中国文化的了解，影响了后来的西方思想启蒙。同时，欧洲商船和传教士也给中国带来了一个全新的西方世界，以徐光启、李之藻为代表的明代中晚期的文人士子，开始接触西方知识。他们在惊叹西方全新的知识之余，既没有自卑，也没有拒斥，开始向这些传教士、商人学习吸收西方知识，重构中国知识体系。徐光启和利玛窦共同翻译了《几何原本》，当今数学中的点、线、面、直角、四边形等这些名词，都是徐光启翻译的。

此时，中国文人士子观念中没有“文化”的概念，更没有东西方落后与先进的区分，只有“学问”的理念，尊圣贤教诲，“知之为知之，不知为不知”（《论语 · 为政》），“一事不知，以为深耻”（《南史 · 隐逸传下 · 陶弘景》），潜心学习西方学问。可以说，假如此后中国不发生大的意外，中国的“近代”就从这里起步，传统农业文明吸纳西方的工业文明、商业文明，中国也许会与世界同步，逐渐走向现代化之路。

可惜，当朝更多的士大夫对西方文明并不正眼相看，明朝错过了这个称得上是千载难逢的机会！清朝统治者入关以后，实行更加封闭的统治，除了弘扬国威的朝贡贸易，仍不允许民间进行对外商贸活动。

民间有句俗话："天上一日，世人百天；天上一年，人间三百载。"西方人当初之所以满足于春秋两季才可以进入广州进行贸易，是因为他们当时的经济和军事实力还不能征服这个东方大国。西方人其实在耐心地等待，一直等了三百年。在这三百年间，我们明清两朝一直以"天朝上国"自居，从政治体制到经济发展，一年又一年，几乎没有变革，"年年岁岁总相似"地过了三百年。而所谓夷蛮之地的欧洲，在这300年间，历经几度沧海桑田变幻，各国由于蒸汽机、煤、铁和钢的运用和发展，兴起了机器发明及运用的工业革命，历史进入了"机器时代"（the Age of Machines）。英国是最早开始工业革命也是最早完成工业革命的国家，随后法国、德国等国也加入了这个行列。经济的工业化又催生了欧洲资产阶级革命，提高民众的参政议政权利，政治革新与经济发展相得益彰，取得了人类历史上空前的经济、科技与军事的划时代成果。西方资本主义国家借此逐步确立起统治世界的科技和军事实力，并形成了西方先进、东方落后的局面。

"战争不仅是英国对中国的胜利，而且是先进的西方对古老东方的最后胜利。从此，中国同周围国家的传统关系日渐改变。"[①]也就是从这场战争之后，"文化"一词开始兴起，其内涵已有相当的扩展，可指称一切经人为力量加诸自然物之上的成果，体现出西方人对自然与社会改造能力的强势，这种"文化"使得被宗教长期压抑的自我主体人格能量得到了释放。欧洲经过张扬人的尊严和主观能动性的反宗教禁锢的启蒙运动，以及工业革命兴起过程中争取平等人权的反封建资产阶级革命，人格观也进行了重构，由过去面向上帝的个体契约自我人格观转变为获取世俗平等权利的个体契约自我人格观。

---

① 陈旭麓：《近代中国社会的新陈代谢》，三联书店2017年版，第49页。

1840年鸦片战争的炮声震撼了中国，人们突然发现，西方列国由过去进贡的蛮夷外邦，变成了要吞食天朝上国的强势一方。鸦片战争的战败，西方列强的入侵，所带来的既有残酷的掠夺，应该也有冲击与刺激，激活了死水一般的晚清政局和僵化已久的封建文化。

这种突然的冲击对中国人来讲，称得上石破天惊："中国"已经不是夷藩国竞相朝贡的"中土之国"，之外有其他更强大的国；这些天外之国的人们，竟然不做圣人学问，凭着淫巧奇技，生活得比我们还要幸福。更为重要的是，国门大开，给中国人敞开了一个不讲三纲五常人际关系和人格观念的新世界。

马克思指出："随着鸦片日益成为中国人的统治者，皇帝及其周围墨守成规的大官们也就日益丧失自己的统治权。"[①]正是随着鸦片的大量流入，清王朝的封建统治愈加受到上述一系列问题的严重威胁。这就迫使清朝最高统治者不得不对鸦片输入的问题表示关注，一些知识分子也开始摆脱占统治地位的汉学与宋学的羁绊，关注社会现实改革，主张经世致用，要求革除弊政，主张采取抵制外来侵略的措施；少数爱国知识分子在战争失败的刺激下，开始表露出向西方学习的愿望。

清末经世致用之学是鸦片战争时期严重的社会危机与民族危机的产物。龚自珍、魏源就是这一时期提倡经世致用之学的主要代表人物，他们都注重从历史上的进步思想家那里，寻找促进社会改革的思想武器。但是，他们对传统程朱理学的批判各有侧重。龚自珍着重批判了天人感应的神学目的论和"性善说"，要求修订封建的礼仪制度，扼制贫富"大不相齐"，从挽救社会危机的愿望出发，提出解决流民土地问题的经济改革方案，以使人们达到在封建等级秩序中安守本分、互不相"侵"的理想境界。

龚自珍张扬自我，是为了"不拘一格降人才"，对腐朽的封建极端专

---

① 马克思：《中国革命和欧洲革命》，《马克思恩格斯选集》第1卷，人民出版社2012年版，第779页。

制发出抗议，而魏源等人“睁眼看世界”后，通过对陆王心学的批判，强调自我主体精神，为了“制夷”自强发出呐喊。鸦片战争后的内忧外患，极端讲心性内圣的保守人格，已经成为封闭的清王朝生存与改革的重负，倡导事功外王的积极人格，成为社会发展的要求，这标志人们社会自我的复苏。言其“复苏”，是因为此时人们还没有产生社会制度变革的思想要求，被封建专制压抑的自我主体精神开始得以向传统进取的人格理想回归。

曾国藩以孔孟程朱之学为本，极力维护清朝纲常礼教，以经世兴国利民为用，践行儒家“德政”“民本”的政治理想追求，在与太平天国思想上和军事上的战斗中取得胜利，为清王朝带来复兴的希望。其融合传统墨家、法家思想的儒者内圣与外王智慧和成就，展现了圣与智并重的人格追求。

洋务派在学习外国文化和技术的过程中，提出了富国强兵的改革措施，张扬原始儒家的开明义利观，提倡以商为本，向往君民平等，都有益于传统自我的创新和人格观的改造。但是，他们的思想主流只局限于器物或物质层面。清政府固有的政治保守性和对汉文化及汉臣的提防仍然存在，洋务运动只能以失败而告终。洋务派的内心自我也只能在迷惘中回归于纲常礼教，并告诫后人如果根本体制不改革，更帜易纲是不可能的。

西方列强的侵入，在清末掀起了阵阵波澜。但是，清朝政府的保守和专制不可能像日本那样，尽快适应世界社会潮流变化而做出相应的政治策略的调整，纲常名教实际上已经僵化为他们维护政治统治的法器，成为阻断清朝贵族与汉族士大夫的河界，也是隔断官僚集团与广大民众的高墙。这河界和高墙，成为中国古代与近现代人格观念不可逾越的障碍，已经不可能由内向外突破，还有待外来势力进行破坏性的冲击。

第三章　新民自我的觉醒
——戊戌维新变法前后的"新民"人格观

甲午战争的失败迫使清政府签订了丧权辱国的《马关条约》，这给中国人民带来了巨大的耻辱和灾难，同时也惊醒了迷惘与彷徨的仁人志士。资产阶级维新派严复、康有为、梁启超和谭嗣同等人，从救亡图存和反封建专制思想启蒙出发，批判君主专制制度，宣传资产阶级天赋人权、自由、平等观念，从思想上力图抛弃旧的自我价值体系，重构新的国民自我，发表各自的人格理想，倡导冲破纲常名教的人格观念，以期唤醒全国人民，摆脱封建专制和礼教压制，奋发自强，树立"新民"人格观，投身于救亡运动。

第一节　戊戌变法与人格观转变

随着洋务运动的发展，中国民族资产阶级的经济实力不断增强，他们开始谋求与其经济地位相符的政治权利，这对传统人格思想观念形成了冲击。民族资产阶级力量的增强主要有两个方面的原因：一是洋务运动期间，为民族"自强"和国家"求富"兴办了一批近代工商企业，民族资本主义得到了初步发展。二是甲午战争惨败后，清政府与日本签订了《马关条约》，各国列强在通商口岸可以开设工厂，这对中国民族资本主义的发展起到了引导和刺激作用，力图以"实业救国"来抵制洋商洋厂。中国民族资产阶级，从此作为新的政治力量开始登上政治舞台，为人格观转变奠定了阶级基础和思想发展基础。

一、资产阶级人格思想萌发的背景

19 世纪末，世界主要资本主义国家，英、美、法、德、俄、奥、意等相继进入帝国主义阶段，争相对落后国家和地区入侵，瓜分殖民势力范围。尤其是近邻日本通过引入资本主义制度，迅速在亚洲崛起，并且加入瓜分中国的西方列强的行列。这强烈刺激了近代知识分子，他们认识到“中学为体，西学为用”并不能救中国，要将向西方学习的重心从“制器”转向“制度”的改革。早期维新派主要针对一些具体问题提出了改革方案，很少从事实际的政治活动，有很大的局限性。他们的主张虽然没有形成完整的理论体系，但是在理论上起到了宣传西方民主和平等的人格观念的作用，在社会精英阶层产生了广泛影响。

在日本强压威逼之下，清政府签订《马关条约》的消息传到北京后，1895 年 4 月，康有为、梁启超等知识分子发起了“公车上书”，1300 多名在北京应试的举人联名上书光绪帝，发表变法的主张。维新派在各地通过办报刊和著书立说，介绍国外变法思想和经验教训，为变法制造舆论，并组织学会或举办新式学堂以启蒙思想。康有为、梁启超等人在北京创办的《万国公报》（后改名《中外纪闻》），严复在天津主编的《国闻报》，成为北方宣传维新变法的重要阵地。谭嗣同和唐才常等人在湖南成立了南学会，创办了《湘学报》。到 1897 年底，各地已建立以变法自强为宗旨的学会 33 个，新式学堂 17 所，出版报刊 19 种。到 1898 年，学会、学堂和报馆达 300 多个。①

政治体制变革思想的萌动，带来了新旧思想的冲突，以康有为、梁启超为代表的维新派与以李鸿章为代表的顽固派（包括洋务派），围绕着三个“要不要”，即要不要实行维新变法，要不要改封建君主专制制度

① 参见方汉奇:《中国近代报刊史》，山西教育出版社 1981 年版，第 86 页。

为君主立宪制度，要不要改革封建的教育制度，开始了一场大论战。这是新兴的资本主义思想同传统的封建主义思想的第一次正面交锋。

戊戌变法的失败，激起了民众对清政府的愤恨，许多知识分子放弃了对清政府的幻想，由维新转向革命。这标志着知识分子与封建王权的关系发生了根本性转变，由君臣关系转变为对立关系，受西方资本主义民主制度影响，近代中国资产阶级人性观和人格观也开始萌发。

二、对封建王权独裁人格的批判

受西方资本主义制度影响，尤其是日本明治维新的成功，近代知识分子对封建王权极度膨胀的皇权人格进行了首次比较彻底的反思和批判。

严复对封建专制的批判比康梁更为直截了当，措辞相当激烈：

> 夫自秦以来，为中国之君者，皆其尤强梗者也，最能欺夺者也。窃尝闻“道之大原出于天”矣，今韩子（指韩愈）务尊其尤强梗，最能欺夺之一人，使安坐而出其唯所欲为之令，而使天下无数之民，各出其苦筋力、劳神虑者以供其欲，少不如是焉则诛，天之意固如是乎？道之原又如是乎？（《辟韩》）

康有为的弟子刘桢麟，针对封建王权专制对民众人格压制，造成人心麻木而无自觉的愚民，提出控诉般的揭露：

> 中国二千年之政术，皆为王者一家而设，其措施经营之迹，非有所特异，而其箝制压抑之术，实积重于隐微。故后代沿前代之术，后代又沿后代之术，辗转相师，变本愈厉，而王者或知之或并不自知之。至于服领矜缨之徒，惟有喁喁沫沫于文网之中，束手钳舌而不敢动，盖势力之重，积为风气，风气之久，成为义理，童而习闻，壮而率守，虽举天下至小极纤之事虑，无不自设一名分度量以圈限之。（《皇朝经世文新编》卷一下）

严复在天津参与创办的《国闻报》，批判两千年来的“家天下”专制，并指出其造成君与民之间权力争斗，是导致封建政治昏暗的原因。他还就封建君主专制对独立人格的消解，进行了分析和批判：

> 自秦政以愚黔首，私天下，视国为君之私业。一国之治，皆出之君，自君以下，佥为受治之人。于是君遂孤立于上，而数万里之幅员，数百兆之身家性命，存亡治乱，悉悬于一人之手。流极至于今日，而其民乃如犬马鹿豕，东家豢之则主东，西家豢之则主西，不复自知其一人之身，与一国之安危得失相关，而视其君也，亦遂如传舍朝暮，不惟不知爱也，并至于饥寒颠沛，濒死亡而亦不知怨，盖积二千余年之恶习，民之死其心也固已久矣。①

《东方杂志》1904 年第 5 期的社论指出，所谓皇权集于君主一人，其弊端是造成权力真空，人们的个体自我不仅受到压制，也造成社会自我的缺失：

> 中国素以专制政体闻于世界，而其流极，乃至使通国无一人有权者，其故何也？盖专制之术，惟欲夺众人之权，以成一人之权，众人既已放弃其权，故不与治乱兴亡之数。至于一人，亦不能以其权行于国家，而于是国家遂不可为矣。

不难看出，这一时期，近代知识分子的自我意识在逐渐觉醒。

三、民主与平等人格思想的传播

近代知识分子一方面反思与批判封建王权独裁人格，另一方面在传统诸子百家的民本伦理自我人格观的基础上，开始公开宣扬西方的民主与平等个体自我人格观。

谭嗣同揭露了君主专制的虚伪与荒谬以及国人的愚忠：

> 彼君之不善，人人得而戮之，初无所谓叛逆也。叛逆者，君主

---

① 中国史学会主编：《中国近代史资料丛刊・戊戌变法》（四），上海人民出版社 1957 年版，第 406 页。

创之以恫喝天下之名。不然,彼君主未有不自叛逆来者也。不为君主,既詈以叛逆;偶为君主,又谄以帝天。中国人犹自以忠义相夸示,真不知世间有羞耻事矣。(《仁学》卷上)

他还以传统道家无为与佛家无我的平等理念为基础,提出了取消君主专制的思想:

庄曰:“闻在宥天下,不闻治天下。”治者,有国之义也;在宥者,无国之义也。……曰在宥,盖自由之转音。旨哉言乎,人人能自由,是必为无国之民。无国则畛域化、战争息、猜忌绝、权谋弃、彼我亡、平等出。且虽有天下,若无天下矣。君主废则贵贱平,公理明则贫富均,千里万里,一家一人。视其家,逆旅也,视其人,同胞也。(《仁学》卷下)

而严复将西方的自由、平等观念,与中国传统的自由及人己观念相融合,宣传西方现代自由观。

中方自繇(即自由——引者注),常含放诞、恣睢、无忌惮诸劣义,然此自是后起附属之诂,与初义无涉。初义但云不为外物拘牵而已,无胜义,亦无劣义也。夫人而自繇,固不必须以为恶,即欲为善,亦须自繇,其字义训,本为最宽。自繇者,凡所欲为,理无不可。此如有人独居世外,其自繇界域,岂有限制,为善为恶,一切皆自本身起义,谁复禁之?但自入群而后,我自繇者人亦自繇,使无限制约束,便入强权世界,而相冲突。故曰:人得自繇而必以他人之自繇为界,此则《大学》有絜矩之道,君子所恃以平天下者矣。(《群己权界论》)

这里的“絜矩之道”是以推己度人为标尺的人际关系处理法则,指内心公平中正,做事中庸合德,是孔子有关人己关系“忠恕”之道的延伸,实际与西方个体本位的人己关系有本质区别。严复深知其中就理:

夫自由一言,真中国历古圣贤之所深畏,而从未尝立以为教者也。彼西人之言曰，唯天生民，各具赋畀，得自由者，乃为全受。故人人各得自由，国国各得自由，第务令毋相侵损而已。侵人自由者，斯为逆天理、贼人道，其杀人、伤人及盗蚀人财物，皆侵人自由之极致也。故侵人自由虽国君不能，而其刑禁章条要皆为此设耳。中国理道与西法自由最相似者，曰“恕”，曰“絜矩”。然谓之相似则可，谓之真同则大不可也。何则？中国“恕”与“絜矩”，专以待人及物而言，而西人自由，则于及物之中，而实寓所以存我者也。自由既异，于是群异丛然以生。（《论世变之亟》）

严复对自由与平等的理解，比当时的知识分子要深刻。中国传统的自由是人伦关系中伦理自我的相对自由，没有独立个体自我；而西方的自由是个体自我的绝对自由。因此，他指出中国民主与平等是一种平均主义，而不是维护个体权利的民主与平等：

孔子曰：“有国有家者，不患寡而患不均，不患贫而患不安。”盖均无贫，和无寡，安无倾。凡此皆民主平等之法言，而孔子举而诵之耳。（《孟德斯鸠法意》第五卷）

南学会的领军人物之一皮嘉祐，以墨家思想为基础，阐发了平等与民主观念：

夫平等之说，导源于墨子，阐义于佛氏，立法于泰西。墨子兼爱尚同也，佛法之平等也，泰西之人人有自主权利，爱汝邻如己，而倡为君民一体也，名不同而旨则一也。佛法之平等，即出于墨子之兼爱尚同。泰西之人人有自主权利，亦出于墨子之兼爱尚同。墨子一视同仁，摩顶放踵，利天下为之，自谓爱无差等。孟子推其流弊，以为无父。等之已失，何平之有，不知正由爱无差等，乃可渐生平等。（《湘报类纂》甲集上《平等说》）

四、进化论对近代人格观的影响

严复通过发表文章和翻译西方著作，将社会进化思想引入近代中国，对批判封建礼教专制思想和宣传西方资产阶级民主思想，提供了世界观的视角转换，动摇了传统的社会发展观和人性观念，从而促进了人们对人自身的重新认识。

严复是较早系统介绍西方社会与哲学思想的近代知识分子，其本人也比较彻底地转变了传统的历史发展观。他指出，中国人“好古而忽今”，西方人“力今以胜古”，从而开启了近代从中西之争到古今之争的转变。

> 中国最重三纲，而西人首明平等；中国亲亲，而西人尚贤；中国以孝治天下，而西人以公治天下；中国尊主，而西人隆民；中国贵一道而同风，而西人喜党居而州处；中国多忌讳，而西人重讥评。其于财用也，中国重节流，而西人重开源；中国追淳朴，而西人求欢虞。其接物也，中国美谦屈，而西人务发舒；中国尚节文，而西人乐简易。其于为学也，中国夸多识，而西人尊新知。其于灾祸也，中国委天数，而西人恃人力。（《论世变之亟》）

严复从“物竞天择”的进化论角度提出，西方强调竞争精神，相信人可胜天，而中国人相信治乱循环，乐天知命，因而思想保守，是“力今”与“好古”两种不同的价值取向。因此，要转变中国的落后局面，就要放弃“以中为体，以西为用”的中西方二分法，提出“以自由为体，以民主为用”。为此，他强调通过“鼓民力”“开民智”和“新民德”改变中国人的人格观念，国家的现代化要从重视人的现代化做起。

成都《蜀学报》的主笔吴之英的《政要论》根据严复的《天演论》提出：

> 皇初未有君长，逮人物滋而情识开，情识开而智愚分，智愚分而强弱见，强为愚君，智役愚也，强中有强，智之上也。……其始也，各长其长，长者又有所长，则皇之帝之，其分统之长如故也。原草昧初开，先有分统之长，而后有总理之帝王，子墨子《天志篇》之义也。帝王世袭，而建公侯师长，积厚而权重焉。则帝王所智者，

贵之使强，帝王所愚者，贱之使弱。盖世袭之局变，则先有帝王而后有分统之长，尚书命官之义也。禅让不复，世及相承，则有所智者非智而亦贵，所愚者不愚而亦贱，贵虽可以役贱，而愚不能役智，乃有征诛之局，然则征诛者，智者自强自贵之道也。（《皇朝蓄艾文编》卷六）

在进化论思想的影响下，近代知识分子打破了天道和人道不变的封建社会发展观，皇权世袭的合法性受到质疑，传统的圣王人格至此被进化论消解了。

第二节　康有为的“博爱”人格观

康有为（1858～1927），又名祖诒，字广厦，号长素，广东南海人，清末著名维新派代表人物。他幼年受过系统的儒家教育，成年后在香港、上海等地接触了西方文化。甲午战争后，他以西方资产阶级学说为参照，将公羊学派的“三世”说与进化论结合，阐发了孔子“托古改制”的历史进化理论，提出了反封建君主专制的维新变法主张和大同理想社会的博爱人格观。

一、“浩浩元气，造起天地”——康有为人格观的形而上学基础

通过当时翻译过来的西方自然科学知识，康有为了解到西方的星云假说、日心说和牛顿力学，对天体宇宙产生了不同于古代传统的天地新观念，“谓各天体创成以前是朦胧之瓦斯体，浮游于宇宙之间，其分子互相引集，是谓星云，实则瓦斯之一大块也”（《诸天讲·地篇第二》），从而其天人关系观念发生了根本转变，提出：“吾人既生于星中，即生于天上，然则吾地上人，皆天上人也。”（《诸天讲·自序》）通过对显微镜、望远镜等先进的科学研究工具的认识，改变了传统的道器观念，“道尊于器，然器亦足以变道”（《日本书目志》卷七）。

康有为将自己的新宇宙观与中国传统观念，尤其是与公羊学派的

一些范畴相结合，提出世界第一原理为“元”的本体论：

> 夫浩浩元气，造起天地。天者，一物之魂质也。人者，亦一物之魂质也。虽形有大小，而其分浩气于太元，挹涓滴于大海，无以异也。孔子曰：“地载神气，神气风霆，风霆流形，庶物露生。”神者，有知之电也，光电能无所不传，神气能无所不感，神鬼神帝，生天生地，全神分神。惟元惟人。(《大同书》甲部绪言)

不难看出，康有为在自然观上继承了中国古代气一元论的哲学传统，以此为基础，又将之与了解到的自然科学知识相结合，加入了“以太”“电”和“元素”的内容。另外，在康有为那里，“元”同时也是一种精神实体，是“神气”，是“魂质”，是有知之“电”，能“神鬼神帝”。[①] 他最终将之与人的精神相比、附和、沟通，提出：“其欧人所谓以太耶？其古所谓不忍之心耶？”(《大同书》甲部绪言)“不忍人之心，仁也，电也，以太也。”(《孟子微·总论第一》)将“元”与“仁爱”相联通，从而为博爱思想提供理论根据。由此，康有为从新宇宙观又回到神秘的世界观，承认上帝的存在：“天上有上帝者，各国各教所公有也。中国凡称天，即有主宰之意，主宰者，上帝也。”(《诸天讲》卷十一)其哲学思想由朴素的唯物主义又滑入了神秘的唯心主义。

基于上述天人关系，康有为在进化论思想的影响下，提出人类社会与自然界一样“无一不变，无刻不变”，“变者，天道也”，以反对封建专制“天不变道亦不变”的主张，将公羊春秋中的三世论发展为历史进化论，并向世人展示其由据乱而升平而太平，即由君主而君民共主而民主的历史进化过程，其历史发展观超过了龚自珍、魏源等人的历史循环论。康有为的这种社会发展观，对于批判和改革封建纲常礼教对人的压制，改变陈腐的“奴性”人格，在当时是有积极意义的。

---

① 参见冯契：《中国近代哲学的革命进程》，上海人民出版社1989年版，第89页。

二、“性全是气质”——康有为的自然人性论

康有为基于上述认识，不赞同孟子的“性善说”，而拥护告子的“性无善恶论”，提出“凡论性之说，皆告子是而孟子非”（《万木草堂口说》）。

> 夫性者，受天命之自然，至顺者也，不独人有之，禽兽有之，草木亦有之，附子性热，大黄性凉是也。若名之曰人，性必不远，故孔子曰：“性相近也。”（孟子性善之说，有为而言。荀子性恶之说，有激而发。告子“生之谓性”，自是确论，与孔子说合，但发之未透，使告子书存，当有可观。王充、荀悦、韩愈即发挥其说，程子、张子、朱子分性为二，有气质，有义理，研辨较精。仍分为二者，盖附会孟子，实则性全是气质，所谓义理，自气质出，不得强分也。……）夫相近，则平等之谓，故有性无学，人人相等，同是食味、别声、被色，无所谓小人，无所谓大人也。有性无学，则人与禽兽相等，同是视听运动，无人禽之别也。（《长兴学记》）

康有为从人的自然属性入手研究人性问题，认为人性是生来具有的自然属性，并非后天形成的。这就好比附子生来性热而大黄生来性凉一般，“性”和“善”不是生来就在一起的，“性”只是气质，而“善”作为“义理之性”是后天得来的气质。因此，人性是本于天生的情欲和精神需求，无所谓善恶。人的本性就是去苦求乐，所以人人应争取自己的自由、权利和幸福，不应压抑自己，因为这种本性是“受天而生，感物而发”，“不能禁而去之，只有因而行之”（《礼运注》），“适且宜者则神魂为之乐……不适不宜者则神魂为之苦”（《大同书》甲部绪言）。因此，康有为认为，真正的人道就是使人们避苦求乐：

> 故夫人道只有宜不宜，不宜者苦也，宜之又宜者乐也，故夫人道者，依人以为道，依人之道，苦乐而已。为人谋者，去苦以求乐而已，无他道矣。（《大同书》甲部绪言）

在他看来，政治、伦理、学问、宗教，其良否都在于能否使人民得到快乐。

这同理学家“存天理，灭人欲”的说教是根本对立的。另外，康有为提出自然人性论的另一个目的，是强调“无所谓小人，无所谓大人也”（《长兴学记》），即人人平等，从而宣传“天赋人权”的思想，批判封建纲常礼教。

有人认为，康有为并没有将“性无善恶”及“人性平等”的近代自然人性论贯穿于伦理思想体系的始终。[①] 他的观点前后不一，并有不少矛盾之处。如康有为主张自然人性论的同时，也讲“人皆有不忍人之心”。其实，从康有为个人主观上讲，其观点是明确的，只不过受当时历史条件限制，他把“不忍之仁”与“人性皆善”联系起来，实际上混淆了人的自然属性与社会属性。因为在康有为看来，人之善，人之“不忍人之心”也是一种欲，这种欲是与人类本身“喜群而恶独”的天生的社会本能相关的。

> 人生而有欲，天之性哉……口之欲美饮食也，居之欲美宫室也，身之欲美衣服也……用之欲便美机器也，知识之欲学问图书也，游观者之欲美园林山泽也，体之欲无疾病也，养生送死之欲无缺也，身之欲游戏登临、从容暇豫、啸傲自由也，公事大政之欲预闻预议也，身世之欲无牵累压制而超脱也，名誉之欲彰彻大行也，精义妙道之欲入于心耳也，名书、妙画、古器、异物之欲罗于眼底也。（《大同书》）

他认为人之行善、向善与人喜乐厌苦都是出于本能需要，圣贤造神于人，也是出自自己有这种欲望，“凡圣贤豪杰之救世任事，亦不过自纵其救世任事之欲而已”（《南海康先生传》）。总之，康有为主张人性之无所谓善恶，目的是抽掉程朱等理学家关于人性论的基石，把批评的锋芒指向“存天理，灭人欲”的人性论，倡导人之天生平等和人之欲望的合理性，攻击维护等级制度的封建礼教，倡导人天性平等之“无所谓大人小人”的博爱人格观。

---

① 参见冯契：《中国近代哲学的革命进程》，上海人民出版社1989年版，第89页。

三、“循人之性以为道”——康有为对传统人格观的解构

1888年康有为赴京应试未果，乘机上书请求维新变法，但没有得到回应。[①] 甲午战争的失败，对他冲击很大。“非经甲午之役，割台湾，创伤痛深，未有肯翻然而改者。”（《京师保国会第一集演说》）于是，他再度上书（即有名的《公车上书》）提出：

> 窃以为今之为治，当以开创之势治天下，不当以守成之势治天下，不当以垂裳之势治天下。

在洋务派思想的基础上，康有为冲破了“华夏中心论”，呼吁参与国际竞争，并主张“托古改制”，建立君主立宪制的国家。

康有为主张，要建立新的国家政治体制，必须用新思想批判旧思想，基于自己新的天人观念及对人性的认识，结合西方“天赋人权”思想，开始批判传统的纲常礼教，解构传统人格观，成为近代中国第一位主张以人道主义批判并破除封建礼教的思想家。

他的批判直接指向了君主专制和纲常礼教，否定其合理性：

> 若夫名分之限禁，体制之迫压，托于义理以为桎梏，比之囚于囹圄尚有甚焉。君臣也，夫妇也，乱世人道所号为大经也，此非天之所立，人之所为也。而君主之专制其国，鱼肉其臣民，视若虫沙，恣其残暴；夫之专制其家，鱼肉其妻孥，视若奴婢，恣其凌暴。在为君为夫则乐矣，其如为臣民为妻者何！（《大同书》）

基于其自然人性论，他认为不压抑人之“去苦求乐”的本性就是人道，并引入西方“天赋人权”的理论，主张平等与独立的人格：

> 人天所生也，托藉父母生体而为人，非父母所得专也，人人直隶于天，无人能间制之。盖一人身有一人身之自立，无私属焉。然

---

① 参见昌切：《清末民初的思想主脉》，东方出版社1999年版，第36页。

或父听后妻之言而毒其子，母有偏爱之性而虐其孙，皆失人道独立之义而损天赋人权之理者也。(《大同书》)

他进而指出："人人独立，人人平等，人人自主，人人不相侵犯，人人交相亲爱，此为人类之公理。"(《孟子微》)康有为认为，孔子之道就是本于人性，"循人之性以为道"，所以压制人性的所谓"天理"并不是"善"(《大同书》)，从而在根本上推翻了封建纲常礼教的理论基础，向人们昭示封建礼教反人道、悖天理的实质，主张以新的人道精神破除"三纲五常"等封建礼教：

人人有天授之体，即人人有天授自由之权。故凡为人者，学问可以自学，言语可以自发，游观可以自如，宴飨可以自乐，出入可以自行，交合可以自主，此人人公有之权利也。禁人者，谓之夺人权，背天理。(《大同书》)

而那些"三纲五常"等封建礼教并非神圣不可侵犯，不过是人为编造出来的，"创于强者"，是"强者"用以欺凌弱者的工具。康有为的这些思想，在当时都非常富有反封建专制的启蒙意义。

四、"去家界为天民"——康有为的理想人格追求

康有为"托古改制"的政治变革的近期目标，是建立中国式的资产阶级君主立宪制国家，而其终极目标是建立大同社会——一个幻想出来的政治乌托邦，即所谓的"太平世"。

康有为认为，大同社会是一个以"绝对自由的个人"为基础的，消灭了阶级、废除了家庭、没有任何天然或人为束缚的绝对独立自主的个人的世界。他以大同社会批驳了封建专制的政治制度和纲常礼教，描述了大同社会的美好生活，并展示了大同社会的博爱人格观。

(一)人人都有博爱之心

在康有为那里，要实现大同，人们就必须要扩充人的"不忍人之心"，扩充人的"本有仁义"，扩充人的"爱同类"的本性：据乱世时，人们

只能做到“亲亲”；到了升平世，人们能够“仁民”，即爱同类；而到了太平世，人们自然可以“众生如一，故兼爱物”（《孟子微》），从据乱世到升平世，再到太平世，是一个扩充人们爱心的过程。因为人人有博爱之心，所以大同社会每个人的思想风貌和道德修养都非常高尚，没有犯罪和违法现象，也没有奸骗与欺诈的不诚信行为，“大同之世，人心皆仁，风俗尽美”，“实无恶声恶事”（《大同书》），所以，所有的国家机器如监狱、法庭和军队等都没必要设立。

（二）人与人之间绝对平等

大同世界没有阶级，没有臣妾奴隶，没有君主统领，没有教主教皇，没有各种官爵，因而也没有剥削和压迫。在大同社会，由于作为统治工具的国家已经被废除，因而全球设立“大同公政府”，并以地球经纬度划分，设立若干分公政府，管理社会生产、生活、文化和各种公共福利事业。生活在大同社会，就如同原始社会的“独人”，但这是经由酋长、君主、立宪到大同时代又“复为独人”的人。[①] 康有认为男女应当平等，“女子未有异于男子也，男子未有异于女子也。……故以公理言之，女子当与男子一切同之，以实效征之，女子当与男子一切同之。此为天理之至公，人道之至平”，而且“男女平权、男女齐等，同事学问，同充师长，同得名誉，同操事权”。（《大同书》）

（三）消除家庭保证人的自由

康有为认为封建社会的家庭制度黑暗，使人们遭受“家人强合之苦”，违反大同社会平等和自由相处的原则，而且“有家之私”也阻碍社会发展，不符合大同社会的原则，因为“人各私其家，则无从以私产归公产，无从公养全世界之人，而多贫穷困苦之人”，“一家之中，分利者众，生利者寡，妇女无论矣，孩子无论矣，即壮岁子弟亦常复仰食于父兄，故家长为一家之人所累……一家之人，亦为家长所累，半生压制，而终不得自由”。（《大同书》）康有为认为，家庭也是人类诸苦的根源之一。因

---

① 参见李泽厚：《中国近代思想史论》，人民出版社1979年版，第138页。

此，在他设计的大同社会中，家庭已经不复存在。他指出，要“去产界”和“去级界”，乃至“去国界”，都必须首先“自去人之家始”，只要消灭了家庭，私有财产制度和阶级也就随之消灭，大同社会的理想也就实现了。家庭取消后，在男女平等平权的基础上，婚姻自主，且不能白头到老，最长婚期不超过一年，生、养、病、死等问题将由社会统筹安排。

康有为在设计大同理想社会和大同社会的人格观时，以资产阶级民主主义和自由主义思想为基础，给予中国腐败黑暗的封建制度和封建礼教以深刻的揭露，具有反封建的社会意义。他宣传天赋人权和平等独立的伦理思想，对封建家族宗法制度及封建礼教有一定的冲击力。但是，浪漫幻想色彩非常浓重的大同社会，是一个不可能实现的乌托邦；其博爱人格观更是没现实基础的畅想，缺乏必要的文化基础和自我意识前提，忽略了人之为人的文化背景所在。

第三节　严复的“三民”人格观

严复(1854～1921)，原名宗光，字又陵、几道，福建侯官人。少年时入福建船政学堂学习，后被送往英国留学。留学期间，严复不仅认真学习技术，还注重学习西方的经济制度和思想文化。维新变法期间，他积极撰文、参加活动支持新政，成为近代中国著名资产阶级启蒙思想家。为挽救日益严重的民族危机，启蒙国民大众，他孜孜不倦地钻研西学，探索救国救民的真理，比较系统地介绍了西方的近代社会学说。在宣传、介绍西学的过程中，严复在译著的按语里和一些论文中，阐述了自己的伦理道德思想，表达了改造国民道德的“三民”人格观。

一、“自强保种”——严复人格观的进化论基础

严复于1877～1879年在英国留学期间，钦服笃信达尔文的进化论学说。留学回国后，他曾试图通过科举获得功名。但在甲午战争失败后，民族危机日趋严重的现实刺激下，他对清朝封建统治深感失望，因

而主张顺应进化的历史潮流，遵循人类社会发展的自然规律，变法图强。他翻译了达尔文信徒赫胥黎的著作《进化论与伦理学》，将之译成《天演论》，并加注许多按语，并在按语中阐发了自己的社会进化思想，呼吁人们自强，“保种救国”。

严复通过《天演论》的翻译和介绍，不仅将西方进化论思想传入中国，开阔了当时知识分子的眼界，更重要的是，他把进化论学说加以改造，结合中国社会的实际情况，阐述了不同于西方且具有中国时代特色的社会进化论伦理思想，极大地影响了康有为、梁启超和谭嗣同等人。康有为从梁启超处看到《天演论》的译稿后，认为“眼中未见此人”，“为中国西学第一者也”，于是，根据译稿进一步增补了《孔子改制考》，匠心独运地把进化论注入中国传统的公羊三世说。①

严复在翻译《天演论》时，不同意赫胥黎把进化论与人类关系相割裂、对立的观点，从自己对达尔文进化论的理解出发，在译著的按语中，结合中国社会当时的实际情况，引入斯宾塞的社会学观点，阐述了他本人的进化伦理思想。

严复赞同斯宾塞的观点，认为自然界是普遍进化的。人类社会既然是自然界的一个组成部分，自然界的普遍进化规律就应该同样适用于人类社会，提出“万类之所以底于如是者，咸其自己而已，无所谓创造”(《天演论》卷上导言一《察变》按语)，就是说，“天演”是自然界任何部分、任何事物都不可避免的。他还引入老子的“天地不仁，以万物为刍狗”一语作为论证，说明进化是自然界和人类社会共有的普遍性客观规律，不以人们的主观意志而改变。他说，在进化过程中，不应该划分出赫胥黎所说的“宇宙过程”(即自然过程)和“伦理过程”(即社会过程)界限分明的两种过程，因为人类社会也符合弱肉强食和优胜劣汰这一自然界的进化规律。

---

① 参见彭明、程啸主编：《近代中国的思想历程(1840～1949)》，中国人民大学出版社1999年版，第191页。

严复也没有完全接受斯宾塞的进化伦理观。斯宾塞认为，人类只能顺应进化规律，任其选择，面对被自然淘汰，人们无能为力。而严复强调，人类有改造自然的极大主观能动性，认为人类在自然进化面前并不是无能为力的，而是可以掌握自己的命运的；只要人们充分发挥其“人治”作用，自然界就能够被改造，因此，生存之路不仅可以找到，而且能够改变自身的恶劣处境。他还提出，世界并不像某种神秘的宗教目的论所说的，是由外在的东西支配着的，人之所以成为“万物之灵”是由于人类自己奋斗的结果，而不是上帝或天地的赐予；人之所以有智慧，是人的大脑在进化过程中脑的容量不断增长和回纹不断加深的结果。这样，严复就在近代西方进化理论体系中，加入中国传统“人定胜天”的思想，形成了自己“与天争胜”的新进化伦理思想。他站在被侵略和被压迫国家和民族的立场上，有选择地吸收斯宾塞社会达尔文主义的观点，形成了具有自己特色的进化伦理思想，宣传“世道必进，后胜于今”，从而论证了维新变法的合理性与必然性。

严复把中国传统变易思想与西方进化论结合起来，反对封建主义“天不变道亦不变”的道德不变论，还用“物竞天择，适者生存”的进化论来唤醒昏睡的国人，激发人们的爱国热情，论证中国欲救亡图存和自强保种，就必须进行变法维新的迫切性。不难看出，严复的新进化论有其理论基础，但也有其明显的现实因素。中日甲午之战后，西方帝国主义列强也都行动起来，要共同瓜分中国，而封建专制坚持顽固的“祖制”不肯改革，还空谈“夷夏之防”。严复指出，中国今日处于“强邻四环，刀俎鱼肉”的形势之下，“大势相逼，变亦变也，不变亦变也。变而变者，变之权操诸己；不变而变者，变之权操诸人”[①]。

显然，从表面上看，严复求变的说法与“龚魏”的差别不大。但是，此时思想家的变法是以进化伦理观理论为依据的，是一种历史进化意识的表达。严复注意到“中之人好古而忽今，西之人力今以胜古”，“中

① 《严复诗文选注》，江苏人民出版社1975年版，第75页。

国委天数，而西人恃人力”(《论世变之亟》)；中国人相信世道“一治一乱，一盛一衰”的历史循环论，而西方人则提倡“以日进无疆，既盛不可衰”的历史进化论。严复清醒地认识到，正是因为中国与西方具有这些不同之处，才造成中国远远落后于西方国家，并且处于被侵略和被奴役的境地。在这种情况下，他突出进化论的普遍有效性，宣传和介绍事物共同遵循的规律，并指出中国人再不自强，人口再多也会灭种，疾呼应该借助于列强的逼迫而奋起变法。他说：“物动有因，皆资外力，今者外力逼迫，为我权借，变率至疾，方在此时。”[①]只有迅速变法，中国才可能改变目前积贫积弱的状况。针对西方强大的军事实力和先进的科技优势，严复还强调，“国之兴也，必其一群之人……人人皆求所以强而不自甘于弱”(《国闻报缘起》)，号召人们起来奋斗，不甘作劣等民族而生以待毙，言词中充满了强烈的民族自尊和爱国主义情感。

严复的《天演论》不仅为维新变法提供了思想支持，更为意义深远的是，从根本上改变了中国人的世界观、人生观和人格观的思想基础，激励了一代又一代近代知识分子。人们通过读他的这部书，获得了一种观察事物、指导自己生活和人生奋斗的观点、方法与态度。可以说，中国近代成为一个进化论世界观的时代，这与严复的影响是分不开的。

二、“生民有欲”——严复的人性论

赫胥黎认为，人类的社会伦理关系不遵循优胜劣汰和适者生存的法则。严复不赞同这一观点，并提出来与之不同的人性论。赫氏认为，人类具有高于动物的先天本性，能够相关相爱，互助互敬，这决定了人与人的竞争不可能与自然界动物之间的竞争相同。而严复认为，个体的人加入社会后，社会的发展并没有先天的法则可循，伦理道德是在社会进化中形成的。

人之由散入群，原为安利，其始正与禽兽下生等耳，初非由感

① 《严复诗文选注》，江苏人民出版社1975年版，第75页。

通而立也。夫既以群为安利，则天演之事，将使能群者存，不群者灭，善群者存，不善群者灭。善群者何？善相感通者是。然则善相感通之德，乃天择以后之事，非其始之即如是也。……赫胥黎执其末以齐其本，此其言群理，所以不若斯宾塞氏之密也。(《天演论》卷上导言十三《制私》按语)

从中可以看出，严复否定了人之初性本善的说法，认为人之善、良知和良能都是进化的产物，而不是先天的，因而自然界"物竞天择，适者生存"的进化规律同样适用于人类社会。他认为，正是由于社会进化的作用，人们才"由散入群"而形成伦理社会和道德人格观念，以此求得个人的生存。严复强调，道德伦理产生于人们合群的社会需要，而进化论对于人类社会的形成和发展起到了非常重要的作用，合群是自然选择的结果，人类不合群就会被淘汰。

因此，严复认为，人性之"善恶"是后天相对而生，人之相互感通及限制利己的观念也是在选择中形成的，是人类为了生存而合群。这是人类社会生活需要的产物，而非先验于人的本性之中。

严复将自己的人性论与中国古代人性学说相比较后指出：

荀子"性恶而善伪"之语，诚为过当，不知其善，安知其恶耶？至以善为伪。彼非真伪之伪，盖谓人为以别于性者而已。后儒攻之，失荀旨矣。(《天演论》卷下论十六《群治》按语)

荀子认为，人性"恶"是先天的，而"善"的道德观念是后天的、人为的，是非先天之"伪"。在肯定了荀子之言"善"为伪之后，严复认为，善与恶是相对存在的，没有善就无所谓恶，二者缺一不可，都是人类在后天社会生活中产生的，因而道德就不可能先验地存在于人的本性之中。

由此，严复提出了与康有为相一致的观点，即"生民有欲"，"凡属生人，莫不有欲，莫不求遂其欲"(《天演论》卷上导言十二《人群》)，人的欲望是天生的：

有叩于复者曰：人道以苦乐为究竟乎？以善恶为究竟乎？应

之曰：以苦乐为究竟……乐者为善，苦者为恶。苦乐者，所视以定善恶者也。……赫胥氏是篇所称屈己为群为无可乐，而其效之美不止可乐之语，于理荒矣。且吾不知可乐之外，所谓美者，果何状也？（《天演论》卷上导言十八《新反》按语）

在这里，他提出判断善与恶的标准是“人道以苦乐为究竟”，由此批判宋明理学家们将“天理”与“人欲”对立起来的观点是错误的，不符合人性的实际情况。“生民有欲”是上天所给予的，人的本性就是“去苦求乐”，而“生民有欲”本身又无所谓善恶可言。如果符合人的去苦求乐的欲望，那就是善的，反之就是恶的；满足人们去苦求乐欲望的程度越高，就越善，反之就越恶。这与康有为的人性观可谓是异曲同工，其目的都是反对压制人性的封建专制和纲常礼教对人格的奴化，以解放人们的思想观念。

严复在其善恶相对人性论的基础上，又探讨了道德与利益的关系问题。他认为义与利、理与欲之间并不矛盾，义不能离开利，理不能离开欲。严复指出，既然人类社会的伦理道德由“物竞天择”的自然规律所决定，是人们为了“安利”而合群之后所需要的产物，人们就不能离开必需的物质条件而生存。

饮食男女，凡斯人之大欲，即群道之四维。缺一不行，群道乃废。礼乐之所以兴，生养之所以遂，始于耕凿，终于懋迁；出于为人者寡，出于自为者多，积私以为公，世之所以盛也。（《原富·译事例言》）

因此，严复提出，“理财”是人类生活的一个重要方面，应该予以重视，反对将私和公、利和义相立。他因而嘲笑汉代以后的俗儒们，“以其言利，动色相戒，不复知其为何学矣”。（《原富》甲部第七篇按语）

严复力求为“功利”正名，反对孟子和董仲舒的“分义利为二涂”，认为提倡“开明自营”的功利主义，这会有益于社会的进化。

生学之理，舍自营无以为存。但民智既开之后，则知非明道则

> 无以计功，非正谊则无以谋利。功利何足病，问所以至之之道何如耳，故西人谓此为开明自营。开明自营，于道义必不背也。（《天演论》卷下论十六《群治》按语）

他还认为，“两利为利，独利必不利”（《天演论》论十六按语），提倡谋求“长久真实”的物质利益，完全能够与道义相和谐、相统一。关于利与义的具体内容，严复认为：

> 故天演之道，不以浅夫昏子之利为利矣，亦不以溪刻自敦，滥施妄与者之义为义，以其无所利也。庶几义利合，民乐从善，而治化之进不远欤！（《原富》甲部第八篇按语）

总之，严复肯定工商业对社会发展的作用，倡导“开明自营”，从而肯定物质基础对人民生活及社会发展的重要作用。可以说，“开明自营”在中国几千年伦理思想史上是一个较大的突破。“开明自营”的理论，主张“积私以为公”，“明两利为利”，“独利为不利”，这比洋务派的“义利并举”的思想更加进步。

三、“以自由为体，以民主为用”——严复的个体自由思想

严复与谭嗣同一样提出了“自由”与“平等”的近代启蒙思想，但两者不尽相同。谭嗣同的“自由”与“平等”，强调的是破除封建专制及三纲五常礼教专制，解放思想观念，以获得“独立自主权”；而严复所要阐明的，是“自由的条件及其实现”，是人格独立的前提。

严复认为，“自由”才是西方国家政治制度和伦理思想的实质所在，将中西学术与政治的差别归结到“自由不自由之异”。他指出，在西方人人可以享有各种自由，上下之势不相悬，“君不甚尊，民不甚贱，而联若一体者”（《原强》），君与民的尊卑高下相差无几。因此，他认为如果人民享受不到自由平等的权利，缺乏独立自主的意识，实行民权政治即是一句空话，提出“以自由为体，以民主为用”的主张。

他将自由与进化论相合，认为自由是人道进化的动力和目标：

言人道所以必得自由者，盖不自由则善恶功罪，皆非己出，而仅有幸不幸可言，而民德亦无由演进。故惟与以自由，而天择为用，斯郅治有必成之一日。……禽兽下生，驱于形气，一切不由自主，则无自由，而皆束缚。独人道介于天物之间，有自由亦有束缚。治化天演，程度愈高，某所得以自由自主之事愈众。（《群己权界论·译凡例》）

严复强调，自由是人进化的方向和目标，人的自由是道德判断的前提，只有自由才能促进人的进化和人的品德的提高。

出于民族自强的爱国情感和历史责任感，严复将自由与中国文化传统相结合，论证了个体自由与群体自由的关系。他认为，“合群体”是立国之根本，“能群者存，不群者灭；善群者存，不善群者灭”。（《天演论》卷上导言十三《制私》按语）他还引用荀子的观点来论证群己关系：

“群学”者何？荀卿子有言“人之所以异于禽兽者，以其能群也。”凡民之相生相养，易事通功，推以至于兵刑礼乐之事，皆自能群之性以生，故锡彭塞（即斯宾塞——引者注）氏取以名其学焉。约其所论，其节目支条，与吾《大学》所谓诚正修齐治平之事有不期而合者，第《大学》引而未发，语而不详。（《原强》）

严复把儒家传统的道德范畴，与西方资产阶级的自由伦理加以对比分析，提出了自己对自由的理解。

中国理道与西法自由最相似者，曰“恕”，曰“絜矩”。然谓之相似则可，谓之真同则大不可也。何则？中国“恕”与“絜矩”，专以待人及物而言，而西人自由，则于及物之中，而实寓所以存我者也。（《论世变之亟》）

就是说，中国的“忠恕”之道、“絜矩”之道只讲由己及人，而西方的“自由”，以自我为主体。严复认为，“忠恕”之道与“絜矩”之道，在封建礼教之下泯灭了个性的自我，导致了没有主体自由的自我，使得“民智因之以日窳，民力因之以日衰”(《论世变之亟》)，人们心目中“无所谓天下也，无所谓国家也，皆家而已。一姓之兴亡，则亿兆为之臣妾，其兴也，此一家之兴也，其亡也，此一家之亡也”(《法意》按语)。

严复指出，如果人们得不到自由自主权利，那么，他们的爱国心和责任感就会遭到压抑，倘若这样，国家也难以自强图存、兴旺发达。因此他认为“自由”是体，“民主”是用：

> 西之教平等，故以公治众而贵自由。自由，故贵信果。东之教立纲，故以孝治天下而首尊亲。尊亲，故薄信果。(《原强》)

严复认为，个性发展社会才能发展，而人格平等是自由自主的前提：

> 自由者，各尽其天赋之能事，而自承之功过者也。虽然彼设等差而以隶相尊者，其自由必不全。故言自由，则不可以不明平等，平等而后有自主之权；合自主之权，于以治一群之事者，谓之民主。(《主客评议》)

严复将自由作为民主的前提，认为民主的本质就是自治与自致。严复以“自由为体，民主为用”的命题从本质上否定了“中学为体，西学为用”的洋务主张，提出向西方学习必须摄取其体用的一致性，指出了君主专制扼杀自由的本质，批驳了历史上韩愈等人为尊君辩护的谬论，以自由、民主超越民本思想。这是严复的思想比近代其他思想更为深刻之处。

值得指出的是，严复比较重视个体独立人格与自由权利，认为讲求公众利益绝不能以毁灭个人的利益为前提。他指出，“国家之安全非他，积众庶小己之安全以为之耳”(《法意》)，即使是爱国保天下之事，也绝不就意味着个人一定要放弃个人的自由权利和财产。因为保卫国家的安全，说到底还是为了维护这个国家每个公民的生命财产安全，保障每个人的自由权利。

严复论自由与民主及其关系的思想，启迪了大批青年知识分子的思想，启蒙了个体的自我意识。其思想在当时思想界乃至政界都产生过重大影响，为维护变法提供了有力的思想武器。梁启超等维新志士，皆为之拍案叫绝。

四、鼓民力，开民智，新民德——严复的理想人格追求

与其他维新派相比，严复在政治改革上的要求，则相对保守。他认为，当时资产阶级民主还不适合中国国情，不能立即实行，其原因是中国国民的整体素质还没有达到实行民主制度的程度。因此，尽管他的思想理论先进并且彻底，但其政治主张认为根本问题在于对国民进行教育，主张通过加强教育事业改造国民的人格结构，并提出了培养立足于现实和面向未来的“三民”理想人格的目标。

严复的这一思想，其实与赫胥黎有直接关系。后者认为，在人类生存斗争过程中，一个群体在激烈的生存竞争中能否获得胜利，不在其人口数量的多寡，而在其人口质量的高低；在生存竞争中，获得成功的特质是人的活力、勤勉、智力、顽强的意志和道德上的同情心。严复吸收了赫氏这一观点，极力主张提高中国人民的素质，以增强中华民族在世界各民族中的生存竞争能力。他又根据斯宾塞《教育论——智育、德育和体育》的思想，提出德智体全面发展的人格观：

> 民生之大要三，而强弱存亡莫不视此。一曰血气体力之强，二曰聪明智虑之强，三曰德行仁义之强。是以西洋观化言治之家，莫不以民力、民智、民德三者断民种高下……至于发政施令之间，要其所归，皆以民之力、智、德三者为准的。(《原强》)
>
> 人欲图存，必用其才力心思，以与是妨生者为斗，负者日退，而胜者日昌，胜者非他，智、德、力三者皆大是耳。(《天演论》卷上导言十五《最旨》按语)

根据上述三个标准，严复提出“鼓民力，开民智，新民德”的改造国民人格观念和人格素养结构的主张，将民力、民智、民德问题摆在重要的

位置：

> 政欲利民，必自民各能自利始。民各能自利，又必自皆得自由始；欲听其皆得自由，尤必自其各能自治始；反是且乱。……是以今日要政，统于三端：一曰鼓民力，二曰开民智，三曰新民德。（《原强》）

提高国民素质和改造中国人的人格寄托着严复的政治抱负与期望，因此，其“三民”主张，是严复思想体系的一个重要组成部分。

“鼓民力”，就是要禁止吸食鸦片，禁止妇女缠足，“练民筋骸，鼓民血气”，禁除一切有害人民身体健康的丑陋的社会习俗，增强人民的身体素质，以鼓民力、增国力。“开民智”，就是废除破坏人才、压抑民智的八股科举考试制度，创办各种各类新式学堂，传播科学知识，大力培养治国安邦的人才。“新民德”，就是要去除国民人格上的“奴性”，提倡自由，讲求民主，发扬爱国精神，树立新的社会风尚。

严复指出，与西方国家的国民相比，中国国民严重缺乏民主的素养，是由于封建君主专制制度造成了深厚的思想文化基础和广泛的社会基础，这使得中国国民人格的“奴性”十分严重，“盖自秦以降，为治虽有宽苛之异，而大抵皆以奴虏待吾民”，“夫上既以奴虏待民，则民亦可以奴虏自待”（《原强》），即自秦朝以后的历代封建统治者将民众视为奴虏，压迫和奴役广大人民，剥夺人民的自由权利，从而造成百姓缺乏民主意识的心理状态。他认为，君主专制制度下的人民群众，素来无权过问国家大事，“国家之事，惟君若吏得以问之，使民而图社会之事，斯为不安本分之小人，吏虽中之以危法可也”（《法意》第十九卷按语），人民无权参与国家政治活动，只关心自己和家族的利益，久而久之，漠视政治成为整个社会的道德习性。

因此，严复认为，在当时中国，还不能立即“开议院”，实行立宪政治。倘若“以是求强，则有速其死而已”（《原强》）。他指责当时的论者“动言中国宜减君权、兴议院，嗟呼！以今日民智未开之中国，而欲效泰西君民并主之美治，是大乱之道也”（《中俄交谊论》），“然则及今而弃吾君臣可乎？曰，是大不可。何则？其时未至，其俗未成，其民不足以自治也”（《辟韩》）。严复认为，由于中国民智未开，人民大众尚不具有立宪国民之资格，因此不能实行君主立宪制。因此，在戊戌变法走向高潮时，严复认为康有为和梁启超太激进了，所以他反而在政治上表现出“倒退”，强调“君权之轻重，与民智之深浅成正比例”（《中俄交谊论》）。

严复认为，中国当时国民愚、弱、贫三者并行，都在急待治愈之列，但首先要在于“愈愚”：

> 今吾国之所最患者，非愚乎？非贫乎？非弱乎？则径而言之，凡事之可以愈此愚、疗此贫、起此弱者，皆可为。而三者之中，尤以愈愚为最急。何则？所以使吾日由贫弱之道而不自知者，徒以愚耳。继自今，凡可以愈愚者，将竭力尽气、皲手茧足以求之。（《与〈外交报〉主人书》）

严复治愈国民愚的有效方法，就是对国民进行西方先进科学文化思想观念和知识的教育。

> 有一道于此，致吾于愚矣，且由愚而得贫弱，虽出于父祖之亲，君师之严，犹将弃之，等而下焉者无论已。有一道于此，足以愈愚矣，且由是而疗贫起弱焉，虽出于夷狄禽兽，将犹师之，等而上焉者无论已。（《与〈外交报〉主人书》）

他明确提出，顽固不化的纲常礼教致人愚，而先进文化启人蒙。

严复设计的理想人格结构方案，包括改良政治、启蒙思想、发展教育和增强体质等内容，而这个方案的中心内容，就是“开民智”，即开展教育活动。他认为“约而论之，西洋今日，业无论兵农工商，治无论家国天下，蔑一事焉不资于学”（《救亡决论》）。因此，他在伦敦与孙中山谈话时说过：“为今之计，惟急从教育上着手。”（严璩《侯官严先生年谱》）因为“欲听其皆得自由，尤必自其各能自治始”（《原强》），强调人不接受教育，不摆脱愚昧就不能自治，就没有真正的自由。由此不难看出，严复之“开民智”之“智”并非仅指智育之“智”，而是指通过学习西方科学文化知识和政治思想，解放国人思想，提升现代国民素养，构建面向现代化的人格观念。

严复的“三民”人格模式，与其“物竞天择”的社会生物学观点，以及“以自由为体，以民主为用”政治观点密切相关。他将民主归结为个人自由，把社会进化归结为人各自强，从而也就把与封建专制的斗争归结为一般的教育任务。因此，严复后来把自己的一生全部献给了译著、写作及教育事业上，他除在学校任职任教之外，还常常翻译西书西报，发表政论文章，外出发表演讲，主编报纸杂志等。早在戊戌变法之前，严复就帮助张元济在北京创办“通艺学堂”，并两次受聘于该校，“考订功课，讲明学术”①。1905 年，严复帮助马相伯创办复旦公学，并曾担任校长。他还曾出任安徽师范学堂监督。1908 年，清政府学部成立以后，他又担任“审定名词馆”总纂等职。

严复以自己的实际行动去实践自己救国救民的思想，被喻为中国教育救国论者及实践者的先驱。尽管他的教育救国思想有不现实的成分，如不消除专制实行立宪，要实施“三民”教育，重塑国民人格，等等，在当时是难以行得通的。但是，严复本人不图虚名，以可贵的务实和担当精神及忧国忧民的责任感，“知其不可而为之”，脚踏实地为自己的信念奋斗，这本身也体现出中国传统的知识分子人格魅力。

第四节　谭嗣同的平等人格观

谭嗣同(1875～1898)，字复生，号壮飞，湖南浏阳人。早年，他深受仕宦家庭的影响，系统接受了中国传统文化教育。甲午战争之后，谭嗣同在思想上发生重大变化，认识到学习西方先进的科学技术固然重要，但更为重要的是以外国先进的政治制度改造中国。在加入维新派行列

---

① 张人凤、柳和城：《张元济年谱长编》(上)，上海交通大学出版社 2011 年版，第61 页。

之后，他思想激进，对封建纲常礼教展开激烈抨击，以佛学为基础对儒家传统文化进行了改造，构建了“仁—通—平等”的哲学思想框架，主张人人平等，以佛学批判理学，用众生平等附会人权平等，把出世的宿命论转化为入世的使命感，突出了反封建礼教的伦理意义。谭嗣同提出，以朋友之伦改造君臣、父子、夫妇、兄弟四伦不平等人格观念，构建平等人格观，以期用佛学召唤危难时期的中国人的反抗意识和牺牲精神，重塑时代人格。百日维新失败后，谭嗣同甘愿请死，用自己的鲜血向世人进行了最后的启蒙。

一、“仁—通—平等”——谭嗣同人格观的哲学基础

谭嗣同以西方资产阶级伦理学说和近代自然科学知识为依据，结合中国传统民本思想，吸收佛教的慈悲和基督教的平等观念，对中国传统的伦理学范畴——“仁”的内涵进行了改造。他把“仁”视为抽象化的客观世界总规律，并当作支配整个宇宙的自然法则，同时也将之作为最高的伦理道德原则和规范。

谭嗣同指出，“仁”的根本属性是“通”，即“仁以通为第一义；以太也，电也，心力也，皆指出所以通之具”(《仁学》)。在这里，“通”富有哲学含义，是指事物之间的相互联系、相互沟通、相互渗透、相互感应，“相维系不散去”，“相互吸引不散去”，“异域一身”，“牵一发而动全身”。总之，事物之间有统一性，相互联系，相互制约，这些规律的总称即为“仁”。

> 是故仁不仁之辨，于其通与塞，通塞之本，惟其仁不仁……苟仁，自无不通。亦惟通，而仁之量乃可完。(《仁学》)

他认为仁与不仁，就是通与不通，通是仁的最根本、最重要的特征，通与塞是辨别仁与不仁的准则。可以看出，谭嗣同与康有为一样，将他们一知半解的科学知识与自己的思辨和想象结合起来，其哲学观点的外观带有朴素唯物主义的色彩。但是，由于他们对人类意识问题的庸

俗唯物主义和机械论式的理解，其学说难免走进唯心主义的“迷宫”。[①] 如同康有为将电等同于魂一样，谭嗣同则把心力与电等同。当然，他们的目的一致，即为其维新变法思想构筑理论思想基础，强调世界的变化性，驳斥“天不变道亦不变”的封建腐朽观念。

从“通”者为“仁”及“塞”者为“不仁”的哲学立论出发，谭嗣同提出了著名的“四通”说。他说：“仁之为道也凡四，曰上下通……曰中外通……曰男女内外通……曰人我通……”(《仁学》)

所谓“上下通”，谭嗣同指的是“损上益下，益反于损”。具体说，就是要打破上下等级的界限，消除尊卑贵贱的差别，使君臣及君民之间声息相闻，上下相通。他主张，要做到“上下通”，就必须进行政治改革，限制君权，提倡民权；设立议院，广开言路，树立平等的社会道德风尚，使人民享受自由民主权利，只有做到上下相通，才能做到政通人和，国富民安。

所谓“中外通”，谭嗣同解释说，就是要打破中国与外国的自然地理界限和人为的阻隔，学习外国的长处，并且与西方国家平等通商、通政、通教、通学，批判当时对内对外的“闭关绝市”和“重农抑商”的社会经济政策为“不仁”，谭嗣同指出：

> 数十年来，学士大夫，覃思典籍，极深研几，罔不自谓求仁矣，及语以中外之故，辄曰‘闭关绝市’，曰‘重申海禁’，抑何不仁之多乎！……猥曰闭之绝之禁之，不通矣；夫惟不仁故。(《仁学》)

所谓“男女内外通”，就是要打破男女之间的界限，反对封建礼教，解除封建纲常名教加在妇女身上的枷锁，要求男女平等和各自独立。

所谓“人我通”，是要打破个人与他人、此地之人与彼地之人以及此国之人与彼国之人之间的各种界限，消除隔阂，实现人与人之间的相互理解，相亲相爱，才能“人人平等”和“个性自由”。人们之间只有平等对

① 参见李泽厚：《中国近代思想史论》，人民出版社1979年版，第103页。

待在先，才能互相交流感情，真正实现独立自主和自强自爱。

最后，谭嗣同将“仁”之“四通”落脚在主张“平等”二字上，指出：“通之象为平等。”而所谓“平等”，就是要从“有等级通之无等级”（《仁学》）。

> 君与臣隔，大臣与小臣隔。官与绅隔，绅与士隔，士与民隔；而官与官、绅与绅、士与士、民与民，又无不自相为隔。（《壮飞楼治事十篇第四·通情》）

谭嗣同认为，宇宙的普遍原则和社会的最高道德标准，就是“仁—通—平等”；并认为，当时的中国社会诸多相隔，正是封建等级和纲常名教造成的。

二、“冲决网罗”的呐喊——谭嗣同对传统人格观的解构

谭嗣同结合自己深入民间体察的经历，将国弱民昧的根源归于封建专制和纲常名教对人们的统治，基于“仁—通—平等”的哲学思想体系，提出了“冲决封建纲常名教之网罗”的口号，对封建主义伦理道德、纲常名教对人格的奴化及社会种种腐败黑暗的现象，展开了猛烈的抨击。

谭嗣同认为，一切束缚、限制、礼法都是违拘囚人的制度，反本然状态的人性，是束缚人思想的罗网，是佛学中所说的人心妄见，是“不识仁，故为名乱，乱于名，故不通”（《仁学》）的结果。鉴于“三纲五伦之惨祸烈毒”所造成的惨状，谭嗣同指出：

> 网罗重重，与虚空而无极。初当冲决利禄之网罗，次冲决俗学若考据、若词章之网罗，次冲决全球群学之网罗，次冲决君主之网罗，次冲决伦常之网罗，次冲决天之网罗，次冲决全球群教之网罗，终将冲决佛法之网罗！（《仁学》）

他将君主专制、宗法制度、封建礼教、宗教迷信、腐朽文化、社会陋俗等封建礼教下的制度与风俗均置于冲决之列，强调人们要冲决这些网罗，要在心理上、观念上取消人为的“名”，“相忘即平等”（《仁学》），只有这

样才可以破除社会制度和内心沉积的枷锁,因为“然真能冲决,亦自无网罗,真无网罗,无可言冲决。故冲决网罗者,即是未尝冲决网罗者”(《仁学》),在昂然的磅礴主体面前,一切网罗和枷锁都不复存在。

当然,谭嗣同所要张扬的并非是一种自欺欺人的幻想,其目的在于唤醒长期受封建专制统治,并且已经麻木不仁的奴化人格心态,通过平等意识和诉求,去冲破社会制度和纲常名教罗网,建立新的理想人格,其积极意义是显而易见的。

可以说,谭嗣同反对封建礼教的激烈程度,超过了同时代的康有为等人。他高度评价黄宗羲对君权的大胆揭发,推崇戴震“以理杀人”的名言①,以众生在本体上的平等为依据,批判背离人性的专制等级,揭露伦理纲常的罪孽在于把“君臣”统治性等级关系解释为一切关系的原型:

> 君臣之祸亟,而父子、夫妇之伦遂各以名势相制为当然矣,此皆三纲之名之为害也。名之所在,不惟关其口,使不敢昌言,并锢其心,使不敢涉想,愚黔首之术,故莫以繁其名为尚焉。(《仁学》)

谭嗣同认为,专制思想最大的危害是钳制人的思想,污染人的心灵,使人不能认清自己平等的本性,“名之所在,不惟关其口”,并锢其心,从而达到将统治等级之“应然”化为人性之“当然”,将平等的人际关系异化为上下尊卑的等级体制,奴化人们的人格。

他运用西方“社会契约论”的基本理论,解释国家和君主的起源以及君、臣、民三者之间的伦常关系。

> 生民之初,本无所谓君臣,则皆民也。民不能相治,亦不暇治,于是共举一民为君。……夫曰共举之,则因有民而后有君;君末也,民本也。……夫曰共举之,则且必可共废之。君也者,为民办事者也;臣也者,助办民事者也。赋税之取于民,所以为办民事之

① 参见陈少明等:《近代中国思想史略论》,广东人民出版社 1999 年版,第 139 页。

资也。如此而事犹不办，事不办而易其人，亦天下之通义也。（《仁学》）

在此，谭嗣同对传统观念——“君权神授说”提出了明确批驳，认为君权并非来自神授，君主是由人民推举出来，是为百姓办事的人；如果办不好事或者祸国殃民，人民就有权罢黜他，从而批判以名为实，以假为真的纲常名教，唤醒人们原初平等的本性，以揭露君权神授的迷信，摧毁君为臣纲的理论基础，扫除专制君主至高无上的权威，倡导树立社会契约平等人格观。

在人性问题上，谭嗣同受西方抽象人性论的影响，以“以太”为万物之“原质之原”，提出“以太即性”的自然人性论，否定了先天人性善论。他说：“谓以太即性，可也，无性可言也。”（《仁学》）所谓“以太即性”，就是说“性”是“以太”所派生的。所以，“性”是一种自然的存在，是构成万物的质点自然属性，因此天地间没有先天的善恶道德法则，“生之谓性，性也。形色天性，性也”（《仁学》），“性善，性也；性无，亦性也。无性何以善？无善，所以善也。有无善而后有无性，有无性斯可谓之善也”（《仁学》），从而否定了有先天的义理之性和先天善的存在，指出性本身即是善。此外，他认为“性一以太之用，以太有相成相爱之能力，故曰性善也。性善何以情？有恶曰情。岂有恶哉？从而为之名耳”（《仁学》），“礼起于饮食……则饮食无不善也”，“故曰：天地间仁而已矣，无所谓恶也”，因此“世间小儒，以天理为善，以人欲为恶，不知无人欲，尚安得有天理”（《仁学》），从而肯定人欲即是天理，这就是性，就是以太，就是“仁”——自然本身的规律，一切与之相违背的封建纲常礼教，都应被扫除。

谭嗣同以传统的“名实之辨”批判了“本无实体”的封建伦理道德之“名”，以社会契约论论证人性之朴和人格平等，从根本上否定了纲常礼教下的奴性人格。

三、"惟朋友之伦独尊"——谭嗣同的理想人格追求

谭嗣同"仁—通—平等"哲学思想及自然人性论，认为"冲决网罗"的途径是打破旧的五伦，以"朋友"一伦代替所有的人际关系，以实现真正的平等、自由：

> 五伦中于人生最无弊而有益，无纤毫之苦，有淡水之乐，其惟朋友乎！顾择交何如耳，所以者何？一曰平等，二曰自由，三曰"节宣惟意"。总括其义，曰不失自主之权而已矣。兄弟离朋友之道差近，可为其次，余皆为三纲所蒙蔽，如地狱矣。(《仁学》)

谭嗣同认为"五伦惟朋友之伦独尊"，因为五伦之中朋友一伦提倡平等关系，只有朋友关系，才使人不失自主之权，能体现平等、自由、自主精神，符合"仁—通—平等"的伦理原则。因此，他主张以朋友之道对其他四伦加以改造；使不失自主之权的朋友之道，成为一切人与人之间关系的伦理准则。

> 惟朋友之伦独尊，然后彼四伦不废自废。亦惟明四伦之当废，然后朋友之权力始大。今中外皆侈谈变法，而五伦不变，则举凡至理要道，悉无从起点，又况于三纲哉？(《仁学》)

因此，以朋友之伦改造其余四伦，是谭嗣同试图改造中国封建传统人格观的出发点。

不难看出，谭嗣同的平等人格观与康有为的博爱人格观的相通之处，即都基于自然人性论，都有一定的幻想成分。相比较而言，谭嗣同相对现实一些。他畅言以"朋友"代另外四伦以破"三纲"，其中有西方契约人格的平等色彩。他指出，在西方国家，君与臣、父与子、夫与妇、兄与弟四伦，与中国的伦理关系不同，都是一种类似于朋友的关系。因而，他提出以朋友式平等伦理关系，改造传统差等伦理人格观念。

> 故民主者，天国之义也，君臣朋友也；父子异宫异财，父子朋友

也；夫妇择偶判妻，皆由两情相愿，而成婚于教堂，夫妇朋友也；至于兄弟，更无论矣。（《仁学》）

另外，同康有为一样，谭嗣同在将中国古代伦理思想和西方近代某些道德学说对比研究之后，提出了社会政治理想和伦理道德理想——一个没有国家、没有阶级、没有战争的“大同”理想社会。谭嗣同将“仁”与“心力”相通，认为人人可“心力”交通，人与人的朋友平等关系可扩大成为人我合一的心灵感应关系；因而，在这个社会中，人们之间不分彼此和贵贱，充分享受着自由、平等、博爱的人伦之乐。

无国则畛域化，战争息，猜忌绝，权谋弃，彼我亡，平等出；且虽有天下，若无天下矣。君主废，则贵贱平；公理明，则贫富均。千里万里，一家一人。视其家，逆旅也；视其人，同胞也。父无所用其慈，子无所用其孝，兄弟忘其友恭，夫妇忘其倡随。若西书中百年一觉者，殆仿佛《礼运》大同之象焉。（《仁学》）

与康有为设计的大同世界相比，谭嗣同的大同世界当然不及前者具体和全面，但两者却都反映出中国近代改革人物热切憧憬着未来理想的大同世界，对自由平等人格的向往。

正如前文所述，由于谭嗣同受不系统的自然科学知识启发，建立起朴素的唯物主义世界观，但出于反对纲常礼教的需要，他又引佛学入世，利用佛学教义的“平等”观为思想武器，从而又走入了宗教的神秘主义中去，将罪恶的根源归结为“心力”受阻不“通”以致不“仁”，认为“大劫将至矣，亦人心制造成也。西人以在外之机器制造货物，中国以在心之机器制造大劫”，“缘劫运既由心造，自可以心解之”（《北游访学记》）。因此，他主张实行宗教式的“人心改造”：

其在佛教，则尽率其君若臣与夫父母妻子兄弟眷属天亲，一一出家受戒，会于法会，是又普化彼四伦者，同为朋友矣。无所谓国，如一国；无所谓家，如一家；无所谓身，如一身。（《仁学》）

他企图用佛教的“慈悲”和“无畏”等“心力”使万物沟通，人我合一，建立人与人之间的自由、平等、博爱的道德原则和人格观。

综上所述，谭嗣同以其独创的哲学和自然人性论，提出了朋友伦理平等人格观，以反封建君主专制及纲常礼教专制，对近代思想启蒙产生很大的作用。但是，由于其哲学思想基础驳杂，有着君主专制下知识分子“有心杀贼，无力回天”的局限，最终只能在矛盾和遗憾中，以慷慨赴死的无畏气概，显示其反抗封建专制的坚强决心，并以此给世人及后人以人格上的震撼。

第五节　梁启超的“新民”人格观

梁启超(1873～1929)，字卓如，号任公，又号“饮冰室主人”，广东新会人。戊戌维新时期，他用人道主义抨击封建专制主义，对当时人们的思想解放起到了积极的启蒙和推动作用，与康有为并称为“康梁”。梁启超比较系统地研究和介绍了西方著名学者和思想家的哲学和伦理学观点，并结合中国传统思想，从哲学理论上以“我”之自由和“群”的进化为基础，探讨了摆脱封建礼教统治后的人格观问题。他所提出的“新民”人格观，对当时中国的知识界和思想界产生过很大影响。

一、“欲求进化之迹，必于人群”——梁启超人格观的哲学基础

梁启超受严复《天演论》的影响，发展了康有为的历史进化论，认为“三世”是相对的，而历史是一个无限的进化过程，将“三世之义”说成是“往古来今天地万物递变递进之理”。这种进化“又非为一直线，或尺进而寸退，或大涨而小落，其象如一螺线”(《新史学·史学之界说》)，但总趋势和发展方向是进化向前的，而不是“一治一乱”的历史循环。这一进化过程的动因是物竞天择，“竞争者，进化之母也”，而且竞争愈激烈，进步的速度也愈快，在竞争过程中“旧的”被破坏而“新的”确立起来。所以，他歌颂“破坏主义”，认为“其破坏者，复有踵起而破坏之者。随破

坏，随建设，甲乙相引，而进化之运乃递衍于无穷”（《新民说·论进步》）。因此，梁启超主张“革命”，并认为这是当时救中国的独一无二法门，要进行政治革命和道德革命，诗界和小说界也应革命，不破不立，只有革命才能“从根柢处掀而翻之，廓清而辞辟之”，使人的活动和社会制度等与外部环境相应，革命是“天演界中不可逃避之公例”。梁启超的“革命”思想虽没有坚持到底，但对后来的革命派产生了巨大影响。

梁启超认为，历史的进化是“以群为体”进行的：

> 欲求进化之迹，必于人群。使人人析而独立，则进化终不可期，而历史终不可起。盖人类进化云者，一群之进也，非一人之进也。（《新史学·史学之界说》）

他提出，就个体生理差别和智力水平而言，古人和现在的人差别不大，后人“食群之福，享群之利”，群体代代相传使人类的智慧、才能和道德不断进化，“一个人，殆无进化也”（《新史学·史学之界说》），从而指出社会之“大我”有其群体共性，历史的进化是社会心理的进化：

> 历史之一大秘密，乃在一个人之个性，何以能扩充为一时代一集团之共性，与夫一时代一集团之共性，何以能寄现于一个人之个性。申言之，则有所谓民族心理或社会心理者，其物实为个人心理之扩大化合品，而复借个人之行动以为之表现。史家最要之职务，在觑出此社会心理之实体，观其若何而蕴积，若何而发动，若何而变化，而更精察夫个人心理之所以作成之表出之者其道何由能致力于此。（《中国历史研究方法》第六章）

梁启超强调了人的集体自我意识对历史及社会发展的重要性，以“群为体”即以“社会心理”为实体，将社会历史中群体的“心”（“大我”的自我意识），与个体的“小我”心理相比较，来研究历史的发展、现状和历史进化过程。梁启超认为，历史是“社会心理之实体”蕴积、发动和演变的过程。这是梁启超受西方社会心理学派影响来阐发的一个了不起的观点。

梁启超以此为基础，研究了人之自我及外在表现，认为“凡活动，以能活动者为体，以所活动者为相”（《中国历史研究法》第一章）。这种“体”与“相”的关系之论，科学地表述出自我意识与外在人格表现的关系。他认为，社会文化本身也是这种自我的外现，即“一社会者，一社会人之心理所造成”（《余之死生观》），并认为这是一种集体无意识的表现和作用：

> 史迹有数以千年或数百年为起讫者。其迹每度之发生，恒在若有意识若无意识之间，并不见其有何等公共一贯之目的，及综若干年之波澜起伏而观之，则俨然若有所谓民族意力在其背后。（《中国历史研究法》第六章）

另外，梁启超还论证了自我与“物”——社会环境的关系。“物者何？谓与心对待之环境”，尽管环境对人的自我精神有影响，但社会及历史是“心对于物之征服”的结果，是精神创造的文明。

> 文明者，有形质焉，有精神焉。……精神既具，则形质自生；精神不存，则形质无附。然则真文明者，只有精神而已。（《国民十大元气论·叙论》）

他还认为，国民心理及社会心理这种群体意识在人群的进化中也有其遗传性，同时也有变异性，这种变异性即是进化，否则历史就没有进化可言。此外，他还认可代表民族精神、富有社会自我意识的杰出人物的历史作用：

> 无论何种政治、何种思想，皆建设在当时此地之社会心理的基础之上，而所谓大人物之言动，必与此社会心理发生因果关系者，始能成为史迹。大人物之言动，非以其个人的资格而有价值，乃以其为一阶级或一党派、一民族之一资格而有价值。（《中国历史研究法》第六章）

他重视历史文化传统对人之自我人格的塑造作用，认为自我人格“皆建设在当时此地之社会心理的基础之上”，这与现代文化哲学家卡西尔的观点，是非常相似的。

另外，梁启超所谓杰出英雄人物，不过是由于人群未开化时代的产物，如果教育普及，人们的智慧也会平等，“二十世纪以后将无英雄。何以故，人人皆英雄”（《文明与英雄之比例》）。这也是他倡导人们做“新民”的根本原因。

二、“除心奴”——梁启超对“奴性”人格的批判

梁启超在戊戌变法之初，作为康有为的学生和助手，主要宣传康有为的变法理论。其实，他是有自己的思想的，有的观点甚至与康有为有很大分歧。关于“自由”之义即是两人思想分歧的焦点之一。

梁启超不赞成康有为独尊儒教，出于自己对“自由”的理解，赞同严复的“教不可保，而亦不必保”的说法。在他看来，“自由者，天下之公理，人生之要具，无往而不适用者也”，而且“数百年来世界之大事，何一非以‘自由’二字为之原动力者耶？”（《新民说·论自由》）因而，他认为，自由是人的本性，自由“使人自知其本性，而不受箝制于他人”（《致南海夫子大人书》）。

梁启超提出，“自由”既与“压迫”相对，也与“奴性”相对，人们只有破除奴性才能获得真正自由。要“除心奴”，康有为认为须首先“开民智”；而梁启超认为，首先要兴民权，“夫不兴民权，则民智乌可得开哉？”（《致南海夫子大人书》）因此，他主张，兴民权、讲自由才是开民智的先决条件，没有独立自主的人格，就不能冲破封建纲常礼教；中国之所以愚弱，其病源在于人的奴隶性。梁启超提出，中国人的奴隶性的表现在于服从“一王之制”和“守一先生之言”，即政治上的专政和思想上的专制，都是造成国民奴性的原因。而独尊孔教，即是“强一国人之思想使出于一途”，会导致“学说隘而思想窒也”（《新民说·论进步》）。

因此，梁启超主张用其“破坏主义”唤醒民族自我精神，反对政治专制和孔教独尊，还孔子以历史的本来面目，认为“孔子者，哲学家、经世

家、教育家，而非宗教家也”(《保教非所以尊孔论》)。他以“思想之陈涉”的形象自居，提出“革命、排满、共和”，推翻政治和思想专制，实现共和。

梁启超认为，真正的自由可归结为“我之自由”和精神之自由，既重视个性自由，更强调“大我”精神自由。

> 一身自由云者，我之自由也。虽然，人莫不有两我焉：其一，与众生对待之我，昂昂七尺立于人间者是也；其二，则与七尺对待之我，莹莹一点存于灵台者是也。(《新民说·论自由》)

这里的“与七尺对待之我”，是他所说的精神上的自我，即孟子所说“心之官”的“大”我。梁启超所说的“自由”即是“大我”之自由，精神自我的自由。这种觉醒是哲学意义上的自我觉醒，是继“龚魏”之后，近代有代表意义的一种“新”自我觉醒。在这里，梁启超所张扬的不只是个体意志，而且还是基于理性之上的思想觉醒，是一种精神自由的觉醒，所以“辱莫大于心奴，而身奴斯为末矣”，“若有欲求真自由者乎，其必自除心中之奴隶始”(《新民说·论自由》)。他指出，如果不张扬自我之自由，不除心奴，即使天天读西书、讲西语，依然是“奴性自若”。

受笛卡尔的影响，梁启超的“自我自由”富有理性主义特点：

> 夫心因我有也，听一言，受一义，而曰我思之我思之，若者我信之，若者我疑之。……高高山顶立，深深海底行，其于古人也，吾时而师之，时而友之，时而敌之，无容心焉，以公理为衡而已。自由何如也！(《新民说·论自由》)

他还将康德的真我与王阳明的良知相联系，认为世界第一原理是真我即良知理性，而自由是真我的本性。与“龚魏”相似，梁启超也非常推崇豪杰，认为通过宗教力量或调动真我的至诚灵感，可以激发出“心力”而展现出刚毅勇猛的人格，为理想而奋斗终生，成为惊天动地之英雄豪杰。他认为，佛学是益于“群治”之学，能使大众成就独立不羁的大无畏人格。梁启超与其他近代思想家一样，崇尚唯意志论，其豪杰人格的幻想甚至带有神秘主义的色彩。

三、“公德盛者其群必盛”——梁启超的理想人格追求

梁启超基于自己的历史进化观及对自由的理解，以“新民德”为核心提出了理想人格——“新民”人格。

（一）“相善其群”与“独善其身”的比较——“新民”之公德与私德

受严复的影响，梁启超积极倡导进化论，认为道德产生于一定的社会关系之中而不是外在的神的启示或先天的“良知”或“良能”：

> 德之所由起，起于人与人之有交涉（原注：使如《鲁敏逊漂流记》所称，以孑身独立于荒岛，则无所谓德，亦无所谓不德），而对于少数之交涉，与对于多数之交涉，对于私人之交涉，与对于公人之交涉，其客体虽异，其主体则同。故无论泰东、泰西之所谓道德，皆谓其有赞于公安、公益者云尔；其所谓不德，皆谓其有戕于公安、公益者云尔。（《新民说·论私德》）

他认为，道德就是由于社会生活的需要而产生的，如果没有群居生活，人与人之间不会发生关系，也就无所谓道德了。

梁启超提出，人类社会的道德大致可以区分为公德和私德两大类。所谓“公德”，是“人人相善其群者谓之公德”（《新民说·论公德》）。具体地说，“公德”指的是个人与社会、群体、国家之间的关系，即个人对于社会、群体、国家应尽的各种义务。而“人人独善其身者谓之私德”（《新民说·论公德》），即私德是指个人的道德修养、道德意识以及处理个人与个人之间关系的伦理准则。

梁启超认为，我国传统的道德其实只是其中的私德，并把它称为“中国旧伦理”，也叫作“家族伦理”，这是儒家传统道德学说的中心内容。但是，这种私德因受一家利益的束缚，使人们时常对社会责任不负责而不自知，这成为中国社会发展的一大阻力。因此，他主张道德革命，倡导放弃私德或将私德置于公德之后，促使人们养成维护群体共同

利益的品德，推动社会的进化和发展。这就是梁启超所倡导的新道德。

> 今世士大夫谈维新者，诸事皆敢言新，惟不敢言新道德，此由学界之奴性未去，爱群、爱国、爱真理之心未诚也。盖以为道德者，日月经天、江河行地，自无始以来不增不减，先圣昔贤尽揭其奥以诏后人，安有所谓新焉旧焉者，殊不知道德之为物，由于天然者亦半，由于人事者亦半，有发达、有进步，一循天演之大例。（《新民说·论公德》）

从中可见，梁启超当时倡导新道德的勇气和对时弊的痛切之情。他以斯宾塞利己主义道德说为基础强调了公德的重要性：

> 人群之所以为群，国家之所以为国，赖此德焉以成立者也。人也者，善群之动物也。人而不群，禽兽奚择，而徒空言高论曰群之群之，而遂能有功者也，必有一物焉贯注而联络之，然后群之实乃举，若此者谓之公德。（《新民说·论公德》）

他指出，公德的基本精神是牺牲个人之私利，以保持团体之公益，因此为使群体得到巩固壮大，就必须牺牲个人利益，维护集体利益，也就是要发扬公德。他认为，一个民族有无公德和公德之盛衰，是关系到这个民族存亡盛衰的大问题，“公德盛者其群必盛，公德衰者其群必衰”（《论中国国民之品格》。

> 苟不及今急急斟酌古今中外，发明一种新道德者而提倡之，吾恐今后智育愈盛则德育愈衰，泰西物质文明尽输入中国，而四万万人且相率而为禽兽也。（《新民说·论公德》）

梁启超提出，每个时代都有特定的公德标准，当今社会的公德标准，并不是“数千年前之古人所能立一定格式以范围天下万世者也”（《新民说·论公德》）；如今公德的基本准则是“利群”，“公德之大目的，既在利群，而万千条理即由是生焉”（《新民说·论公德》）。在《论公德》篇中，他称“利群”为“一种新道德”，将是否有益于群体、社会和国家，作为区别道德之善恶的标准；并将“利群”的具体内容列为人们所拥有的“爱群”“爱国”和“爱真理”的“热诚之心”。

梁启超提倡“西方新伦理”，批评“中国旧伦理”，其目的就是要在中国倡导西方社会伦理和国家伦理观念，唤起人们对中华民族和大清帝国前途与命运的危机感，激发人们救亡图存及爱国保种的热情。

这种个人道德修养论，不仅与儒家传统的“修身、齐家、治国、平天下”的人格修身程序大体相合，而且具有近代伦理思想的特色，可以说是“中国旧伦理”与“泰西新伦理”相结合的产物，具有非常现实的启蒙价值。

(二)“四德”与“人格独立”——“新民”之群己关系

梁启超承接严复自由主义观念，在区分和整合公德与私德关系的基础上，将道德上的人格独立作为新道德的第一义，以此为核心提出“新民”应具备的“独立之德”“自由之德”“合群之德”及“服从之德”，并论证了它们之间的关系。

1.“独立之德”与“合群之德”

梁启超把“独立”与“依赖”相对应：

> 独立者何？不倚赖他力，而常昂然独往独来于世界者也。《中庸》所谓中立而不倚，是其义也。人之所以异于禽兽者以此，文明人所以异于野蛮者以此。吾中国所以不成为独立国者，以国民缺乏独立之德而已。(《十种德性相反相成义》)

他认为当时中国人缺乏独立之德，讲学问的人往往依赖于古人，讲政术的人依赖于外国人，官吏依赖于君主，百姓依赖于政府，“乃至一国之人，各各放弃其责任，而惟倚赖之是务”。这样做的结果，即是“实不过是盲者依赖盲者，一国腐败，皆根于是”。他认为，要改变国人这种互相倚赖、责任不明的状况，就必须断绝人们的依赖之心，提倡“独立之德”。梁启超批评“依赖”，提倡“独立”，其目的在于扫除国民“奴性之壁垒”，摆脱"奴性之沉沦"，激发人们的爱国热情，使中国成为独立自主的国家。[①]"吾民将来能享民权、自由、平等之福与否，能行立宪、议会、分治之制与否，一视其自治力之大小、强弱、定、不定以为差"(《新民说·论自治》)，因此，梁启超将提倡"独立之德"作为新道德人格观的重要途径。

在梁启超那里，与"独立之德"相对应的是"合群之德"。他认为二者既相对立而存在，又是相辅相成的关系，认为独立与合群不能并存的观点是片面的，"独立之反面，依赖也，非合群也；合群之反面，营私也，非独立也"，真正的独立之义是"以独而扶其群"，而真正的独立之德是"合群之独立"。同样，所谓"合群云者，合多数之独而成群也"(《十种德性相反相成义》)。

因此，对于"独立"与"合群"各执极端的两种观点，梁启超均持批评态度，并用进化论的原理阐明正确处理两者关系的重要性：

> 以物竞天择之公理衡之，则其合群之力愈坚而大者，愈能占优胜权于世界上，此稍学哲理者所能知也。(《十种德性相反相成义》)
>
> 欲求进化之迹，必于人群。使人人析而独立，则进化终不可期，而历史终不可起。盖人类进化云者，一群之进也，非一人之进也。(《新史学·史学之界说》)

因此，"群"是历史进化的主体，面对当今弱肉强食的世界形势，人人都应该热爱群体，保全群体的利益，"今日吾辈所最当讲求者，在养群德之一事"(《十种德性相反相成义》)。而所谓"合群之德"的具体内容，实质上就是提倡爱国主义，批判封建统治者对人民实行专制统治。梁启超指出，专制制度根本不许人民参与或议论国家政治事务，从而使处于"奴隶之地位"的民众，也以"莫谈国事"为言论之准则，以"安分守己"为

---

① 参见自张岂之、陈国庆:《近代伦理思想的变迁》，中华书局2000年版，第168页。

行为之规范，对国家大事漠然处之。因而，中国人的人格中保守、落后的劣性之一，就是“知有天下而不知有国家；知有一己而不知有国家”（《新民说·论国家思想》）。

2.“自由之德”与“服从之德”

梁启超认为，“自由”与“压迫”相对，也与“奴性”相对，中国人要享受“自由之福”，必先通过兴民权及倡导自由，兴“自由之德”以去掉奴性。

> 凡各国宪法所定形式上之自由，几皆有之。虽然，吾不敢谓之自由者何也？有自由之俗，而无自由之德也。自由之德者，非他人所能予夺，乃我自得之而自享之者也。（《十种德性相反相成义》）

在梁启超看来，只有具备这种“自由之德”的觉悟和意识，才能够享受“自由之福”，“若有欲求真自由者乎，其必自除心中之奴隶者始”（《新民说·论自由》），即主张个性解放，不做古人、世俗、境遇、情欲的奴隶，以培养中国人民的“自由之德”，享受真正的“自由之福”；“自由之德”与“服从之德”是不可或缺的两个方面。自由是主体，服从是客体，二者形成统一和谐的整体。

> 制裁云者，自由之对待也。有制裁之主体，则必有服从之客体。既曰服从，尚得为有自由乎？顾吾尝观万国之成例，凡最尊自由权之民族，恒即为最富于制裁力之民族。（《新民说·论自由》）

自由与制裁，二者必须同时并存、相辅相成。他说，自由是“人人自由而以不侵人之自由为界”（《十种德性相反相成义》），那么，制裁、服从也必须以此“界”为界，即不侵人之自由；服从就是“服此界也”，不服此界就会受到制裁，从而失去自由。

梁启超认为，“真正自由之国民常要服从之点有三：一曰服从公理；二曰服从本群所自定之法律；三曰服从多数之决议”（《服从释义》）。显然，受西方学说影响，他所主张的自由是在近代法律制约下的自由，也就是需要服从维护整个社会政治秩序和经济秩序。

梁启超对于“独立”与“合群”“自由”和“服从”的论述包含着许多符合辩证法的合理内容，在当时影响很大，也是梁启超对于中国近代资产阶级人格观形成所做出的贡献之一。

（三）“能利己者，先利其群”——“新民”之功利观

梁启超深受功利主义伦理学说的代表人物边沁的影响，赞同将避苦求乐作为人们行为动机的利己主义，同时强调利己与爱他应是一致的。比如，在“利己”与“利群”的关系问题上，梁启超是把“利己”作为基础的。他比喻说，群体、家族和国家都好像是人们入股经营的“公司”，每个成员为达到多“分红”和“蒙其福”的目的，就应该齐心协力把这个“公司”经营好。正是在“利己”基础上，梁启超“利群”与“利己”才统一起来。[①] 这个比喻说明，社会基础是道德的根源，也是自我实现的根源力量，所以爱他是利己的必然结果。但是，这就要求社会成员在道德和政治上，要有自我实现的意识和能力，才能保持和完成道德上和政治上的真正责任。而这种能力的实现，要依赖于社会和他人，“苟不爱他，则我之利益遂不可得”，所以“不得不视全群之乐利”（《乐利主义泰斗边沁之学说》）。因此，道德人格独立自我的觉醒和实现，要求政治变革；只有政治变革，才能促进自我道德责任的真正实现。

基于上述认识，梁启超也提倡西方资产阶级的“合理的利己主义”伦理原则，主张“知有爱他的利己”，这与严复的“开明自营”有相似之处。另外，由于受中国传统伦理思想的影响，梁启超隐约看到了个人利益与群体利益的一致性和不可分割性，因而提出“善能利己者”和“能利己者”，必“先利其群”；如果用“损公”“害群”和“迎他”的手段来达到利己的目的，那么，其结果只能是“已之利未见，而害先睹矣”（《十种德性相反相成义》），这种损公利己的做法是不可取的。为了能够达到利己的目的，人们应该妥善调节个人利益与群体利益的关系，甚至“不惜牺牲其私益一部分，以拥护公益”（《新民说·论合群》）。总之，梁启超论

① 参见自张岂之、陈国庆：《近代伦理思想的变迁》，中华书局2000年版，第186页。

述群己、公私和人我关系，其根本出发点是个人的利己，其最终目的还是利己。

梁启超“利己主义”唤醒当时人们的爱国热情，驳斥了封建主义“存天理，灭人欲”的禁欲主义道德说教，对建立符合新时代的“义利观”和群己观起到积极的启蒙作用，是“新民”人格观的重要组成部分。

总之，梁启超受严复进化论的影响，并承接其“三民”人格观，吸收西方各家学说，提出了自己的“新民”人格观。就其具体内容而言，“新民”人格观与“三民”人格观一脉相承，没有本质区别，进一步论证了“民力、民智、民德”对改造人格观的重要作用。但是与严复注重“开民智”和以教育救国不同，梁启超强调“新德”，倡导“道德革命”，以道德救国，用“新道德”改造国民的人格观，必须进行政治改革。

小　结

“这群羊”怎么办？
——戊戌变法精英伦理自我的迷失

甲午战争的失败，的确使当时的有识之士清醒过来，但这种“清醒”是一种绝望，是对清政府不再抱有希望的一种绝望。绝望之后，他们开始从西方寻找精神和理想寄托，在政治制度层面提出了改革的要求。从康有为、严复、谭嗣同和梁启超等人的人格观念中，我们不难看出，维新人物最感兴趣的是新宇宙观、新世界观、新人生观的确立，进化论及科学知识成了他们的“救命稻草”。他们从不同角度，提出了反君主专制和纲常礼教的人格理想，欲改造“旧”自我构建“新”自我，在当时起到了巨大的启蒙作用。

但是，救亡图存的急迫心情和历史的局限性，不容他们多思或深思。因此，他们表面上陈辞激烈的、富有哲学意味的文章背后，反映出在对民族“旧”自我的远离和对“新”自我的迫切追寻，也折射出追寻过程中的迷惘，这也决定了他们思想的多变性和变通性。

这一时期，影响最大的西方思想，当数进化论学说。进化论改变了近代知识分子的世界观和历史观。其实，在戊戌变法前后，当时有两种社会进化观在影响着中国的知识精英，对政治改革影响比较大的，不是严复主张的达尔文式的社会进化论，反而是康有为的三世说。当时，从民间到朝廷，中国人的基本人格世界并没有发生根本转变，变法的目的也不是转变传统纲常礼教制度。因而，康有为的变古文经学为今文经学的诠释系统，在当时的主流思想界影响最大。

19 世纪 80 年代末，廖平的《今古学考》问世。这部著作将今文经学考据的成果汇集起来，将所有古文经典都列为汉代学者刘歆的伪造品，并认为，孔子教义蕴含在今文经学中，而孔子作六经的目的，即是向后代阐明其改制的思想。

廖平(1852～1932)，四川井研县青阳乡盐井湾(今四川井研县研经镇)人，因受到张之洞奖掖进入四川尊经书院学习，先是喜好宋学，后来转向博览考据。张之洞离川后，治公羊学的王闿运在尊经书院任主讲。廖平渐受其熏陶，从博览考据又转向专求大义，提出古文为周公所创，而今文为孔子所创；今文经学派，尊崇孔子，主《王制》；而古文经学派，尊崇周公，主《周礼》，它们可“同治中国”。廖平应张之洞之召到了广州，在广雅书局得以结识康有为，两人遂成为知己。据说，康有为据廖平《知圣篇》，作了《孔子改制考》，受其《辟刘篇》影响，又写了《新学伪经考》。[①]

康有为的改良与“改制”，是一脉相承的，是以君主专制制度为基础，进行礼仪制度的改革，而不是效仿西方国家的君主立宪制改革。他将《春秋公羊传》之大义与《礼记・礼运》的大同思想结合，主张由“据乱”到“升平”再到“太平”的进化观，通过《孔子改制考》与《新学伪经考》

---

① 参见路新生:《中国近三百年疑古思潮研究》，上海人民出版社 2001 年版，第 467、476 页。

提出，“六经以前，无复书记”，东周之前的中国历史一片模糊。他认为，孔子在去世前被授命进行制度改革，是“圣王”或“素王”，其使命是为新的朝代提出一套新的制度，因而制度的改革一直是儒家经世理想的核心。他呈送给光绪帝的改革方案，其实是以三世说为基础，综合了日本明治维新和西方国家改革经验，提出来的“改制”方案。其实质，是改革礼仪制度。

需要注意的是，康有为虽然研究和借鉴西方的政治制度和人格思想，但并不赞成严复的“天演说”：

> 近自天演之说鸣，竞争之义视为至理，故国与国陈兵相视，以吞灭为固然；人与人机诈相陷，以欺凌为得计。百事万业，皆祖竞争，以才智由竞争而后进，器艺由竞争而后精，以为优胜劣败，乃天则之自然，而生计商业之中，尤以竞争为大义，此一端之说耳，岂徒坏人心术，又复倾人身家，岂知裁成天道、辅相天宜者哉。（《大同书》）

> 其妄谬而有一知半解如达尔文者，则创天演之说，以为天之使然，导人以竞争为大义，于是竞争为古今世界公共之至恶物者，遂揭日月而行，贤者皆奉之而不耻，于是全地莽莽，皆为铁血，此其大罪过于洪水甚矣。（《大同书》）

中国文化传统中缺乏西方自然科学的世界观，较多关注人类社会本身，人与天地的关系是典型的“天人合一”论，认为人类社会服从于自然界的变化规律。因此，我们的古人对天地自然，怀着一种敬畏的心理。与天地四季更替相对应，中国古代社会的发展规律，也是岁终年始的历史循环，是一种典型的“治乱循环论”，基本上没有西方的社会进化观念。因此，中国古代的进化观，不强调改造自然与社会，而是要服从天道，服从圣贤的统治；注重的是和谐与互助，不太主张竞争。

康有为的改良思想，仍然是以中国传统的历史观为基础，认为孔子生当乱世，虽是有德而无位的布衣，却不盲从古人，明《易》变易之义而著六经，奠定了历代制度、礼仪、思想、道德、法律的基础，并游天下而鼓吹之，办私学以宣传之，中国的历史“自孔子改制而后文明”。他认为，西方所谓自主平等，就是“恕道”，一是“己所不欲，勿施于人”，“所欲与之聚之，所恶勿施”；二是“己欲立而立人，己欲达而达人”，即自己希望得到的东西也帮助别人得到，提醒统治者要以民为本，因此，“仁者博爱，己欲立而立人”(《孟子微·仁政》)。与严复不同，康有为仍是以性善论为基础，倡导传统伦理自我的人格观。[①]

1890 年秋，梁启超成为康有为的热切追随者，深深地倾倒于康有为的“三世进化”说。但是，梁启超后来认为，社会文明不是某一目的的实现过程，而是生存竞争的结果，君主专制体制也必须转换为君主立宪制，中国才能开启民智、民德、民力，提升国家的综合实力，这才符合优胜劣败的法则。

戊戌变法失败后，梁启超于 1898 年秋亡命日本，在横滨主编《清议报》(1898 年创刊)和《新民丛报》(1902 年创刊)等报刊。日本学者佐藤慎一提出，梁启超进化论思想与康有为的分野，是在逃亡到日本以后，受日本学者影响的结果，并成为社会进化论的宣传者。因此，在近代普及社会进化论最有贡献的，应该不是严复，而是梁启超。

> 在梁启超执笔写的大量论文的背后，有从日本获得的新知识。他以自己命名的“和文汉读法”找日本人的著作阅读，从而吸收了大量的西方思想的知识。在日本所接触到的种种新理论中，令梁启超最为醉心的是社会进化论。他把它作为意味着普遍性的经验法则的“公例”来接受，在前面提到的杂志上努力进行介绍和宣传。这些杂志被带回中国，给予许多年轻人以豁然开朗般的新鲜感。[②]

洋务运动期间，对西学有更深了解的王韬、郑观应等人，因不属于

① 参见吴乃华:《甲午战争与康有为人格观的演变》,《江西社会科学》1995 年第 8 期。

② [日]佐藤慎一:《近代中国的知识分子与文明》,刘岳兵译,江苏人民出版社 2011 年版,第 93 页。

士绅的精英群体，在中国思想界属于缺乏传统功名的"边际人"，他们的声音往往难达上听。戊戌变法之前，中国的各种报刊主要是由外国人创办，而且主要是商业性的。以梁启超为代表的近代知识分子，为了宣传改良运动，开始与报纸杂志的出版工作打交道。有政治倾向和思想内容的中文报纸杂志，开始大批涌现。①

梁启超发表在报刊上的文章，在国内影响广泛，比严复的《天演论》更具影响力。其原因是，严复的《天演论》是用古文写成的，而梁启超开创了一种文学"新民体"，用接近口语的平易文字写成的文章，不仅知识分子爱读，识字的中国民众也能明白。

梁启超大胆地采用"进化""生存竞争"和"优胜劣败"等日本式的汉语，代替了严复的"天演""物竞"和"生存"等译语，用社会进化论来分析中国所存在的各种问题。由于更通俗和生动，其影响力超过了《天演论》，使进化论成为那个时代中国人的常识。

应该说，梁启超的人格思想与严复的"三民"人格观，是一脉相承的。梁启超继承了反封建反礼教的平等和独立思想，结合法国思想家卢梭的启蒙思想，试图把中华民族的优良道德与西方道德观念融合在一起，构造一种全新国民道德观念和心理品质，从根本上改造中国人的人格观。这些主张，在当时产生了极大的反响。

但是，西方社会进化论的人性基础与中国传统的人性基础，是相矛盾的；其人格观，也是以性恶为基础的契约自我人格观。这也是当时康有为与梁启超的分歧点。从欧洲考察回来之后，梁启超又放弃了自己的主张，又回归到以中国传统的性善论为基础的伦理自我人格观，反映出他在中西文化冲突下，当时内心自我意识的模糊与矛盾。

因此，笔者认为梁启超的"新民"应当是为塑造"新国民"提出的一个假设性概念，是中国人由臣民向新国民过渡的概念，而不是向"新公

① 参见[美]张灏：《梁启超与中国思想的过渡（1890～1907）》，崔志海、葛夫平译，江苏人民出版社1995年版，第4～5页。

民”过渡的概念。中国原本只有臣民之国民，还没有产生公民的社会背景，所以“新公民”之“新”是不成立的。

中国人“这群羊”该怎么办的思考，是梁启超等戊戌变法精英面对的时代难题。尽管其思想在不断转换，但在梁任公们的心目中，理想的中国人的人格观最终是中国式的，而不是西方化的。

第四章 “无我”的革命精神
——辛亥革命前的民主主义人格观

进入20世纪后，由于清末“新政”的实施，中国民族资本工商业有了较大发展，民族资产阶级队伍进一步壮大，有别于过去士大夫阶层的新型知识分子群体也逐步形成，文化思想启蒙达到了一个新的阶段，崇尚自由与要求人权的呼声日益高涨，这都为推翻清王朝君主专制提供了思想准备。

清朝末代皇帝宣统即位第三年——1911年，是中国农历辛亥年。这年夏天，湘、鄂、粤、川等省因修铁路问题，爆发了反对帝国主义和封建垄断的保路运动。四川省荣县于9月25日宣布独立，成为全中国第一个脱离清王朝的地方政权，清政府从武汉调军前去镇压。10月10日，革命党人趁武昌空虚之际，发起了武装起义，推举黎元洪为都督，改国号为中华民国。1912年2月12日，清帝发布退位诏书。至此，延续了2132年的封建帝制历史宣告终结。

辛亥革命推翻了统治中国两千多年的君主专制制度，开创了完全意义上的近代民族民主革命。这一事件极大地促进了中华民族的思想解放，以巨大的震撼力和影响力加速了中国社会的变革。这一时期，孙中山、章太炎等革命志士和思想家，倡导打倒封建专制的“无我”献身人格。封建王朝垮台后，他们又致力于清除国人思想上的奴性人格，倡导勇于献身民主共和的资产阶级民主自由人格观。

第一节 革命志士“无我”人格观

戊戌维新变法失败后，义和团运动暴露了清政府面对帝国主义的软弱与无能，人们对统治者丧失了信心和幻想。因此，当时中国人民同外国帝国主义的矛盾加剧，同封建主义统治势力的矛盾也开始升级，近代改革家逐渐放弃改良，开始从事反对清朝统治者的斗争。

一、近代首个资产阶级革命组织

维新变法之前参与改革的主要是资产阶级上层知识分子，由于社会矛盾的加剧，中下层资产阶级的事业发展受到限制，其根本利益受到了威胁。

1894 年，在海外学习游历多年的孙中山，给当时的权臣李鸿章写信表达自己改良主义的治国思想。他在《上李鸿章书》中写道：

> 窃尝深维欧洲富强之本，不尽在于船坚炮利，垒固兵强，而在于人能尽其才，地能尽其利，物能尽其用，货能畅其流。此四事者，富强之大经，治国之大本也。我国家欲恢扩宏图，勤求远略，仿行西法，以筹自强，而不急于此四者，徒惟坚船利炮之是务，是舍本而图末也。[①]

他提出，富强应以人尽其才、地尽其利、物尽其用、货畅其流等“四事”为之本，如果忽略这“四事”，只追求坚船利炮，对治国图强来说是舍本逐末。

孙中山的报国之志没有得到李鸿章的积极回应，他于同年 11 月甲午战争爆发后回到檀香山，组织了以救国为宗旨的“兴中会”。其章程明确表示了对清政府的斥责，提出了“振兴中华”的口号：

---

① 《孙中山全集》第 1 卷，中华书局 1981 年版，第 8 页。

夫以四百兆苍生之众，数万里土地之饶，固可发奋为雄，无敌于天下；乃以庸奴误国，荼毒苍生，一蹶不兴，如斯之极。……是会之设，专为振兴中华，维持国体起见。盖我中华受外国欺凌，已非一日，皆由内外隔绝，上下之情罔通，国体抑损而不知，子民受制而无告。苦厄日深，为害何极！兹特联络中外华人，创兴是会，以申民志而扶国宗。①

1895年2月，孙中山又在香港成立了兴中会，并准备在广州发动起义，将三合会反清复明的老口号“驱除鞑虏，恢复中国，创立合众政府，倘有二心，神明鉴察”充作入会誓词。三合会属于生活艰苦的海外侨民的秘密互助合作组织，主要成员是城市贫民，组织性、战斗力并不强。因此，孙中山在香港组织的多个活动都没有成功。孙中山流亡英国期间，以兴中会名义开展活动时遭清朝使馆扣押，被营救后一举成名。

1904年，他在美国报纸上发表题为《中国问题之真解决》的文章，明确提出推翻清朝政府统治的主张：

以一个新的、开明的、进步的政府来代替旧政府……把过时的满清君主政体改变为“中华民国”……中国现今正处在一次伟大的民族运动的前夕，只要星星之火就能在政治上造成燎原之势，将满洲鞑子从我们的国土上驱逐出去。我们的任务确实是巨大的，但并不是无法实现。……向文明世界的人民特别是向美国的人民……要求你们在道义上与物质上给以同情和支援。因为你们是西方文明在日本的开拓者，因为你们是基督教的民族，因为我们要仿照你们的政府而缔造我们的新政府，尤其因为你们是自由与民主的战士。②

孙中山在海外向西方资产阶级宣传自己的主张，争取爱国华侨的

① 《孙中山全集》第1卷，中华书局1981年版，第19页。
② 《孙中山全集》第1卷，中华书局1981年版，第254～255页。

支持，也得到了国内资产阶级的响应，其影响日益扩大。

二、革命派与立宪派的斗争

1905 年，孙中山在日本东京成立了中国同盟会。康有为则率领戊戌变法的残余势力，在东京组成了立宪派。这两派各自在东京设了宣传机关，立宪派的机关报是梁启超任总编辑的《新民丛报》，而革命派的机关报是章太炎主持的《民报》。

章太炎(1869～1936)，在戊戌变法运动期间，曾组织过一个以排满为宗旨的革命党派——光复会，以光复大汉固有文化为宗旨，反对清朝统治。他在经学、文学、诗学、哲学、语言学、文字学和音韵学等方面的学问造诣深厚，当时，有不少在东京的留学生和革命者拜在他门下学习国学。

章太炎把《民报》与《新民丛报》相对立的斗争要点，归纳为《〈民报〉与〈新民丛报〉辩驳之纲领》，登在了自己的报纸上(《民报》第三期号外)，公开与对方辩争：

一、《民报》主共和；《新民丛报》主专制。

二、《民报》望国民以民权立宪；《新民丛报》望政府以开明专制。

三、《民报》以政府恶劣，故望国民之革命；《新民丛报》以国民恶劣，故望政府以专制。

五、《民报》主张政治革命，同时主张种族革命；《新民丛报》主张政府开明专制，同时主张政治革命。

六、《民报》以为，国民革命自颠覆专制而观，则为政治革命，自驱除异族而观，则为种族革命；《新民丛报》以为，种族革命与政治革命不能相容。

七、《民报》以为，政治革命必须实力；《新民丛报》以为，政治革命只须要求。

十一、《民报》以为，革命所以求共和；《新民丛报》以为，革命反以得专制。

十二、《民报》鉴于世界前途，知社会问题必须解决，故提倡社会主义；《新民丛报》以为，社会主义不过煽动乞丐流民之具。[1]

当然，这些所谓“针锋相对”的观点，是章太炎自己梳理的，未必得到对方认可。但是，从中不难看出，立宪派还是坚持改良，对国民的信心不足，文化的重心仍然在社会精英层面；而革命派排满反清的宗旨非常鲜明，文化重心已经下降到社会民众层面，从而决定两派的人格观念有所不同。

梁启超作为康有为的大弟子，也以《新民丛报》为工具，批评当时革命派组织社会下层市民参加革命暴动组织，是“利用此（革命）以博下等社会之同情，冀赌徒、光棍、大盗、小偷、乞丐、流氓、狱囚之悉为我用”，“立宪政体者，必民智稍开而后能行之”，因此，今日之中国，“与其共和，不如君主立宪，与其君主立宪，不如开明专制”。[2] 这表明近代中国精英阶层的社会改革观念，仍停留在西方资产阶级革命理论性的观念阶段。

三、辛亥革命志士的“无我”人格观

1900年以后，留学日本的青年由过去的地主富农子弟，扩大到经济陷于破落的中小资产阶级出身的青年。他们感受到，国家的危机已经不能依靠康梁的改良主义来解决，因而成为资产阶级革命思想的拥护者和宣传者。

林觉民是黄花岗七十二烈士之一，是著名《与妻书》的作者。1911年，在日本留学的林觉民回国参加广州起义，临行前回家探望了父母和已经怀孕的妻子，深夜里在手帕上写下了《与妻书》。起义失败后，林觉民受伤被俘。在审讯时，他综论世界大势和各国时事，宣传革命道理，

① 中国史学会主编：《中国近代史资料丛刊・辛亥革命》（二），上海人民出版社2000年版，第272～273页。

② 梁启超：《开明专制论》，《饮冰室合集・文集》十七，中华书局1989年版，第53、74页。

奉劝清吏洗心革面，献身为国，革除暴政，建立共和，几天后泰然自若地迈进刑场，从容就义，年仅 24 岁。

为推翻清朝统治，辛亥革命前后，林觉民、陈天华、邹容、徐锡麟、秋瑾、宋教仁、程正瀛等众多革命志士献出自己宝贵的生命，所牺牲人数很难完全统计。资产阶级革命志士的大无畏的牺牲精神，使近代中国人民从思想上认识到推翻封建统治、摆脱殖民和振兴中华的重要性。陈天华和邹容即是早期为启蒙反清思想，并以身警世的革命先驱。

（一）"蹈海警世"的陈天华

1905 年 12 月 8 日，陈天华(1875～1905)连夜留下《绝命书》，从日本大森海岸走向白浪滔天的深海，时年 30 岁。他在《绝命书》中曾提出救国的两条途径："其一作书报以警世，其二则遇可死之机会而死之。"在短暂生命里，他将这两条一一实践：生前被誉为"革命党之大文豪"，留下《猛回头》和《警世钟》等 20 余万字著述，以激情澎湃的文字唤醒了一代人；他以生命为代价，使留日学生得以团结，揭开了声势浩大的民主革命高涨的序幕。

1903 年，在日本留学的陈天华写了两本通俗小册子——《猛回头》和《警世钟》，其中心内容是宣传在帝国主义侵略下的中国的危亡局势，号召人们起来与帝国主义和清政府斗争，创建新的国家。他还提倡人格平等，把国家比作一只船，而皇帝也只是一个掌舵人，官府的人是船上的水手，人民百姓才是这只船的主人。"倘若舵工水手不能办事；东家一定要把这些舵工水手换了，另用一班人，才是道理"[①]，彻底否定封建统治的先天合法性。

陈天华是早期同盟会骨干，是起草会章的八名成员之一。他的《猛回头》和《警世钟》等宣传救国的作品，以通俗易懂、朗朗上口的说唱形式，呼吁国人警惕国破家亡的惨景即将来临，针对参政为官者、读书士子、贵族世家、百姓穷人等十类群体分别提出呼吁和规劝。因此，这些

① 刘晴波、彭国兴编：《陈天华集》，湖南人民出版社 2008 年版，第 80 页。

作品在士兵、市民和学生等民众群体中广泛流传。湖南巡抚赵尔巽十分赏识陈天华的才情，曾希望将女儿嫁给他，但陈天华以“国不安，吾不娶”婉言拒绝，至殉国前尚未婚娶。

陈天华不惧死，在蹈海前就有体现。1903 年，他与黄兴等人一起策划长沙起义，后黄兴等 13 人被捕入狱。本可逃脱的陈天华拒绝出逃，正襟危坐待捕。友人劝其出逃，他悲愤地说：“事不成，国灭种亡等死耳，何生为？”陈天华在《绝命书》中说：“与其死于十年之后，不如死于今日。若如此能促诸君有所警动，去绝非行，共讲爱国，更卧薪尝胆，刻苦求学以养实力，则国家兴隆亦未可知，中国不灭亦未可知。”①

在留日学生为陈天华召开的追悼会上，他的《绝命书》令众人痛哭流涕，姚宏业和秋瑾等一批留日学生迅速回到国内，组织策划革命活动。姚宏业回国后，试图创办“中国公学”以接纳归国留日学生，因筹措经费屡受各方阻挠，为引起社会关注，1906 年 4 月 6 日，也投黄浦江自尽。

陈天华和姚宏业以宝贵的年轻生命为代价，以警醒国人救国救民的危机意识，这种勇于献身的无我人格精神在当时的中国引起了强烈的反响。事后，长沙上万名学生穿上白色制服，不顾军警阻挠，排成绵延数里的浩浩荡荡队伍，为陈天华和姚宏业两位勇士举行公祭活动。他们的赴死行为，使民族危机感、反帝救国等思想深入人心，外争主权、内争民主的爱国教育运动也受到人们重视。

（二）“革命军中马前卒”邹容

小商人家庭出身的邹容（1885～1905）也是自费到日本留学的学生，进入东京同文书院学习。邹容在日本刻苦读书，阅读了大量的西方资产阶级启蒙著作，积极参加留日学生的爱国活动，并结识了一些革命志士，每到集会必参加演讲，常争先讲演，陈述己见，其词犀利悲壮，为公认的革命分子。他也自比法国卢梭，广泛地参加留日学生的各种活

① 刘晴波、彭国兴编：《陈天华集》，湖南人民出版社 2008 年版，第 231 页。

动，宣传自由的主张。1903 年，因为不服从清政府官员的管教被送回国后，他在上海结识了章太炎和爱国学社的一些革命活动分子。

1903 年 5 月 24 日，在中国教育会的集会上，邹容作《论改革中国现时大势》的演说，提出组织"中国学生同盟会"的倡议，期望新兴的知识分子，肩负起反清的民主革命任务。在爱国激情驱使下，他写完了署名"革命军中马前卒邹容"的《革命军》一书，开宗明义地提出，要用革命的手段推翻清朝的皇权，建立资产阶级民主国家，并为这个国家定名"中华共和国"。

《革命军》给两千多年的封建专制制度敲响了丧钟，为资产阶级民主革命吹响了号角，是一篇名副其实的反帝、反封建的战斗檄文：

> 我中国今日欲脱满洲人之羁缚，不可不革命。我中国欲独立，不可不革命。我中国欲与世界列强并雄，不可不革命。我中国欲长存于二十世纪新世界上，不可不革命。我中国欲为地球上名国，地球上主人翁，不可不革命。……吾今大声疾呼，以宣布革命之旨于天下。[①]

章太炎对此书非常赞赏，在序文中称这是"义师先声"。《革命军》在国内和海外华侨中广为流行，销售达 110 万册，对鼓动清末革命高潮产生了难以估量的作用。孙中山认为"此书感动皆捷，其功效真不可胜量"，"《革命军》一书，为排满最激烈之言论，华侨极为欢迎；其开导华侨风气，为力甚大"。[②] 在改组兴中会建立"中华革命军"时，他提出"今后同志当自称为军，所以记邹容之功也"。

邹容以西方资产阶级"天赋人权"及"自由、平等、博爱"为指导思想，阐述了反对封建专制，进行资产阶级民主革命的必要性。他赞同西方资产阶级的"文明之革命"，倡导资产阶级自由平等观念，反对农民起

---

① 中国史学会主编：《中国近代史资料丛刊 · 辛亥革命》(一)，上海人民出版社 2000 年版，第 333 页。

② 孙中山：《建国方略》，《孙中山全集》第 6 卷，中华书局 1985 年版，第 236 页。

义的“野蛮之革命”。他还揭露了清政府对国人的压迫，分析了革命爆发的必然性，宣布革命独立之大义在于“永脱满洲之羁绊，尽复所失之权利，而介于地球强国之间”，“全我天赋平等自由之位置”，“保我独立之大权”，即推翻封建专制王朝，建立“中华共和国”！章太炎在其主笔的《苏报》高度评价《革命军》，并据此对康有为的保皇谬论痛加批驳，《苏报》因而成为在全国名噪一时的革命报纸。随后，章太炎等人被捕，而邹容闻讯后自投捕房，要与章太炎共患难。在狱中，他同章太炎相互赋诗明志，表现了革命者勇于献身、视死如归的英雄气概。1905 年 4 月 3 日，年仅 20 岁的邹容不堪折磨，在狱中逝世。南京临时政府成立后，临时大总统孙中山追认邹容为“陆军大将军”。

日本学者佐藤慎一指出：“将辛亥革命视为孙文率领中国同盟会用武力打倒清朝的革命，这无论如何也是不可能的。”当时，孙中山为了获得华侨的支援而赴美国，武昌起义时不在国内，事先也不知道此事。后来，因为临时参议院内部的对立，临时大总统的职位转到了孙文的手里。因此，“辛亥革命不是贯穿某一特定的个人或党派意志的革命”。[①]

以武昌起义成功为标志的辛亥革命，推翻了清政府统治，结束了中国封建社会，当时的资产阶级知识分子做出巨大贡献。在此期间，资产阶级革命家，为了民族图存，拯救国家危机，所表现出的献身精神，既有墨家的侠义精神，也有佛家普度众生的精神，超越了个体的小我，建构了融入社会理想的大我意识，并以无我的牺牲去践行了这一精神。其可歌可泣的无我人格，为其后的民族解放斗争做出了榜样，激发了为民族前途和人间正义勇于牺牲自我的精神。

第二节 孙中山的“三民主义”人格观

孙中山(1866～1925)，本名文，字德明，号逸仙，别号中山樵，广东

① [日]佐藤慎一：《近代中国的知识分子与文明》，刘岳兵译，江苏人民出版社 2011 年版，第 126 页。

香山县(今中山市)翠亨村人,曾在美国檀香山教会学校和香港西医学堂等处求学,系统接受过西方式近代教育,是具有中国传统文化素养的民主革命先行者。

面对内忧外患,孙中山起初对洋务派抱有很大希望,曾在1894年上书李鸿章提出自己"仿行西法"的资本主义改革设想。甲午战争的失败,宣告了洋务运动的破产,他放弃了对清政府的幻想,开始了长达40年的推翻清王朝的革命活动。在这一过程中,孙中山逐步确立了自己的哲学思想、人生观理论以及与其革命实践相对应的"三民主义"人格观。

一、"顺乎世界之潮流"——孙中山人格观的哲学基础

孙中山的青少年时代是在美国檀香山及中国香港度过的,"游学海外,于泰西之……天文舆地之学,格致化学之理,皆略有所窥"[①],因而受过较为系统的自然科学训练,对宇宙现象做出了较恰当的哲学说明,并将之与传统的中国古典哲学相结合,形成了以"太极"为本源的宇宙观。

孙中山推崇达尔文进化论,认为"自达尔文之书出后,则进化之学,一旦豁然开朗,大放光明,而世界思想为之一变。从此各种学说,皆依归于进化矣"[②]。可以说,进化论是孙中山历史进化观及其革命民主主义哲学的基础。

孙中山认为宇宙进化分为"物质进化""物种进化"和"人类进化"三个时期。第一个时期是"太极动而生电子,电子凝而成元素,元素合而成物质,物质聚而成地球"。第二个时期是细胞形成以后出现了各种生物及人,"由生元(即细胞——引者注)之始生而至于人";"种物由微而显,由简而繁,本物竞天择之原则,几经优胜劣败,生存淘汰,新陈代谢,千百万年,而人类乃成"。第三阶段是人类进化的时期,"人类初出之

① 孙中山:《上李鸿章书》,《孙中山全集》第1卷,中华书局1981年版,第8页。

② 孙中山:《建国方略》,《孙中山全集》第6卷,中华书局1985年版,第195页。

时，亦与禽兽无异。再经几许万年之进化，而始长成人性，而人类之进化，于是乎起源。此期之进化原则，则与物种进化原则不同。物种以竞争为原则，人类则以互助为原则"，人类的进化过程，为一个逐渐摆脱"兽性"、渐成人性的过程。[1]

孙中山以"互助论"解释人的进化与一般生物进化的不同，认为后者是物竞天择的结果，而人类的进化原则是互助，不仅个体的人如此，社会发展过程中的国家也如此，"社会国家者，互助之体也，道德仁义者，互助之用也。人类顺此原则则昌，不顺此原则则亡"[2]。在人类发展的过程中，经历了人同兽争、人同天争、国同国争、国内相争几个时期：远古人同兽争斗，是用气力；后来，在人与天争的过程中，讲神权，圣人以神道设教来维持社会；人同人的争斗阶段，开始是国与国争，讲君权，圣君贤相引导国民；国内相争时，由于人类的知识非常发达，不再需要君主统治，讲民权，因而人民同君主相争斗。

孙中山以"社会国家"为单位划分历史，旨在说明从神权到君权再到民权的社会进化规律。他认为在这一过程中"世界潮流的趋势"是从"神权"到"民权"，而且"没有方法可以反抗"，从而表明清王朝必然灭亡，任何人也不能复辟封建王朝。他还提出，这一潮流的发展方向是"大道之行也，天下为公"的大同社会，而推动这一世界潮流的是人民，是人民的心理、人民的需要："一国之趋势，为万众之心理所造成，若其势已成，则断非一二因利乘便之人之智力所可转移也。"[3]

尽管孙中山的上述历史观有"得人心者，得天下"及时势造英雄的特点，但他彻底否定了"天不变，道亦不变"的历史简单循环论，虽然没有肯定人民创造历史的真正作用，但认识到人民群众的历史力量，并初步认识到人民群众的历史作用。

---

① 参见孙中山：《建国方略》，《孙中山全集》第6卷，中华书局1985年版，第195～196页。

② 孙中山：《建国方略》，《孙中山全集》第6卷，中华书局1985年版，第196页。

③ 孙中山：《建国方略》，《孙中山全集》第6卷，中华书局1985年版，第207页。

此外，孙中山还认为人的能动作用是巨大的，它可以使历史跳跃发展，只要顺天理合人情，顺应世界发展潮流，“而为先知先觉者所决志行之，则断无不成者也”[①]。他不赞同维新派改良的观点，认为中国不一定必须经过君主立宪后才能实现共和，中国可以跃过中间环节直接实现共和，在1905年日本留学生欢迎会上他满怀激情地说，中国只要革命，迎头赶上，“十年二十年之后不难举西人之文明而尽有之，即或胜之焉，亦非不可能之事也”[②]。这充分反映出了孙中山反对天命和强调人力胜天的思想，也体现了他从自然科学的观点出发分析社会发展的特点，即只要把握了规律，人的努力可以促使历史跳跃发展。

二、“互助即博爱”——孙中山人格观的道德要求

孙中山虽然主张用武力推翻清王朝，并为此做出了不懈的努力。但是，他是一位和平主义者，向往独立、自由、平等、博爱的社会制度和使人民真正得到幸福的社会。自由、平等和博爱思想，是17～18世纪西方资产阶级革命时期，政治伦理思潮的主要内容。孙中山在接受西方教育时，不可避免地受到这一伦理思潮的影响，并且将之吸收为三民主义理论的基石之一。他说，三民主义对自己的国家来说，就是争自由；对于民族来说，就是平等与博爱，三民主义就是要使一国之人皆有自由、平等、博爱之精神。这是其“三民主义”人格观的重要思想基础。此后大约半个世纪，他为能把自由、平等、博爱的道德理想变成中国社会的现实，进行了艰苦卓绝的斗争，付出了毕生的努力。

孙中山的博爱主义，是传统伦理道德与西方空想社会主义互助论及社会改良主义的博爱主张相结合的产物。基于其进化论思想，他认为人们之所以博爱，是由于人性中最高尚的人格。

---

① 孙中山:《建国方略》,《孙中山全集》第6卷,中华书局1985年版,第228页。

② 孙中山:《在东京中国留学生欢迎大会的演说》,《孙中山全集》第1卷,中华书局1985年版,第283页。

人的本源便是动物，所赋的天性，便有多少动物性质。换一句话说，就是人本来是兽，所以带有多少兽性，人性很少。我们要人类进步，是在造就高尚人格。要人类有高尚人格，就在减少兽性，增多人性。没有兽性，自然不至于作恶。完全是人性，自然道德高尚；道德既高尚，所做的事情，当然是向轨道而行，日日求进步，所谓“人为万物之灵”。①

因而，孙中山所理解的现实人格是动物性与道德性的结合。“物种以竞争为原则，人类则以互助为原则”②，随着人类社会的发展，人类互助的结果，就是人格中人性成分越来越多。

社会国家者，互助之体也；道德仁义者，互助之用也。人类顺此原则则昌，不顺此原则则亡。此原则行之于人类当已数十万年矣。然而人类今日犹未能尽守此原则者，则以人类本以物种而来，其入于第三期之进化为时尚浅，而一切物种遗传之性尚未能悉行化除也。然而人类自入文明之后，则天性所趋，已莫之为而为，莫之致而致，向于互助之原则，以求达人类之目的矣。……乃至达文氏（即达尔文——引者注）发明物种进化论之物竞天择原则后，而学者多以为仁道德皆属虚无，而争竞生存乃为实际，几欲以物种之原则而施之于人类之进化，而不知此为人类已过之阶级，而人类今日之进化已超出物种原则之上矣。③

孙中山认为，这一过程即是互助、博爱的过程。中国的传统博爱说，如尧舜禹之博施济众，孔子的仁爱与墨子的兼爱，缺乏平等基础，不是人与人之间自觉自愿的爱。博爱，是为公爱而非为私爱，即如“天下有饥者，由己饥之；天下有溺者，由己溺之”之意。孙中山实际上是在用近代

① 孙中山：《在广州全国青年联合会的演说》，《孙中山全集》第8卷，中华书局1986年版，第316页。

② 孙中山：《建国方略》，《孙中山全集》第6卷，中华书局1985年版，第195～196页。

③ 孙中山：《建国方略》，《孙中山全集》第6卷，中华书局1985年版，第196页。

两个重要观念来解释博爱，其一所谓“善及于人人”，是人与人之间爱的显发；其二，所谓“天下有饥者，由己饥之”和“天下有溺者，由己溺之”，是每个人自觉地为他人谋幸福，牺牲自己为他人、为民谋幸福。[①] 因此这实际上是一种献身精神，不再单纯是一种同情和愿望，而是一种实际的无我奉献，带有墨家色彩。

因此，孙中山认为，博爱是为人民谋幸福的道德价值观，所体现出来的是兄弟、同胞的互助精神。

> 博爱的口号，这个名词的原文是“兄弟”的意思，和中国“同胞”两个字一样解法，普通译成博爱，当中的道理，和我们的民生主义是相通的。因为我们的民生主义，是图四万万人幸福的，为四万万人谋幸福就是博爱。[②]

在孙中山看来，博爱有别于传统差等之爱的仁爱，其最深层次的解释，似乎由西方博爱回到了传统墨家的兼爱。

孙中山积极地致力于融合外来思想，受西方博爱主义思潮影响虽然很深，而且也接受了互助道德原则，但不忘中国传统人道主义精华：

> 仁爱也是中国的好道德，古时最讲爱字的莫过于墨子。墨子所讲的“兼爱”，与耶稣所讲的“博爱”是一样的。古时在政治一方面所讲爱的道德，有所谓“爱民如子”，有所谓“仁民爱物”，无论对于什么事情，都是用爱字去包括。……把仁爱恢复起来，再去发扬光大，便是中国固有精神。[③]

因此，孙中山的博爱主义，注重吸收中国传统的精神，在广大民众中发扬光大。主张为人民谋幸福并追求民主共和国，以保障普遍幸福的社

---

① 参见陈少峰：《中国伦理学史新编》，北京大学出版社2013年版，第113页。

② 孙中山：《三民主义·民权主义》，《孙中山全集》第9卷，中华书局1986年版，第283页。

③ 孙中山：《三民主义·民族主义》，《孙中山全集》第9卷，中华书局1986年版，第244～245页。

会理论，是孙中山博爱主义理想人格的特色。

三、服从团体的自由——孙中山人格观的自由思想

倡导自由、平等、博爱，是孙中山人格观的基本组成部分。他认为，革命党人就是为了争取中国人民的自由与平等，不惜牺牲个人而奋斗的。

孙中山在辛亥革命以前的自由、平等、博爱观念带有浓郁的理想主义色彩，1904 年，孙中山发表《中国问题的真解决》一文，提出要把“过时的满清君主政体改变为中华民国”，而中华民国就是要仿照美国的政府，因为美国人民是“自由与民主的战士”。他在文章中还列举了清政府剥夺人民自由权利的种种表现，指出“他们侵犯我们不可让与的生存权、自由权和财产权”，“他们压制言论自由”，“禁止结社自由”，“不经我们同意而向我们征收沉重的苛捐杂税”，等等。后来，孙中山所主张的以博爱为动力的社会理想，类似于康有为的大同理想——他心目中的“社会主义”。在孙中山心目中，社会主义就是人道主义，其精髓就是主张博爱、平等、自由，“社会主义为人类谋幸福，普遍普及，地尽五洲，时历万世，蒸蒸芸芸，莫不被其泽惠，此社会主义之博爱”。① 这时，他的博爱、自由、平等思想，主要是集中外空想博爱精神，带有“天下为公”传统式的博爱主义，其用意是号召人们反对清朝封建君主制。

辛亥革命以后，革命斗争及实践的现实使孙中山对自由、平等的认识产生了变化。1924 年，孙中山在著名的《三民主义》讲演中，系统地阐述了他的自由平等观。

> 法国的自由和我们的民族主义相同，因为民族主义是提倡国家自由的。平等和我们的民权主义相同，因为民权主义是提倡人民在政治之地位都是平等的，要打破君权，使人人都是平等的，所

---

① 孙中山：《在上海中国社会党的演说》，《孙中山全集》第 2 卷，中华书局 1982 年版，第 510 页。

> 以说民权是和平等相对待的。此外还有博爱的口号……当中的道理,和我们的民生主义是相通的,因为我们的民生主义,是图四万万人幸福的,为四万万人谋幸福就是博爱。[①]

不难看出,此时孙中山并没有孤立地宣传自由、平等和博爱的口号,而是把它融汇在三民主义的理论体系之中。表面上看来,三民主义理论似乎脱胎于自由、平等、博爱原则;实际上,孙中山的自由、平等、博爱的原则,此时已经与西方的有所区别,更多的是讲个人自由服从于国家和民族的自由,着重主张作为整体的国民在宪法规定上应享受的各种自由权利,如公众言论、信仰、集会、结社、出版等方面的自由。他提出:"在今天,自由……如果用到个人,就成一片散沙。万不可再用到个人上去,要用到国家上去。个人不可太过自由,国家要得完全自由。"[②]他认为,当时中国人自由太多,要求牺牲个人自由服从国家自由,提出如果学生、军人都要讲自由,那便会成为放纵、放荡,学校里没有校规,军队里没有军纪,人们过于享有自由、没有约束,便和无政府一样。

孙中山对自由、平等的态度及理论阐述的转变,是与当时中国社会的现实状况有关,严峻的现实矛盾迫使他对自由的内涵重新加以解释。悠久的封建自给自足自然经济,使得中国社会成为小生产者的汪洋大海,根深蒂固的散漫性与相互隔绝的独立性,是当时中国社会的一个基本特征。从形式上看,小生产者似乎享有较大的自由度。这种情况给孙中山造成一种误解,他因此以为中国人是很自由的,向来没有受过不自由的痛苦。其实,小生产者的这种自由,是事不关己的散漫。事实上,中国农民与西欧中世纪的农奴相比,虽然与封建地主之间没有很强的人身依附关系,但他们也没有任何政治自由,不能参与国家的政治活动。从这个角度讲,孙中山有关中国近代自由问题的某些论点不够妥

① 孙中山:《三民主义·民权主义》,《孙中山全集》第9卷,中华书局1986年版,第283页。

② 孙中山:《三民主义·民权主义》,《孙中山全集》第9卷,中华书局1986年版,第282页。

当。但从另外一个角度讲,中国的农民文化水平低,思维方式狭窄,而且思想上沉积着厚厚的传统封建礼教尘埃,在革命斗争中所表现出来的无组织、无纪律,给革命斗争带来了惨痛的教训。这是孙中山当时面临的更加直接的现实。

面对复杂的革命斗争形势,当他辞去临时大总统的职务以后,尤其是"二次革命"失败以后,孙中山的自由平等观与前期相比,开始出现矛盾,甚至倒退。他认为,"中国革命之所以失败,是误于错解平等、自由","就历史上进化的道理说,民权不是天生出来的,是时势和潮流造就出来的。故推到进化的历史上,并没有卢梭所说的那种民权事实,这就是卢梭的言论没有根据",所以"自人类初生几百万年以前,推到近代民权萌芽时代,从没有见过天赋有平等的道理"。①

四、"天下为公"——孙中山对理想人格的追求

孙中山以其进化论、博爱主义和三民主义学说为基础阐明了他的人格观思想。一方面他认为道德观、人格观建设不是要完全恢复一切旧传统,而是反对盲目排斥、抛弃一切旧传统;另一方面主张"对欧洲文明采取开放态度",但也反对全盘照搬西洋文化。

> 中国从前是守旧,在守旧的时候总是反对外国,极端信仰中国要比外国好;后来失败,便不守旧,要去维新,反过来极端的崇拜外国,信仰外国是比中国好。因为信仰外国,所以把中国的旧东西都不要,事事都是仿效外国,只要听到说外国有的东西,我们便要去学,便要拿来实行。②

这段话,明确地表示出孙中山对中西方伦理道德所采取的较为理性的

---

① 孙中山:《三民主义·民权主义》,《孙中山全集》第9卷,中华书局1986年版,第264页。

② 孙中山:《三民主义·民权主义》,《孙中山全集》第9卷,中华书局1986年版,第316～317页。

态度，体现了其思想中理想人格的务实精神。因此，他所创立的“三民主义”人格观富有浓厚爱国主义和革命现实主义色彩。

（一）吸收中国传统“固有的道德”人格基础

如何使四万万“散沙”般的人民，凝聚成一个坚实的整体，这是孙中山深思的一个重要问题。他倾向于以东西思想融汇贯通的方式，去改造国民人格，但坚持以民族道德为民族振兴的基础，从中国传统伦理道德中吸取精神力量，加强民众的向心力、凝聚力。

孙中山认为，不能一概否定传统的道德观念，“我们固有的东西，如果是好的，当然要保存，不好的才可以放弃”，“孔孟，古之圣人也，非今之科学家。且当时科学犹未发明也，孔孟所言有合于公理者，有不合于公理者”，对于“合于公理者”应加以继承，对于“不合于公理者”则必须舍弃。他主张将中国传统伦理道德，经过鉴别、取舍，有些升华为“革命的道德”，有些则加以扬弃。

> 因为我们民族的道德高尚，故国家虽亡，民族还能够存在；不但是自己的民族能够存在，并且有力量能够同化外来的民族。所以穷本极源，我们现在要恢复民族的地位，除了大家联合起来做成一个国族团体以外，就要把固有的旧道德先恢复起来。有了固有的道德，然后固有的民族地位才可以图恢复。①

可见，孙中山在主张发扬固有文化、恢复固有道德的同时，反对全盘继承传统。

孙中山认为一个国家能够独立、强盛，一个民族能够生存、发展，不仅要有强大的武力和发达的经济为后盾，而且还必须具备“好的道德”，并认为中华民族曾有高尚的道德，“首先是忠孝，次是仁爱，其次是信义，其次是和平”，但是“现在受外来民族压迫，侵入了新文化”，“一般醉心新文化的人，便排斥旧道德，以为有了新文化，便可以不要旧道德。

---

① 孙中山：《三民主义·民族主义》，《孙中山全集》第9卷，中华书局1986年版，第243页。

不知道我们固有的东西，如果是好的，当然要保存，不好的才可以放弃"。①

如前文所述，孙中山将"仁爱"与西方博爱观念融合，形成了自己的博爱主义。他讲"忠孝"规范，就注重结合当时的国情及革命实践，进行重新阐释，将之作为公民人格的基本伦理道德要求。他认为，虽然封建君主被推下了历史舞台，但"忠"仍有其积极的道德规范作用：

> 现在一般人民的思想，以为到了民国，便可以不讲忠字……这种理论，实在是误解，因为在国家之内，君主可以不要，忠字是不能不要的。……我们的忠字可不可以用之于国呢？我们到现在说忠于君，固然是不可以，说忠于民是可不可呢？忠于事又是可不可呢？我们做一件事，总要始终不渝，做到成功。如果做不成功，就是把性命去牺牲，亦所不惜，这便是忠。②

关于"孝"，孙中山认为，这是中国文化的特色，是国家振兴的精神资源：

> 讲到孝字，我们中国尤为特长，尤其比各国进步得多。《孝经》所讲孝字，几乎无所不包，无所不至。……国民在民国之内，要能够把忠孝二字讲到极点，国家便自然可以强盛。③

近代中国许多进步思想家批判"孝"和家族制度，指出家族制度和"孝"是封建社会之根柢。而孙中山却有不同的看法：

> 中国有很坚固的家族与宗族团体，中国人对于家族与宗族的观念是很深的。……由这种好观念推广出来，便可由宗族主义扩

---

① 孙中山：《三民主义·民族主义》，《孙中山全集》第9卷，中华书局1986年版，第243页。

② 孙中山：《三民主义·民族主义》，《孙中山全集》第9卷，中华书局1986年版，第244页。

③ 孙中山：《三民主义·民族主义》，《孙中山全集》第9卷，中华书局1986年版，第244页。

充到国族主义。……中国个人之外注重家族，有了什么事便要问家长。这种组织，有的说是好，有的说是不好。依我看来，中国国民和国家结构的关系，先有家族，再推到宗族，再然后才是国族，这种组织一级一级的放大，有条不紊，大小结构的关系当中是很实在的。[①]

他把国家看成是家庭的放大，并从中国家族中“家长”的权威引申到国家领导的权威。他还说过，人们对于家庭，有孝顺父母、亲爱家庭的责任，对于子女有“养之成，教之成”的义务，因而“孝”字道德还是需要恢复的。这种解释，实际上已赋予“孝”新的内容，因为“孝顺父母，亲爱家庭”是现代社会需要的道德规范，这和“惟父母之命是从”的封建孝道有所不同。

孙中山热爱和平，和平是他继承传统道德的核心要素之一，也是其思想的精髓。孙中山认为，中华民族是崇尚平和的民族：

吾人初不以黩武善战，策我同胞；然处竞争剧烈之时代，不知求自卫之道，则不适于生存，且吾观近代战争之起，恒以弱国为问题。倘以平和之民族，善于自卫，则斯世初无弱肉强食之说；而自国之问题不待他人之解决，因以促进世界人类之平和，我民族之责任岂不綦大哉？[②]

孙中山本人对和平的强烈的愿望和追求，集中地体现在其大同理想中，认为革命只是最初的过程，而建立自由、平等、博爱的社会制度，实现人民的真正幸福才是他的追求。所以，他反对战争，痛恨军阀割据。

(二)“替众人服务”的人格要求

孙中山在长期的革命实践中，认识到要实现社会理想，就需要有为

---

① 孙中山：《三民主义·民族主义》，《孙中山全集》第9卷，中华书局1986年版，第238页。

② 孙中山：《精武本纪序》，《孙中山全集》第5卷，中华书局1985年版，第150页。

理想奋斗的高尚人格，因而不仅提倡与新时代相结合的传统美德，更大力倡导造就新的人格，重视弘扬传统文化人格对社会进步的巨大影响：

> 我们人类的天职……最重要的，就是要令人群社会，天天进步。要人类天天进步的方法，当然是在合大家力量，用一种宗旨，互相劝勉，彼此身体力行，造就顶好的人格。人类的人格既好，社会当然进步。[①]

即使在中华民国成立之后，孙中山还提出：“今民国既已完成，国民之希望甚大，然最要者为人格。”[②]

如前文所述，孙中山认为，人格的好与坏、高尚与卑劣是人性与兽性的“比例”多少问题，人类的进化过程就是人性克服恶性的过程；恶根源于兽性，善根源于人性，只要努力“减少兽性，增多人性”，以促使人的道德进步，人格就高尚了。在他看来，人性与兽性是利人利己的对立，因此，要求革命党人以天下为公，为了革命事业要勇于成仁：

> 我们可把人类两种思想来比对，一种就是利己，一种就是利人。……人人当以服务为目的，而不以夺取为目的。[③]

> 从事革命事业，非成功，即成仁，二者而已。成功则造出庄严华丽之国家，共享幸福。不成功，则同拼一死，以殉吾党之光辉主义，亦不失为杀身成仁之志士。……在吾国数千年前，孔子有言曰：“大道之行也，天下为公。”如此，则人人不独亲其亲，人人不独子其子，是为大同世界。大同世界即所谓“天下为公”，要使老者有

---

① 孙中山：《在广州全国青年联合会的演说》，《孙中山全集》第8卷，中华书局1986年版，第315～316页。

② 孙中山：《在广东女子师范第二校的演说》，《孙中山全集》第2卷，中华书局1982年版，第358页。

③ 孙中山：《三民主义·民族主义》，《孙中山全集》第9卷，中华书局1986年版，第298～299页。

所养，壮者有所营，幼者有所教。[①]

这种新的高尚道德思想，就是“天下为公”，不为己而利人的人格思想。

孙中山认为，就个人而言，不能仅仅追求自身利益，而应该更多地为他人谋求利益，即不能止于利己，而要更多地致力于利人，甚至在一定的条件下，可以为了维护他人的利益而自愿牺牲自己的利益。

> 重于利己者，每每出于害人亦有所不惜。此种思想发达，则聪明才力之人专用彼之才能，去夺取人家之利益，渐而积成专制之阶级，生出政治上之不平等。……重于利人者，每每至到牺牲自己亦乐而为之。此种思想发达，则聪明才力之专用彼之才能，以谋他人的幸福，渐而积成博爱之宗教慈善之事业。[②]

虽然这里所说政治上不平等现象的产生并不完全符合实际，但孙中山却是从“天下为公”的良好愿望出发，从塑造理想人格的角度，论证利己与利人这一伦理学的基本问题，要求人们以自我节制乃至自我牺牲的方式，处理利己与利人的矛盾。

由此出发，孙中山将“利人”解释为“替众人服务”的高尚道德情操。他在《世界道德的新潮流》的演说中指出，当代世界道德不断进步，在此潮流下，只有为国家、为社会、为人民服务，才是一种崭新的道德人格观：

> 现在文明进化的人类，觉悟起来，发生一种新道德，这种新道德就是有聪明才力的人，应该替众人来服务。这种替众人服务的新道德，就是世界道德的新潮流。[③]
>
> 聪明才力愈大者，当尽其能力而服千万人之务，造千万人之

---

① 孙中山：《在桂林对滇赣粤军的演说》，《孙中山全集》第 6 卷，中华书局 1985 年版，第 35～36 页。

② 孙中山：《三民主义·民权主义》，《孙中山全集》第 9 卷，中华书局 1986 年版，第298 页。

③ 孙中山：《在岭南大学黄花岗纪念会的演说》，《孙中山全集》第 10 卷，中华书局 1986 年版，第 156 页。

福。……所谓“巧者拙之奴”，就是这个道理。至于全无聪明才力者，亦当尽一己之能力，以服一人之务，造一人之福。[1]

孙中山塑造理想人格以利人思想代替“利己”思想，不是为了个人的私利，而是为了利人，并且将“利人”解释为“替众人服务”，即以“服务为目的”的人生观，代替“以夺取为目的”的人生观，也就是互助原则代替竞争原则，以人性代替兽性。这里，孙中山的“利人”人格思想观，比起严复、梁启超等人宣传的“开明自营”及“合理的利己主义”人格思想观要现实得多。后者的观点，实际上是将个人利益置于他人利益、群体利益之上，而前者则是把为民主革命的成功，为振兴中华、建设新社会而抛弃个人私利，甚至流血牺牲视为最高尚之道德和最完善之人格。可以说，孙中山认为，国家和民族的利益应该放在个人利益之上，个人利益应该服从国家利益。维护国家和社会的利益，还是维护个人利益，这是孙中山认定“人格”之塑造是否完善和人心善恶的基本准则。这在当时有着非常重要的革命现实主义意义。

孙中山提出：“天之生人虽然有聪明才力之不平等，但人心则必欲使之平等，斯为道德上之最高目的。”[2]人人都有政治权利人格尊严的平等愿望，而革命的目的就是推翻专制，主张民权，因此，“人之服务道德心发达，必可使之成为平等”[3]，人人各尽其能为社会服务，最高道德目的即实现了。为此，孙中山要求革命党人应立大志气，不可有小志气。“我们的土地广，人民多，中国人天生的聪明才力，比较西洋人、东洋人都要好得多。我们国家改造好了，中国强盛，还要驾乎他们之上。……要达到这种目的，便要大家有大志气，不可有小志气。个人升官发财是小志气，大家为国奋斗，造成世界上第一个好国家，才是大志气。”[4]他还

---

① 孙中山：《三民主义·民权主义》，《孙中山全集》第9卷，中华书局1986年版，第299页。
② 孙中山：《三民主义·民权主义》，《孙中山全集》第9卷，中华书局1986年版，第298页。
③ 孙中山：《三民主义·民权主义》，《孙中山全集》第9卷，中华书局1986年版，第298页。
④ 孙中山：《对驻广州滇军的演说》，《孙中山全集》第9卷，中华书局1986年版，第653～654页。

说:“我们要把革命做成功,便要从今天起立一个志愿,一生一世都不存升官发财的心理,只知道做救国救民的事业,实行三民主义和五权宪法;一心一意的来革命,才可以达到革命的目的。”[①]他还认为,年轻人应该立志做大事,只要替众人服务,为国家谋利,不论事业大小,把它“从头到尾,彻底做成功,便是大事”[②]。

孙中山指出,军阀政客们“全为自私自利,阴谋百出,诡诈恒施,廉耻丧尽,道德全无,真无可齿于人类者”[③]。他提倡舍身救国、为中国的前途和命运而奋斗的好道德,要求革命党人“去自私自利之心”,树立“公共心”,在集体中“互相劝勉,彼此身体力行”,这样培养成的高尚人格根本不同于封建官僚的低劣人格。他认为,树立了这种人格观,为革命事业英勇奋斗,像黄花岗七十二烈士那样,虽至牺牲生命,也在所不惜。他说,人都不免一死,“虽然均一死也,有泰山、鸿毛之别,若因革命而死,因改造新世界而死,则为死重于泰山”[④]。孙中山提倡“替众人服务”的人生观,顺应了当时革命需要,因而有重大进步意义。

孙中山论“人格”或“国格”,在道德观念上的核心就是一个“公”字。他抽掉了传统道德观念中誓死效忠皇权的封建意识,代之以为国为民奉献一切的新观念,力图在传统的“人格”与“国格”的范畴内,灌注新的内容,铸造出具有时代意义的“民族之魂”。他把这种崇高的“民族之魂”视作中华民族不可或缺的群体意识和文化心理,作为民主革命和民族独立的重要精神武器和道德规范,这充分显示出,他在继承传统道德的精华,为实现革命目标服务,重塑人格精神所达到的思想深度。

总之,孙中山根据中国革命实际,以自己的哲学和政治思想为基

---

① 孙中山:《在陆军军官学校开学典礼的演说》,《孙中山全集》第 10 卷,中华书局 1986 年版,第 293 页。

② 孙中山:《在广州岭南学生欢迎会的演说》,《孙中山全集》第 8 卷,中华书局 1986 年版,第535 页。

③ 孙中山:《八年今日》,《孙中山全集》第 5 卷,中华书局 1985 年版,第 132 页。

④ 孙中山:《在桂林对滇赣粤军的演说》,《孙中山全集》第 6 卷,中华书局 1985 年版,第 35 页。

础，沿用了传统道德的某些范畴和术语，同时又吸收西方先进的自由、平等、博爱等思想观念，创立了“三民主义”人格观，为中国的传统人格观增加了新内容。他不仅是20世纪新人格观的重要构想者，也是身体力行的实践者。

第三节　章太炎的革命独立人格观

章太炎（1869～1936），名炳麟，字枚叔，号太炎，浙江余杭人。青少年时期随国学大师俞樾学习经史，在经学、史学、文学领域有很深造诣。维新变法时期，受康有为“公车上书”鼓舞，到上海《时务报》宣传变法。在民主革命运动日益高涨期间，以及辛亥革命之后的一段时间内，他凭一枝利笔，用传统经学宣讲种族革命，并以此与改良主义论战，主张以佛学增进革命道德，提出了革命者所必须具备的道德品质，提出了实现个性解放和人格独立的要求，他的思想对推动清末民初的民主革命产生了广泛影响。

一、“俱分进化”——章太炎人格观的哲学基础

章太炎与近代其他思想家一样，在吸收近代自然科学知识基础上，形成了客观唯物的天地自然观，指出天地万物并非为人而有，人也非上帝所生，“夫非有上帝之造之，而物则自造之”[①]，也没有所谓鬼神灵魂，“精气相离而死，则神亦无存”，“夫焉有精化既离，而神识能独立者乎？”[②]另外，他反对谭嗣同将以太与仁相比附的说法，认为精神不可量度，而以太“有体”可以量度，不能相互比拟。

章太炎相信进化论，但反对斯宾塞将物竞天择原理机械地用于社会，赞同赫胥黎不将进化用于社会原理的观点，主张以心理和意识的观

① 章太炎：《菌说》，《章太炎全集》（八），上海人民出版社1994年版，第4页。

② 章太炎：《儒术真论》，《章太炎全集·太严文录补编》（上），上海人民出版社2017年版，第167～168页。

点来解释社会，强调社会另有不同于自然进化法则的社会意识和人道规则。

> 美人葛通哥斯(今译吉丁斯——引者注)之言曰，社会所始，在同类意识……属诸心理，不当以生理术语乱之。故葛氏自定其学，宗主执意，而宾旅夫物化，其于斯氏优矣。[①]

因此，章太炎认为进化论不是使社会健全、全民幸福的规律，社会心理和意识才是社会发展进步的动力。具体而言，他认为道德才是社会进步的动力，主张“用宗教发起信心，增进国民的道德”[②]，试图以宗教振兴道德，以大丈夫为天下法。所以，章太炎提倡以佛入地狱的道德精神以及众生平等的道德理想，批判封建传统儒家的“富贵利禄”，激发革命者的斗志。

与其他近代思想家一样，章太炎也非常重视精神力量的作用，指出“夫欲自强其国种者，不恃文学工艺，而惟恃其所有之精神”[③]，认为人的意志力可以改变所谓的“天命”，即“拨乱反正，不在天命之有无，而在人力之难易”[④]，因而他强调重视人群之力对革命的重要作用。

另外，章太炎认为，人类社会进化与动物进化不同，人是用工具和武器进行竞争，“人之相竞也，以器。……石也，铜也，铁也，则瞻地者以其力辨古今之期者也”[⑤]。他还根据荀子的“明分使群”提出，人之所以战胜动物，是因为人能合群，人通过合群而可抵御敌人，否则，难以自立自保，而合群就需要建立礼义法度来“明分”；并进一步指出，礼器原于

---

① 章太炎：《译〈社会学〉自序》，《章太炎全集·译文集》，上海人民出版社2015年版，第45页。

② 章太炎：《在东京留学生欢迎会上之讲演》，《章太炎全集·演讲集》，上海人民出版社2015年版，第4页。

③ 章太炎：《驳康有为论革命书》，《章太炎全集》(四)，上海人民出版社1985年版，第182页。

④ 章太炎：《驳康有为论革命书》，《章太炎全集》(四)，上海人民出版社1985年版，第179页。

⑤ 章太炎：《訄书·原变》，《章太炎全集》(三)，上海人民出版社1984年版，第27页。

兵器，礼制是人群进行竞争的工具，也遵循进化规律，“竞以器，竞以礼，昔之用者，皆今之无用者也。民无兽患，则狩苗可以废。社无鬼神，则朱丝、攻鼓可以息”[①]。即，一切法度礼仪也都遵循“用进废退”的法则。他针对康有为的《公羊》三世说提出，同一时代中的变化，不能说明社会的进化，社会进化是一个时代进化到另一个时代的革命，只有通过革命将旧的礼制、政俗彻底改造，社会才能进化。

章太炎不同意黑格尔的社会进化理论，提出了“俱分进化论”。黑格尔认为，自然和社会进化的终极目标“必达于尽美醇善之区”。他认为这种说法不对：

> 虽然，吾不谓进化之说非也。……若云进化终极，必能达于尽善醇善之区，则随举一事，无不可反唇相稽。彼不悟进化之所以为进化者，非由一方直进，而必由双方并进。专举一方，惟言智识进化可尔。若以道德言，则善亦进化，恶亦进化；若以生计言，则乐亦进化，苦亦进化。双方并进，如影之随形，如罔两之逐影。[②]

也就是说，章太炎认为，智识是一直在进化的，而随着智识的提高，人类为善为恶的能力，求幸福和避苦难的本能，都在同时增长。章太炎以其“俱分进化论”指出，西方的平等背后隐藏着巨大的贫富分化，文明的发展也带来了世界大战和道德败坏等反道德现象。

二、“善恶生于自利”——章太炎人格观的人性论之依据

从“俱分进化论”中，我们不难看出，章太炎主张人性是善恶并存的自然属性，而人类活动也是整个自然界运动变化的一个有机组成部分。人的自然属性，就是指人的生理和生活欲望，离不开人的生理器官，也少不了构成生理器官的各种物质元素，并用佛学原理将之解释为“生之

---

① 章太炎：《訄书·原变》，《章太炎全集》（三），上海人民出版社 1984 年版，第 27 页。

② 章太炎：《俱分进化论》，《章太炎全集》（四），上海人民出版社 1985 年版，第 386 页。

所以然者，是意根也”[①]。根据荀子和庄子的观点，他提出善恶也是人的社会属性，“是故内圣外王，无不托始于六根三欲；制为礼义，所以养欲给求，而为之度量分界”[②]，因此，人们的行为准则（诸如“内圣外王”之类）和道德规范（诸如“礼义”等），是调节和平衡人们生活和生理需要的“度量分界”。

章太炎认为，善与恶是相互依存的，“知耻”“重厚”“耿介”“必信”都是属于“善”的道德品质；反之，就是“恶”的。他根据洛克“人之精神，本为白纸”和培根“一切道德，皆始自利”这两个命题，形成了自己的善恶观：

> 夫善恶生于自利，而自利非善恶……自社会言之，则有善恶矣……此荀子所谓缘也。无善无恶，就内容言；有善有恶，就外交言，本无异议。[③]

章太炎同意洛克和培根性善起源的观点，否定任何先验于人心的善恶观，以社会整体利益阐明其革命人性论。后来，章太炎改变对培根的看法，站在革命的立场，批评功利主义，也是出于革命的需要。[④]

章太炎的“俱分进化论”，将自利性与社会性的结合，视为判断道德善恶的标准：符合个人利益的言行并不一定都是善的；道德的善与恶，必须从社会利益的角度来观察与鉴别。

> 自利性与社会性，形式则殊，究极则一。离社会性即无自利，离自利性亦无社会性。[⑤]

他还运用卢梭等人关于权利与义务相统一的思想，解释所谓自利性与

---

① 章太炎：《国故论衡》，《章太炎全集》（五），上海人民出版社 2018 年版，第 317 页。

② 章太炎：《菌说》，《章太炎全集》（八），上海人民出版社 1994 年版，第 8 页。

③ 章太炎：《〈菌说〉修改手稿选录》，《章太炎全集》（八），上海人民出版社 1994 年版，第 15 页。

④ 参见姜义华：《章太炎的人性论与近代中国人本主义的命途》，《复旦学报》（社会科学版）1985 年第 3 期。

⑤ 章太炎：《读佛典杂记》，《国粹学报》1905 年第 3 号。

社会性的关系。他主张个人利益应当有所节制，必须受到社会义务的约束，不能为了个人利益而损害社会的整体利益。他反复强调，只有自私性与社会性的统一与和谐，才能算作真正的“善”，任何利用自利性来排斥个人应尽的社会义务，否认利他的必要性，或者否认自利的合理性的行为，都应该归之于“恶”，正是这种善与恶的矛盾对立，推动了社会道德的发展。[①]

三、“依自不依他”——章太炎的个体自由与人格独立思想

从革命的现实要求出发，章太炎主张道德责任以意志自由为前提，提出了“依自不依他”之说。他提出，道德要自己做主，而不依赖于外在的他人，乃至鬼神的约束，因而反对社会对人的三种钳束，即人身的钳束、礼教的钳束及利禄的钳束。人身的钳束，指的是封建宗法制度规定的人身依附关系，这种封建伦理关系束缚了人的个性自由。礼教的钳束，是指封建礼教对人心的奴役，当时主要针对康有为保皇派的愚忠愚孝行为。利禄的钳束，正如前文所言，是指影响革命斗志的高贵利禄之心。他说，社会是由人群组成的，“群必以独成……大独，大群之母也”[②]，社会群体必须由个体组合而成，没有个体即不会有群体的存在。

当然，他倡导个性自由，也没有停留在西方极端个人主义层面。他批判封建宗法伦理扼杀人的个性，摧残人的性格，把个人变成家族、宗派、山头或地域等宗法关系的附属物，其结果是社会的分裂，出现许多各自独立的国中之“国”，破坏了炎黄子孙的凝聚力。所以，“小群，大群之贼也”[③]，因此，提出人格独立是孕育新的“大群”、新社会的母体和前提，把人的个性解放与社会解放有机地统一起来，强调个人的独立人格与群体的凝聚并不矛盾，“天下无纯粹之自由，亦无纯粹不自由”，没有个体，没有个性独立，就没有群体，就没有群体的独立与自由，反之

① 参见罗福惠：《章太炎道德论初探》，《江汉论坛》1982 年第 5 期。

② 章太炎：《訄书・明独》，《章太炎全集》(三)，上海人民出版社 1984 年版，第 54 页。

③ 章太炎：《訄书・明独》，《章太炎全集》(三)，上海人民出版社 1984 年版，第 54 页。

亦然。

在个人与社会的关系问题上，章太炎明显与孙中山不同，孙中山所说的“自由”与“平等”，并不归结为寻求个人的自由平等，而被解释为争取民族的自由平等，用自由与平等作为反帝反封建思想武器。章太炎“依自不依他”的独立人格，吸收了中国传统的“自贵其心，不援鬼神”的个体精神。

> 盖以支那德教，虽各殊途，而根原所在，悉归于一，曰“依自不依他”耳……虽虚实不同，拘通异状，而自贵心，不以鬼神为奥主，一也。[①]

中国各家学派传统人格精神，注重“内圣”的共同特质，被他一语道破。他虽批评孔子的富贵利禄之说，但肯定儒家的破鬼神之说：

> 孔氏之前，或有尊天敬鬼之说。孔氏而后……惟“依自不依他”一语。……昔无神之说，发于公孟；排天之论，起于刘、柳。以此知汉族心理，不好依他。[②]

他认为，佛教法相宗、禅宗以至明代王阳明心学，也都是主张“自尊无畏”，个体可以“排除生死、旁若无人。布衣麻鞋，径行独往，上无政党猥贱之操，下作懦夫奋矜之气，经此揭橥，庶于中国前途有益”，所以维持道德者，纯在依自，不在依他。[③]

章太炎的个体自由、人格独立主张，其实受费希特和尼采的影响也很深，他用佛学解释费希特的自我意识：

> 如吠息特（即费希特——引者注）之言曰：“由单一律观之，我惟是我；由矛盾律观之，我所谓我，即彼之他，我所谓他，即他之我；由充足律观之，无所谓他，即惟是我。”此以度脱众生为念者，不执

① 章太炎：《答铁铮》，《章太炎全集》（四），上海人民出版社1985年版，第369页。

② 章太炎：《答铁铮》，《章太炎全集》（四），上海人民出版社1985年版，第371～372页。

③ 参见章太炎：《答铁铮》，《章太炎全集》（四），上海人民出版社1985年版，第375页。

单一律中之我,而未尝尽断充足律中之我,则以随顺法性,人人自证有我,不得举依他幻有之性,而一时顿空之也。[1]

章太炎所阐明的个人“小我”与社会“大我”的关系,是立足于理性之“大我”的“厚自尊贵之风”。

总之,他不仅继承了中国传统伦理思想关于重社会、重国家的优秀因素,又吸取了西方近代伦理学说中主张个人自由、平等及个性独立的内容,并将两者有机结合起来。应该说,他对个人与社会相互关系的认识,超出了同时代其他思想家。

四、“重然诺,轻死生”——章太炎的理想人格追求

章太炎的理想人格,强调革命意志的作用,倡导凭坚强的意志力和坚持革命的原则性,反对与革命利益相违背的功利主义。

章太炎所倡导的理想人格,有一个突出的特点,就是具有非常强烈的民族主义。他将激发全国人民的爱国热情,“举一纲而众目张,惟排满为其先务”[2]。与其民族主义相一致,他认为,要用“国粹”——汉族的优秀传统文化教育国民,改造人格,增进国民道德。他认为道德决定国家与民族的兴亡,也决定政治革命和社会革命的成败,“道德衰亡诚亡国灭种之根极”[3]。因此,章太炎提出革命者应该具有高尚的道德情操,否则政治革命是不可能成功的,“道德堕废者,革命不成之原”[4],“今日之革命,惟有道德可以获胜”[5]。他认为,革命的道德就是人与人之间互助关系的扩大与升华,即人人为共同的理想而献身的崇高道德境界。

今日之革命,非为一己,而为中国。中国为人人所共有,而战

---

① 章太炎:《建立宗教论》,《章太炎全集》(四),上海人民出版社 1985 年版,第 415 页。
② 章太炎:《排满评议》,《章太炎全集》(四),上海人民出版社 1985 年版,第 270 页。
③ 章太炎:《革命道德说》,《章太炎全集》(四),上海人民出版社 1985 年版,第 277 页。
④ 章太炎:《革命道德说》,《章太炎全集》(四),上海人民出版社 1985 年版,第 284 页。
⑤ 章太炎:《革命道德说》,《章太炎全集》(四),上海人民出版社 1985 年版,第 279 页。

死亦人人所当有。[①]

他认为，牺牲自我，是对革命者的基本要求；要革命，要推翻道德腐朽、堕落的清王朝，就必须有不怕死的革命精神；无论官职大小，文化程度高低，都必须有为革命牺牲的精神。所以，他大力倡导“重然诺，轻死生”的理想人格追求。

关于“重然诺，轻死生”的人格观，章太炎还提出，革命者所必须具备的四种优良品德，即“知耻”“重厚”“耿介”和“必信”。所谓“重厚”，就是注重个人言行的敦实守信和个人品格的纯朴忠厚，革命者首先要自尊自爱，而后才能受到别人的尊重。所谓“耿介”，就是指革命者所应有的富贵不能淫、威武不能屈、刚直不阿的道德品质。所谓“必信”，就是“重然诺”，即树立崇高的革命信仰，“言必信，行必果”，为理想之实现而奋斗终生。

此外，他还提倡“用宗教发起信心”，即用佛学增进革命道德，增进革命斗志，认为“要有这种信仰，才得勇猛无畏，众志成城，方可干得事来”。他认为，信奉佛教不仅可以使革命者有不畏牺牲和勇猛无畏的道德品质，而且还可以消除儒家传统的富贵利禄的旧观念，完善革命者的道德境界，“若没有宗教，这道德必不能增进”[②]。章太炎利用并改造了佛教崇尚人们心力的思想，赋予其新的含义，将出世之佛变为入世之佛，激发强烈的革命意志，树立艰苦卓绝、勇猛无畏置生死于度外的牺牲精神。

章太炎虽然赞成洛克的白板说，认为人性善恶是后天产生的，但反对西方个人功利主义：

> 光复旧邦之为大义，被人征服之可鄙夷，此凡有人心者所共审。然明识利害、选择趋避之情，孔、老以来，以此习惯而成儒人之

① 章太炎：《革命道德说》，《章太炎全集》（四），上海人民出版社 1985 年版，第 279 页。

② 章太炎：《在东京留学生欢迎会上之讲演》，《章太炎全集·演讲集》，上海人民出版社 2015 年版，第 4 页。

> 天性久矣。会功利说盛行,其义乃益自固。则成败之见,常足以挠是非,诐辞遁说,吾不暇辩也。所辩者,成败之策耳。[①]

他强调,计较成败、得失、利害,趋利避害,会以种种借口牺牲民族革命的大义,而去照顾私我的小利;所以,革命者要严格要求自己,不可忽略"小德"和"私德",要做到"一芥不与,一芥不取",方可成就革命志士的道德,方可去从事革命大业。

章太炎认为儒家之重富贵利禄的思想,是实现其革命理想人格的障碍,"儒家之病,在以富贵利禄为心",并对孔子的中庸之德提出了批判,认为讲君子"时中""时伸""时绌",会带来苟且之心,对革命不利。

> 故道德不必求其是,理想亦不必求其是,惟期便于行事则可矣。用儒家之道德,故艰苦卓厉者绝无,而冒没奔竞者皆是。……用儒家之理想,故宗旨多在可否之间,论议止于函胡之地。……儒术之害,则在淆乱人之思想。此程、朱、陆、王诸家所以有权而无实也。[②]

当时,改良派认为,光绪帝乃是千载难逢的"圣主明君",必须加以保护。对此,章太炎却嗤之以鼻,认为封建礼教束缚了康有为的思想。他劝告康有为收起立宪保皇和礼教道德的说教,以免"名实俱丧,为天下笑"[③];不要再"苦心力学,约处终身",为了"湛心荣利",待价而沽。

他还认为,当时革命派中的一些人仍然"念念近于仕途",仍没有摆脱利禄的钳制,指出"俗谚有云'书中自有千钟粟',此儒家必至之弊。贯于征辟、科举、学校之世。而无乎不遍者也。"[④]因此,他谆谆告诫革命党人警惕孔教的"残害":

---

① 章太炎:《〈社会通诠〉商兑》,《章太炎全集》(四),上海人民出版社1985年版,第335页。

② 章太炎:《论诸子学》,《章太炎全集·演讲集》,上海人民出版社2015年版,第53页。

③ 章太炎:《驳康有为论革命书》,《章太炎全集》(四),上海人民出版社1985年版,第184页。

④ 章太炎:《论诸子学》,《章太炎全集·演讲集》,上海人民出版社2015年版,第53页。

> 孔教最大的污点，是使人不脱富贵利禄的思想。自汉武帝专尊孔教以后，这热衷于富贵利禄的人，总是日多一日。我们今日要想实行革命，提倡民权，若夹杂一点富贵利禄的心，就像微虫霉菌，可以残害全身。①

儒家讲中庸、权变，而革命不允许意志有丝毫动摇，所以，章太炎反孔批儒。其实，作为“有学问的革命家”，他清楚“俗儒”与真正儒家的区别，其批儒是消除封建礼教对人们思想毒害，强化革命斗志。这与当时严酷的社会现实有关，也是他于戊戌变法失败中总结出来的教训。章太炎认为，戊戌变法之所以失败，是由于勇于献身的谭嗣同、杨深秀这样人物太少，中国有革命道德的人太少，因此，必须注重培养和强化革命者坚强且坚定的意志。

总之，作为一代国学大师，章太炎激烈地批评中国传统伦理道德的某些陈腐内容，积极汲取西方思想，并整理祖国几千年的文化遗产，着眼于社会，倡导革命者的自由、平等和个性解放，在伦理道德和人格观建设上，提出了一系列富有开创性的见解和主张，并且身体力行，以勉励革命志士，增进革命道德，是中国近代人格观体系的重要构造者。

小 结

勇于赴死的马前卒
——辛亥革命志士佛墨无我人格的回光

20世纪初，由日侨出面在上海租界开办的《苏报》，聘请主张改革的章士钊为主笔。因其明确反对改良，宣传革命，在上海乃至全国颇有影响。章士钊因此结识了章太炎、张继和邹容，因意气相投，几人遂结拜

① 章太炎：《在东京留学生欢迎会上之演讲》，《章太炎全集·演讲集》，上海人民出版社2015年版，第5页。

为异姓兄弟。

1903年6月，《苏报》刊发介绍邹容《革命军》的文章，章太炎又写了反对保皇的《驳康有为论革命书》，痛斥皇帝和清政府，并推荐《革命军》为国民必读的第一教科书。为此，清政府照会上海租界当局表示抗议。7月7日《苏报》被查封，章太炎等人被逮捕。起初，邹容没有被抓住，但激于义愤，自动投案。第二年5月，章、邹分别被判处监禁三年和两年。这一事件，使《革命军》影响日盛，革命风潮更加高涨。这就是中国近代著名的“苏报案”。

清末思想界，曾出现一个值得注意的现象：当时一些思想家，非常注意墨家和佛学研究，并把它用作改革、变法维新或者革命的思想武器。近代早期改革思想的代表人物，如龚自珍、魏源均研究佛学，戊戌时期的维新派思想家康有为、梁启超、谭嗣同，也吸收佛学为其精神养分，梁启超在《新民丛报》上专门讨论墨子思想与平等精神；辛亥革命党人中，也有不少崇尚墨家的献身精神，也不乏如章太炎、黄宗仰、苏曼殊等信佛之士。

明清之际的思想启蒙运动，清中叶乾嘉之际到光绪年间的考据学，都关注墨家。随着诸子学研究的兴盛，墨家学说也成为学界热点。汪中于清中叶编成《墨子表微》，认可墨子积极救世精神。后来，孙诒让综合各家成果，撰成墨学研究名著——《墨子间诂》，其本人也深为墨家精神所感动，承继墨家“勇于振世救弊”精神，大力兴办教育与实业，为社会变革做出了贡献。他们的研究成果和做法，对后来的辛亥革命也产生了深刻的影响。①

清末，随着市民阶层社会的壮大，一些帮会、会党逐渐形成，成为平民运动的新兴力量。在改良派与革命派的宣传与鼓动下，墨家的革命精神与理想人格，为市民和小资产阶级阶层提供了摧毁旧文化的革命理论与精神支柱。以孙中山为首的资产阶级革命派，在早期的革命斗

---

① 参见沈韬：《略论墨学在清末民初繁兴之原因》，《怀化学院学报》2010年第9期。

争中，就充分利用洪门等会党组织。

> 洪门者，创设于明朝遗老……誓不臣清，舍生赴义……其传布思想，则以不平之心，复仇之事导之，此最易发常人之感情也……其固结团体，则以博爱施之，使彼此手足相顾、患难相扶，此最合夫江湖旅客、无家游子之需要也。而最终传以民族主义，以期达其反清复明之目的焉。[①]

孙中山不仅与会党人士郑士良交游甚密，甚至亲自加入洪门，成为“洪棍”(元帅)，以达到宣传和发动会党成员的目的。以小资产阶级为主的会党组织，最终成为革命前期的主要力量。他们在战斗中极富牺牲精神，践行墨家“赴火蹈刃，死不旋踵”的牺牲精神，并盛行舍身行刺的暗杀行为，“杀己以利天下”。辛亥革命前十余年的武装起义，基本上由会党组织为主干，“墨者精神”所释放出的巨大的人格力量，发挥了重要历史作用。

与孙中山的墨家情怀不同，章太炎更注重从佛学思想中吸纳鼓吹革命的精神力量，主张“用宗教发起信心，增进国民的道德”，用佛教的平等说进行反清排满革命。他在《民报》发表《建立宗教论》，认为“宗教之高下胜劣，不容先论，要以上不失真，下有益于生民之道德为其准的”，并在革命党刊物上大谈佛学。当然，章太炎发表的文章并不限于佛教，谈佛是要建立一种积极的革命人格观。章太炎在革命理论宣传上比孙中山、黄兴等人做得出色，与其吸收佛教思想有很大关系。[②]

辛亥革命时期，有些佛教人士，也积极参与革命。比较有名的人士有黄宗仰、苏曼殊、毕永年、栖云、铁禅等人。当时，上海、宁波的僧众，还组织僧军参加了革命军。

可以说，墨家和佛学的正义和献身精神，为当时实力尚小的小资产

---

① 孙中山：《建国方略》，《孙中山全集》第6卷，中华书局1985年版，第231～232页。

② 参见吴言生、刘峰：《禅宗思想对章太炎宗教观的影响》，《西南民族大学学报》(人文社会科学版)2013年第4期。

阶级革命，提供了强大的思想和精神力量。邹容与章太炎即是其中典型的代表。

邹容出生于商人世家，自幼聪颖，到十一岁时即能熟诵四书五经，《史记》《汉书》也可朗朗上口，而且通晓义利之辨，生在商家却没有沾染铜臭之气。天生好学的邹容通过宣传新思想的报刊，对进化论等改革思想产生了浓厚的兴趣，不想走功名之路。在应童子试时，年仅十二岁的邹容因对考题有看法，与主考官顶撞并罢考，被父亲打得皮开肉绽。从此，邹容在反叛权威的道路上，越走越远，非汤武而薄周孔，无所禁忌。

从人生阅历和学习经历来看，刚过弱冠之年的邹容，其向往革命和献身革命的忘我精神和反叛行为，应该是传统墨家人格的展现，是典型的侠客无我的道义担当人格，为天下不平事，亮剑献身，死不足惜。“苏报案”时，章太炎以“革命没有不流血的”为念，在学社静候被捕。在英国教士所藏身的邹容，得知章太炎静坐待捕，也毅然决定自投罗网，要与章太炎共患难。他们勇于入狱之无我牺牲精神，其实是一佛一墨，是有信仰追求上的差别的。

在狱中，两结义兄弟相互赋诗明志。章太炎赠诗邹容：

> 邹容吾小弟，被发下瀛洲。
> 快剪刀除辫，干牛肉作糇。
> 英雄一入狱，天地亦悲秋。
> 临命须掺手，乾坤只两头。

邹容也随即赋诗相和：

> 我兄章枚叔，忧国心如焚。
> 并世无知己，吾生苦不文。
> 一朝沦地狱，何日扫妖氛？
> 昨夜梦和尔，同兴革命军。

从两人的诗和中不难看出，章太炎天地开阔，悯天悲人；而邹容义薄云天，忧国除妖，虽皆慷慨高歌，但境界宽度差异还是非常明显的。

两个人把监房当作书房，苦中作乐，邹容虽然跟随章太炎学佛经和诸子百家，但是其侠义心境很难平静下来。其间，章太炎打算绝食自尽，以警示天下。在邹容苦苦哀劝下，才又进食，经七日而不死。章太炎多次受刑，而邹容因懂英语，还能少受折磨。但是，壮志未酬的忧愤和欲救义兄于水火的悲愤，这种国难与亲情交织的折磨，使刚烈的邹容终于病倒了，在他刑满出狱前两个多月，年仅二十岁的他像流星一样，发出耀眼的光芒之后陨落了。

邹容的死，得到了社会的极大关注，租界监狱也改善了管理。因此，章太炎能在狱中幸存下来，除了佛家的精神和人生的阅历，也得益于邹容去世后处境的改善。后来，章太炎以太史公之笔法，专门作《邹容传》。

由章太炎与邹容之经历可见，这些辛亥革命志士的人格观，不但是其思想主张，更是其行为指南。虽各人观点或有差异，但“无我”的革命精神是其共同的旨归。正是在一批批革命志士勇于赴死的推动和感召下，清末民初的民族民主革命才不断取得进展。

第五章　从“小我”走向“大我”
——五四运动时期个体自我人格观的形成

1919 年 4 月 24 日，时以私人身份在欧洲考察的梁启超得到了巴黎和会对中国十分不利的消息，立即发电报向国内如实报告情况，这封电报的内容发表在 5 月 2 日的《晨报》上。两天后，高呼着“外争国权，内惩国贼”口号的北京学生，就走上了街头，五四运动遂由此爆发。

五四运动是以青年学生为主，广大群众、市民、工商人士等阶层共同参与的彻底的反对帝国主义、封建主义的爱国运动，标志着中国人民对帝国主义由表面的感性认识进入到理性认识，对买办阶级和封建阶级旧政府不再抱有幻想，提出了“实行民族自决”和“组织新政府”的口号，是一次真正的群众运动，促进了马克思主义在中国的传播，成为无产阶级领导的新民主主义革命的开端。

五四运动弘扬了以爱国主义为主旋律的精神，陈独秀和胡适等人倡导科学与民主，激发自救、进步的个体主义人格精神，进一步促进了反帝反封建思想和公民意识的发展，与当时的复古思潮形成针锋相对的局面。

第一节　五四运动时期的个体人格观

辛亥革命之前，人们期待着通过革命诞生一个强有力的政权，取代软弱腐化的清政府。1912年2月12日，掌握清朝军权的袁世凯以优待条件迫使宣统帝退位，就任临时大总统，随后又开始不断地推进专制化，于1916年1月完成复辟帝制的活动，将诞生仅仅四年的中华民国变成了“中华帝国”。三年后，中国作为第一次世界大战的战胜国，国际地位不但没有提高，不平等条约也没有消除，反而加上了新的国耻——德国在山东省持有的特权转给了日本。蔡元培、陈独秀和胡适等知识分子认识到，仅仅通过政治革命不能从根本上改变中国，必须改变旧文化所支持的旧的价值观和行为模式，中国才能有希望，遂发起了新文化运动。

一、人生观的科玄论战

陈独秀和胡适等人以“科学”与“民主”倡导追求个体自由的民主精神，反对封建权力或权威的压制，打破封建迷信，张扬理性，追求真理，树立科学的世界观与人生观，解放中国人的自主性和创造性。从此，“科学”成为众多中国人的世界观与方法论的标准。胡适在《科学与人生观》序言中对当时这一现象发表了非常生动的评论：

> 这三十年来，有一个名词在国内几乎做到了无上尊严的地位，无论懂与不懂的人，无论守旧和维新的人，都不敢公然对他表示轻视或戏侮的态度。那个名词就是“科学”，这样几乎全国一致的崇信，究竟有无价值，那是另一问题。我们至少可以说，自从中国讲变法维新以来，没有一个自命为新人物的人敢公然毁谤“科学”的。①

第一次世界大战暴露了资本主义制度的弊端，以梁启超为代表的中国知识分子认为，科学和工业文明虽然改变了欧洲的物质生活形态，却把人的信仰和灵魂弄丢了，人类听从机器的摆布，失去了生活本有的

① 张君劢、丁文江等：《科学与人生观》，山东人民出版社1997年版，序言第10页。

乐趣与价值。梁启超欧洲游历归来后，在《欧洲心影录》中提出了自己的担忧，中国人继续向西方学习，相信科学万能，也会像西方一样走向毁灭。梁漱溟也于1921年发表了《东西文化及其哲学》一书，公开表明：我们应该走回东方，发现和寻找中国传统文化的现代价值，重建中国伦理社会，以东方文化的精神文明，去矫正西方文化物质文明之弊端。这些思想观点，反映出中国人已经觉悟到西方文明无法全面移植，要建立一种全新的、符合自身传统特点的社会制度。但是，他们两人的言论也引起科学崇拜者们的不满。

在此背景之下，一场辩论在所难免，这就是20世纪20年代发生在中国思想文化领域的“科学与玄学的论战”。这场论战虽然已过去近百年，但其论战的焦点问题，至今仍是值得继续深入思考和研究的课题。非常令人意外的是，这场“科玄论战”是由两个好朋友的辩论开始的，他们是江苏同乡，且年龄相同。

张君劢(1887～1969)，江苏宝山(今属上海市宝山区)人，曾留学日本和德国学习政治经济与哲学。1910年，张君劢从日本启程回国后参加了学部考试，成为中国末代翰林。随后，他积极参加了反封建活动，为暂避袁世凯的迫害，在梁启超的安排下，于1913年取道俄国赴德入柏林大学攻读政治学博士学位。期间他对德国著名生命哲学家欧肯(Rudorf Eucken)的思想产生了浓厚兴趣，发现其“精神生活哲学”与孔子思想有相合之处，只是孔子为“抽象之论”，欧氏“则有科学根据”，据此，他找到了西方科学与中国文化结合点。张君劢由此感受到，既要让科学造福落后的祖国，又能坚守重视人际和谐关系的优良传统，才是中国的现代化之路。所以，他毕生奉行德与智并重的哲学思想。[①]

丁文江(1887～1936)，江苏泰兴人，1902年秋东渡日本，曾与反清的留学生“谈革命，写文章”，后到英国学习地质学，于1911年从英国格拉斯哥大学毕业回国，成为中国地质事业奠基人。经过7年的留学生

① 参见叶介甫：《沉浮于学术与政治之间的张君劢》，《档案天地》2014年第3期。

涯,他养成了现代科学家的思维方式,非常认可宋应星和徐霞客等古人不迷信古书而重观察现象的研究方法,称赞他们“为了追求真知和达到精神上的满足,风餐露宿,废寝忘食,这正是文艺复兴精神的体现”。作为“五四”时期的知识分子,丁文江也在期待着中国的文艺复兴,希望中国政治经济尽快进入现代化的时代潮流。①

张君劢和丁文江两人既同乡又同庚,一位哲学家,一位科学家,在北京期间成为过往甚密的好友,并一同随梁启超考察过欧洲,为贫弱的中国尽快走上现代化之路共同思考和努力着。但是,两个人却因1923年的一场讲演成了论敌。

张君劢于1923年2月4日陪同德国哲学家杜里舒(Hans Driesch,1867～1941)在北京讲学,并临时应著名学者吴文藻之邀,为即将出国留学的清华学生作了一场有关“人生观”的演讲。张君劢认为,人生观问题是“天下古今之最不统一者”,不可能像科学那样简单的统一不变。他根据奥伊肯精神生活哲学的观点,说明科学并非万能,天下的事并非都受科学因果律的支配。

> 人生观之特点所在,曰主观的,曰直觉的,曰综合的,曰自由意志的,曰单一的……人生观问题之解决,绝非科学所能为力,惟赖诸人类之自身而已。②
>
> 科学为因果律所支配,而人生观则为自由意志的。……科学起于对象之相同现象,而人生观起于人格之单一性。③

张君劢从康德的认识论哲学层面强调了科学与人生观属于两个世界,科学只能在客观的物质世界里起作用,而在人的精神领域里科学是无能为力的,由此指出,科学的逻辑方法和因果律都不能施用于人生问

---

① 参见唐博:《地质巨擘丁文江的百变人生》,《地图》2011年第1期。

② 张君劢:《人生观》,张君劢、丁文江等:《科学与人生观》,山东人民出版社1997年版,第38页。

③ 张君劢:《人生观》,张君劢、丁文江等:《科学与人生观》,山东人民出版社1997年版,第37页。

题。这次演讲的文字后来刊登在了《清华周刊》上。张君劢的观点，在今天看来已经并不令人感到吃惊。但是在当时西方科学与民主思想比较狂热的情形下，却无意中成了点燃再次狂轰传统文化的导火索。

丁文江看到该文后，以其对科学价值的崇尚，认为这是在误导青年，怒不可遏，遂发表《玄学与科学——评张君劢的〈人生观〉》和《玄学与科学——答张君劢》等文章，指出科学方法是万能的，有问题的是当时的政治家和教育家。

> 科学不但无所谓向外，而且是教育同修养最好的工具，因为天天求真理，时时想破除成见，不但使学科学的人有求真理的能力，而且有爱真理的诚心。无论遇见甚么事，都能平心静气去分析研究，从复杂中求单简，从紊乱中求秩序；拿论理来训练他的意想，而意想力愈增；用经验来指示他的直觉，而直觉力愈活。了然于宇宙生物心理种种的关系，才能够真知道生活的乐趣。这种“活泼泼地”心境，只有拿望远镜仰察过天空的虚漠，用显微镜俯视过生物的幽微的人，方能参领得透彻，又岂是枯坐谈禅，妄言玄理的人所能梦见。①

随后，张君劢与丁文江互相反击，并将梁启超、胡适、陈独秀等 20 多位知识界精英人物都卷入到了这场论战中。所谓的“科玄论战”或“人生观论战”就这样形成了，一直延续 1924 年年底才算基本结束，共历时近两年之久。当时，受社会整体科学倾向思潮的影响，人们感觉“科学派”占了上风，取得了胜利。其实，双方在论辩中都走向了各自观点的极端，最终谁也没有被说服。

值得一提的是，作为科学家的丁文江在这场辩论后，依然从事地质事业开创性的勘探工作。但是，在 1935 年他又发了一次火，针对有人以三十年前封建没落的观点贬低和指责青年的情况，站出来为青年人

---

① 丁文江：《玄学与科学——评张君劢的〈人生观〉》，张君劢、丁文江等：《科学与人生观》，山东人民出版社 1997 年版，第 53～54 页。

说话，认为“现在的青年家族的道德观念比过去的青年淡薄，但是对社会和事业的责任心则只有增加，没有减少”。[①] 非常惋惜的是，次年初，他在湖南谭家山煤矿考察时，因煤气中毒逝世。而张君劢的一生则“徘徊于学术与政治之间”，充满着矛盾：曾因不满于国民党的一党独裁而与周恩来等共产党人交友论道，但最后又支持蒋介石反共内战政策。离开大陆后，以新儒家学者自居，致力于儒家文化研究与著述。1958 年元旦，他与唐君毅、牟宗三、徐复观联名发表《为中国文化敬告世界人士宣言》。晚年，他拒绝国民党的资助，仅靠稿费与少量养老金维持清苦生活至终老。[②]

科玄论战的问题，用今天的话来讲，就是科学与文化关系的问题，也是如何处理西方文化与中华传统文化关系的问题。这也是当今仍然在学界和社会实践中被不断思考和矫正的问题，也是我们当下和今后在弘扬中华优秀传统文化的过程中，在坚持社会主义核心价值观的前提下，应该始终认真思考和对待的问题。

二、个人主义人生观

五四运动一个重要的反传统主题就是突破礼教束缚。戊戌变法期间，虽然谭嗣同在《仁学》里提出了“冲决网罗”，发出了冲破纲常礼教对人的压制的呼声，希望建立一个人身自由的全新的社会，但是并没有引起太大影响。

胡适在“五四”时期明确主张个人主义，表面上是易卜生式的，以西方古典的个人主义为基础，注重西方自由主义中的契约观念（人与国家的关系），强调个人的自由为第一位。他提出，人若没有自由，那么，人与国家之间的契约便失去了意义，并以此来对抗当时马克思主义以及国民党的集体主义的思潮。他在《介绍我自己的思想》中写道：“个人若

---

① 参见谷小水：《读书还是救国——试析丁文江的青年观》，《社会科学研究》2005 年第 1 期。

② 参见唐博：《地质巨擘丁文江的百变人生》，《地图》2011 年第 1 期。

没自由，国家也不会有自由；一个强大的国家不是由一群奴隶所能造成的。”[①]后来，他虽然仍在强调，个人主义是自己救自己，但是将救自己的目的转向了更好地服务于社会。其实，这还是宋明理学式的从“为己”到“为人”的转换，而不是西方式的、孤零零的个人，从“小我”的存在到“大我”的依归，“小我”必须在以“大我”为目的的前提下才有意义。

李大钊基于唯物主义宇宙观，提出自我的实现与时代潮流是一体的。

> 大实在的瀑流永远由无始的实在向无终的实在奔流。吾人的“我”，吾人的生命，也永远合所有生活上的潮流，随着大实在的奔流，以为扩大，以为继续，以为进转，以为发展，故实在即动力，生命即流转。[②]

他认为：“青年者，人生之王，人生之春，人生之华也。”[③]号召青年要重视今日的“我”，张扬人的主观能动性的“我”，与时代发展相融合的“我”。

> 吾人在世，不可厌“今”而徒思“过去”，梦想“将来”，以耗误“现在”的努力。又不可以“今”境自足，毫不拿出“现在”的努力，谋“将来”的发展。宜善用“今”，以努力为“将来”之创造。由“今”所造的功德罪孽，永久不灭。故人生本务，在随实在之进行，为后人造大功德，供永远的“我”享受，扩张，传袭，至无穷极，以达“宇宙即我，我即宇宙”之究竟。[④]

陈独秀认为在实现民主共和的政治进程中，需要塑造和培养具有新的人格道德素质的人。他提出，要破除以“三纲”为中心的封建伦理道德和人生观。

---

① 胡适：《介绍我自己的思想》，欧阳哲生编：《胡适文集》第 5 册，北京大学出版社 1998 年版，第 511 页。

② 李大钊：《“今”》，《李大钊文集》上册，人民出版社 1984 年版，第 534 页。

③ 李大钊：《“晨钟”之使命》，《李大钊文集》上册，人民出版社 1984 年版，第 179 页。

④ 李大钊：《“今”》，《李大钊文集》上册，人民出版社 1984 年版，第 535 页。

> 孔子生长封建时代，所提倡之道德，封建时代之道德也；所垂示之礼教，即生活状态，封建时代之礼教，封建时代之生活状态也；所主张之政治，封建时代之政治也。封建时代之道德、礼教、生活、政治，所心营目注，其范围不越少数君主贵族之权利与名誉，与多数国民之幸福无与焉。①

陈独秀认为，“三纲”的实质是“片面之义务，不平等之道德，阶级尊卑之制度”②，“三纲之根本义，阶级制度是也。所谓名教，所谓礼教，皆以拥护此别尊卑明贵贱制度者也”，从而“率天下之男女，为臣，为子，为妻，而不见有一独立自主之人者，三纲之说为之也”，“推己及人之主人道德，而为以己属人之奴隶道德也”。③

关于与传统观念相冲突的个人经济独立问题，陈独秀认为，这是个人作为主体取得人格的重要前提。

> 现代生活，以经济为之命脉，而个人独立主义，乃为经济学生产之大则，其影响遂及于伦理学。故现代伦理学上之个人人格独立，与经济学上之个人财产独立，互相证明，其说遂至不可摇动；而社会风纪，物质文明，因此大进。……西洋个人独立主义，乃兼伦理经济二者而言，尤以经济上个人独立主义为之根本也。④

因此，陈独秀认为，新青年在思想观念和经济基础上，都要保证人格的独立，进行自我解放和自我革命，才能担当时代重任。

> 吾人首当一新其心血，以新人格，以新国家，以新社会，以新家庭，以新民族。必迨民族更新，吾人之愿始偿，吾人始有与晰族周旋之价值，吾人始有食息此大地一隅之资格。青年必怀此希望，始

---

① 陈独秀：《孔子之道与现代生活》，《独秀文存》，安徽人民出版社 1987 年版，第 85 页。

② 陈独秀：《宪法与孔教》，《独秀文存》，安徽人民出版社 1987 年版，第 77 页。

③ 陈独秀：《一九一六年》，《独秀文存》，安徽人民出版社 1987 年版，第 34～35 页。

④ 陈独秀：《孔子之道与现代生活》，《独秀文存》，安徽人民出版社 1987 年版，第 82～83 页。

克称其为青年而非老年。①

陈独秀早年站在爱国主义立场，坚信有智识、有毅力的个人对于社会进化的贡献，注重独立、自由和担当社会责任的个人人格的发展，将重建国家的希望由“国民”到“新青年”；最后则将革命的成功系于无产阶级“劳动者”的觉悟。其人格观，实现了从重视个人内在的觉醒和自我改造，转向经由团体和组织向外改造客观制度和结构的演变，以争取更多人的真正幸福与自由。②

“五四”时期，尽管思想界和文学界倡导个性解放与个人自主，但是社会关注的主要还是救亡图存的问题，“个人”或“自我”在中西文化传统中的异同问题没有深入展开反思，重在考虑“大我”，无法顾及“小我”及个人主观的意愿等更深层问题。“科玄论战”中以丁文江、胡适为代表的一派，用科学态度来统一人生观，明显占有优势；而张君劢等人对人生问题和人生的意义，人性里面超越“小我”问题，也没能耐心地深入思考。陈独秀从重视个人内在的觉醒和自我改造，转向坚持个人经由团体和组织向外改造客观制度和结构的演变，呈现出近代中国“转向自我”思维模式的另一具体面貌。③

三、无产阶级人格思想的曙光

1918年11月，第一次世界大战以德国投降结束，中国作为战胜国之一，难得在世界面前扬眉吐气一次，全国上下沉浸在欢呼世界“公理之胜利”的欢庆气氛之中。美国总统威尔逊发表了民族自决的“十四点”原则，为人们展示了对战后世界的诱人构想，好像美丽的“普世公理”新世界就要来临。但是，1919年1月的巴黎和会，中国代表团提出

---

① 陈独秀：《一九一六年》，《独秀文存》，安徽人民出版社1987年版，第33页。

② 参见杨贞德：《转向自我：近代中国政治思想上的个人》，三联书店2012年版，第34页。

③ 参见杨贞德：《转向自我：近代中国政治思想上的个人》，三联书店2012年版，第206页。

取消日本“对华二十一条”和废除不平等条约，以及期待修正鸦片战争以来中国所蒙受的种种不平等关系的愿望，都落空了。人们认识到，正在筹组中的所谓的“国际联盟”不过是帝国主义相互利用的没有所谓“公理”的组织，根本不会考虑中国的感受和利益，中国只是他们的逐利场。陈独秀等思想家，对西方列强所谓的“普世价值”和“世界公理”彻底失望了，遂放弃了用西方资产阶级文化改造中国人和中国社会的幻想。

1919年7月，苏俄政府发表第一次《加拉罕宣言》，宣告取消沙俄帝国对中国的种种不平等条约，内容包括放弃庚子赔款，归还侵占的土地，放弃领事裁判权，等等。这些内容，是中国人在巴黎和会上争取不到的，却将要被主动归还给中国。①

俄国的无产阶级革命，使李大钊和陈独秀等人看到了实现社会平等的可能性，随即对指导俄国革命的马克思主义开始关注，从而认识到，唤醒广大无产阶级改造旧世界的觉悟，才是中国的出路。

李大钊认为这是人类历史的新纪元：

> 人生最有趣味的事情，就是送旧迎新，因为人类最高的欲求，是在时时创造新生活。
>
> 现在的时代又是人类生活中的新纪元，所以我们要欢欣庆祝。
>
> 一个人的一生，包含无数的新纪元，才算能完成他的崇高的生活。人类全体的历史，联结无数的新纪元，才算能贯达这人类伟大的使命。②

李大钊以马克思主义世界观，走出了近代知识分子照搬西方资产

① 1923年12月加拉罕以华俄通讯社的名义，重新发布1919年和1920年苏俄政府两次对华宣言的译文，删去了1919年第一次对华宣言中无偿归还中东铁路及其附属产业的一段文字，并照会中国北洋政府外交部，要求以其修改后的文本为准。此举当然引起了不小的争议，但似乎中方的不满并未取得什么效果。参见唐启华：《1924年〈中俄协定〉与中俄旧约废止问题——以〈密件议定书〉为中心的探讨》，《近代史研究》2006年第3期。

② 李大钊：《新纪元》，《李大钊文集》上册，人民出版社1984年版，第606页。

阶级社会及人生理论的误区，阐发了他所理解的“平民主义”思想：

> 我们中国是一个农国，大多数的劳工阶级就是农民。他们若是不解放，就是我们国民全体不解放，他们的苦痛，就是我们国民全体的苦痛；他们的愚暗，就是我们国民全体的愚暗；他们生活的利病，就是我们政治全体的利病。①

他以解放人自身的平民民主政治观，为当时的青年指明了一个前所未有的全新方向，以区别于中国传统和近代资产阶级的人格思想，鼓励青年从具体的实践出发，思考中国的现状与未来：

> 把现代的新文明，从根底输入到社会里面，非把知识阶级与劳工阶级打成一气不可。②
>
> 此则愿吾侪问题中人，速壮励其气力，作来者之前驱，以有用之才，开自然之利，为国民生活辟一新径路。③

新文化运动两个主要派别从此出现了明显的分化：承认帝国主义的侵略是中国贫穷落后的一个主要原因，因而接受马克思主义为政治上和学术上的指导思想，这一派即是新文化运动的左翼；而不承认和不接受的一派即是新文化运动的右翼。④

第二节　胡适的个人主义人格观

胡适(1891～1962)，安徽绩溪人，曾用名嗣糜，字希疆，学名洪骍，后改名适，字适之，中国著名思想家、文学家、哲学家，中国传播实用主义哲学的第一人，用现代研究方法撰写了第一部中国哲学史，以倡导“白话文”和领导新文化运动闻名于世。

---

① 李大钊：《青年与农村》，《李大钊文集》上册，人民出版社 1984 年版，第 648～649 页。
② 李大钊：《青年与农村》，《李大钊文集》上册，人民出版社 1984 年版，第 648 页。
③ 李大钊：《学生问题》(二)，《李大钊文集》上册，人民出版社 1984 年版，第 432 页。
④ 参见冯友兰：《中国现代哲学史》，广东人民出版社 1999 年版，第 62 页。

胡适在哲学上的成就，主要是将实用主义哲学及其方法论介绍到中国，并以其为阐释和研究中国传统文化主要工具，形成了富有个人和中国特色的现代学术方法论，撰写了第一部中国哲学史，对中国现当代哲学发生和发展作出了突出贡献。

一、“真理即假设”——胡适的实用主义真理观

1910 年，19 岁的胡适考取了庚子赔款官费留学生，选择了不收学费的康奈尔大学附设的纽约州立农学院，后因着实没有兴趣，交了罚款转入文理学院，其间对欧洲哲学和英国文学、政治学进行了广泛涉猎。1915 年，他又到哥伦比亚大学，师从杜威学习哲学。

（一）从进化论到实用主义

美国实用主义的第一代哲学家皮尔士，将适者生存的原则引申到哲学观念上；第二代的代表式人物詹姆士，也强调观念的适应与否是决定其有无意义的标准。比如，詹姆士通过进化论中的适应性与选择性，将人格神特点的上帝否定了，认可实证主义的形而上学。

> 自从达尔文主义把设计论的论点从科学的头脑里永远驱逐了出去以来，有神论就失去了那个立足点；因此如果说是有神的话，我们现代想象中所指的是一种内在论的神和泛神论的神，在事物内部起作用，而不是在事物之上作主宰。尽管旧的二元论的有神论还有许多能干的辩护人，可是想望具有哲学性质的宗教的人，现在往往满怀希望地趋向唯心主义的泛神论而不趋向那旧的二元论的有神论。①
>
> （实用主义）方法的全盘胜利，意味着我上回讲演中说的哲学“气质”的巨大改变。极端理性主义的导师一定会被排斥，正如朝臣式的官僚在共和国中会被排斥那样，又如主张教皇有绝对权力的神父在基督教国家中会被排斥那样。这样，科学与形而上学就

① ［美］威廉·詹姆士：《实用主义》，陈羽纶、孙瑞禾译，商务印书馆 1979 年版，第39 页。

会更接近，就会在事实上完全携手并进了。[①]

胡适在出国前已经接受了社会进化论思想，到美国学习哲学时，实用主义哲学的进化论背景让他感到非常亲切。在国内，进化论让胡适改变了世界观，摆脱了"朝臣式的官僚"的思想统治；在跟杜威学习哲学期间，胡适又形成了终生坚守的"科学与形而上学"一体化的实用主义哲学真理观。

> 实验主义绝不承认我们所谓真理就是永远不变的天理；他只承认一切真理都是应用的假设；假设的真不真，全靠他能不能发生他所应该发生的效果。[②]

古代的西方和中国，都认为世界是固定不变、永恒如此的，那么，真理一经产生便永无变更的余地，只不过真理的权威和标准不同罢了。进化论学说打破了上帝的权威，世界是变化的，是在不断进化的，因此，真理也是不断变迁的。当下的真理，只是假设应用于变迁的现实所产生的效果。

> 万一明天发生他种事实，从前的观念不适用了，他就不是"真理"了，我们就该去找别的真理来代他。[③]

受进化论和实用主义哲学影响，胡适对于知识的真理性持相对论的观点。他认为，包括科学知识在内的各种知识，仅仅是应付环境的工具，是人主观虚构出来的说法。因此，能够使应付环境的主观目的收到"效果"的，就叫作真理，否则就是谬误。

> 赫胥黎教我怎样怀疑，教我不信任一切没有充分证据的东西。

① [美]威廉·詹姆士：《实用主义》，陈羽纶、孙瑞禾译，商务印书馆1979年版，第29页。

② 胡适：《实验主义》，欧阳哲生编：《胡适文集》第2册，北京大学出版社1998年版，第210页。

③ 胡适：《实验主义》，欧阳哲生编：《胡适文集》第2册，北京大学出版社1998年版，第223页。

杜威先生教我怎样思想，教我处处顾到我们当前的问题，教我把一切理想学说都当成待证的假设，教我处处顾到思想的结果。这两个人使我明了科学的性质与功用。[①]

实验主义从达尔文主义出发，故只能承认一点一滴的不断的改进是真实可靠的进化。[②]

（二）大胆假设小心求证

胡适将实用主义称为"实验主义"，不仅将之视为解释万物的世界观，还将之奉为解决问题的方法论，并提出了"科学实验室的态度"。他认为，达尔文进化论学说的科学演化世界观，之所以能够替代宗教的创世世界观，是因为达尔文坚持"有一分证据说一分话"。

严格地不信任一切没有充分证据的东西。[③]

存疑主义是一种思想方法，他的要点在于注重证据。对于一切迷信，一切传统，他只有一个作战的武器，是拿证据来。[④]

与近代其他学者相比，胡适的实用主义"科学实验室态度"，使他较早地认识到科学的有限性，科学规律也是人的发明，是能用事实来验证的。因此，他主张引进外来理论和研究传统文化，都要坚持这种科学态度，要回到历史的具体事实和人物背景中去考察和认证，这就是他所坚持的"历史的态度"：

到了实验主义一派的哲学家，方才把达尔文一派的进化观念拿到哲学上来应用；拿来批评哲学上的问题，拿来讨论真理，拿来

① 胡适：《介绍我自己的思想》，胡适：《中国人的人格》，中国工人出版社 2013 年版，第 116 页。

② 胡适：《介绍我自己的思想》，胡适：《胡适论学近著》，山东人民出版社 1998 年版，第 496～497 页。

③ 胡适：《五十年来之世界哲学》，欧阳哲生编：《胡适文集》第 3 册，北京大学出版社 1998 年版，第 276 页。

④ 胡适：《五十年来之世界哲学》，欧阳哲生编：《胡适文集》第 3 册，北京大学出版社 1998 年版，第282 页。

> 研究道德。进化观念在哲学上应用的结果,便发生了一种“历史的态度”(The genetic method)。怎么叫作“历史的态度”呢?这就是要研究事物如何发生,怎样来的,怎样变到现在的样子,这就是“历史的态度”。[①]

胡适的这种“历史的态度”也是基于进化论,认为任何事物的发展结果背后都有其特定的环境原因,不是孤立的,是相互作用、适应与选择的结果。

凡对于每一种事物制度,总想寻出他的前因与后果,不把他当作一种来无踪去无影的孤立东西。[②] 具体地说,就是要注意三点:第一,输入学说时要注意产生这种学说的时势情形;第二,要注意论主的生平事迹和他所接受的学术渊源;第三,还要注意那种学说所产生的效果。[③]

> 把三千年来支离破碎的古学,用科学方法作一番有系统的整理。[④]

胡适提出哲学史有三个目的:一是明变,“哲学史第一要务,在于使读者知道古今思想沿革变迁的线索”;二是求因,“哲学史的目的……还要寻找出这些沿革变迁的原因”;三是评判,“还须要使学者知道各家学说的价值”。[⑤]

胡适强调解释历史,要注重学术观点与哲学思想的产生过程,明确了历史方法的两个环节:明变和求因。明变是把握事物、思想之间的历

---

① 胡适:《实验主义》,欧阳哲生编:《胡适文集》第 2 册,北京大学出版社 1998 年版,第 212 页。

② 参见蔡志栋:《实验主义方法论与进化论:胡适的探索》,《衡水学院学报》2017 年第 3 期。

③ 参见蔡志栋:《实验主义方法论与进化论:胡适的探索》,《衡水学院学报》2017 年第 3 期。

④ 胡适:《胡适口述自传》,欧阳哲生编:《胡适文集》第 1 册,北京大学出版社 1998 年版,第 371 页。

⑤ 胡适:《中国古代哲学史》,欧阳哲生编:《胡适文集》第 6 册,北京大学出版社 1998 年版,第 662 页。

史联系；求因是探明事物、思想沿革变迁的原因，要考察三个“不同”：个人才性不同，所处的时势不同，以及所受的思想学术渊源不同。

胡适的这种态度影响了当时及随后的学术运动，“用历史演进的见解来观察历史上的传说”成为重要的研究方法。他在评价顾颉刚的学术特点时，对此大加肯定与赞赏：

> 这是顾先生这一次讨论古史的根本见解，也就是他的根本方法。……他这个根本方法观念是颠扑不破的，他这个根本方法是愈用愈见功效的。[①]

胡适运用实用主义方法论，注重“历史的态度”，撰写了我国第一本中国哲学史。在该书的导言中，他通过阐述哲学研究的方法论，提出了整理国故的方法在于“明变”“求因”和“评判”。胡适将这种方法称为“祖孙的方法”。

二、“有容忍才有自由”——自由主义政治思想

胡适留学七年归来，看到自己的祖国几乎没有什么变化，社会风气的沉闷与国力的积弱也没有向好的势头，当时的整个中国社会，思想停滞，谄媚和怨愤的情绪形成鲜明对比。因此，他认为，中国要改革和发展，首要的就是给人们以思想的自由，鼓励人们去自由地思想，才能激活社会发展的动力。

（一）两种“自由”的比较

> 现在要讲思想自由了，从前的弊端既在于不思想，或没有深的思想，那末纠正之道便是思想之，而思想自由就是鼓励思想的最好方法。无论古今中外：凡思想可以自由发表，言论不受限制的时候，学术就能进步，社会就能向上，反之则学术必要晦塞，社会必要

① 胡适：《古史讨论的读后感》，欧阳哲生编：《胡适文集》第3册，北京大学出版社1998年版，第82页。

退化。现在中国事事有待于建设，对于思想应当竭力鼓励之，决不可加以压抑。因为今日没有思想的自由，结果就没有真正的思想，有之则为：（一）谄媚阿谀的思想，（二）牢骚怨愤的思想。这两种思想，是只能破坏，不能建设的。总之，思想如同技术，非经过锻炼不可，没有思想自由，就没有思想革命，没有思想革命，就无从建设一切。就（即）使有了建设，也只是建在沙土之上，决无永久存在之理。[①]

如从历史上看，一切文化都向前进，而自由正是前进的原动力，有学术思想自由、言论自由、出版自由，才有不断的新科学、新文化出来。[②]

胡适并不否认中国的文化中也有自由的传统，只是中国传统的自由精神没有社会制度来保障。

据我的拙见，自由主义就是人类历史上那个提倡自由，崇拜自由，争取自由，充实并推广自由的大运动。“自由”在中国古文里的意思是：“由于自己”，就是不由于外力，是“自己作主”。在欧洲文字里，“自由”含有“解放”之意，是从外力裁制之下解放出来，才能“自己作主”。

……这三百年的汉学运动，也是一种争取宗教自由思想自由的运动。汉学是抬出汉朝的书做招牌，来掩护一个批评宋学的大运动，这就等于欧洲人抬出圣经来反对教会的权威。

但是东方自由主义运动始终没有抓住政治自由的特殊重要性，所以始终没有走上建设民主政治的路子。西方的自由主义绝大贡献正在这一点，他们觉悟到只有民主的政治方才能够保障人

① 胡适：《思想革命与思想自由》，胡适：《中国人的人格》，中国工人出版社 2013 年版，第 48 页。

② 胡适：《当前中国文化问题》，胡适：《中国人的人格》，中国工人出版社 2013 年版，第 54 页。

民的基本自由，所以自由主义的政治意义是强调的拥护民主。[①]

(二)政府为自由护航

胡适还提出，虽然我们有“民为贵，君为轻”的民主思想，也有平等机会参政的文官考试制度，但中国始终没有建立一个制度来限制君主的专制大权。因此，他极力推介以英国为代表的自由主义政治思想。

> 近代西方的民主政治却渐渐养成了一种容忍异己的度量与风气。因为政权是多数人民授予的，在朝执政权的党一旦失去了多数人民的支持，就成了在野党了，所以执政权的人民都得准备下台时坐冷板凳的生活，而个个少数党都有逐渐变成多数党的可能。[②]

基于进化论和实用主义哲学，胡适认为，社会的发展应该遵行进化发展的过程，不应主张一种思想或主义，要鼓励每个人在社会实践和生活中去不断发现和验证有效或适应的经验或观点。因此，政府或社会组织不应过度干预个人和社会的这种自然进化，其主要的责任是维护社会环境和人民生活的自由发展，不要通过革命等断裂的方式，去干扰或打断这一过程。这种主张，构成了他的自由主义政治哲学基础——“有政府主义”或称“政府工具主义”。胡适在《我们的政治主张》中写道：

> 好政府的至少涵义：……要有正当的机关可以监督防止一切营私舞弊的不法官吏。……充分运用政治的机关为社会全体谋充分的福利……充分容纳个人自由，爱护个性的发展。[③]

所以，他的“有政府主义”是反政府主义，即政府是保护社会进化发展和个体自由的工具，而不是规范和压制人们思想的国家机器。

---

① 胡适：《自由主义》，《胡适文集》，北京燕山出版社 1995 年版，第 2～4 页。

② 胡适：《自由主义》，《胡适文集》，北京燕山出版社 1995 年版，第 5 页。

③ 胡适：《我们的政治主张》，欧阳哲生编：《胡适文集》第 3 册，北京大学出版社 1998 年版，第328 页。

“好政府主义”是一种有政府主义，是反对无政府主义的。[①]

“好政府主义的基本观念是一种政治的工具主义。”胡适认为，所谓“政治的工具主义”，其意义是在将政府当作一种人造的工具，是因为公众的需要而存在，是一种有组织、有公共目的的权力。[②]

胡适基于其自由主义思想，提出政治改革的具体措施应是过程式的或改良式的，而不主张进行革命。

第一，南北问题必须解决，但不可用武力统一，只可召开南北和会议和；第二，议和、恢复1917年解散的国会等四条件；第三，裁兵；第四，裁官，实行“考试任官”制度；第五，选举制度的改革；第六，财政主张：彻底的会计公开，统筹预算，平衡收支。[③]

辛亥革命成功后，国民政府不仅没有实现人们期待的民主，反而强化了思想上的控制，打击民主人士的不同思想主张。胡适在日记中曾对当时的状况描述道：

上海的报纸都死了，被革命政府压死了。[④]

在思想言论自由这一点上，我们不能不说国民政府所代表的国民党是反动的……从新文化运动的立场来看，国民党是反动的。[⑤]

1920年8月，胡适和蒋梦麟、陶孟和、王徵、张慰慈、李大钊、高一涵等学者联名发表了《争自由的宣言》，其中说：

我们本不愿意谈论实际的政治，但是实际的政治却没有一时一刻不来妨害我们。自辛亥革命直到现在，已经有九个年头，这九

---

① 中国社会科学院近代史研究所中华民国史研究室编：《胡适的日记》，中华书局1985年版，第175页。

② 参见欧阳哲生：《自由主义之累——胡适思想之现代阐释》，江西教育出版社2003年版，第300页。

③ 参见吴麟：《常识与洞见》，中国传媒大学出版社2010年版，第25页。

④ 曹伯言整理：《胡适日记全编》第5册，安徽教育出版社2001年版，第110页。

⑤ 季羡林编：《胡适全集》第11卷，安徽教育出版社1998年版，第440页。

年在假共和政治之下，经验了种种不自由的痛苦。便是政局变迁，这党把那党赶掉，然全国不自由的痛苦仍同从前一样。政治逼迫我们到这样无路可走的时候，我们便不得不起一种彻底觉悟：认定政治如果不由人民发动，断不会有真共和的实现。但是，如果想使政治由人民发动，不得不先有养成国人自由思想，自由评判的真精神的空气。①

胡适主张“多研究些问题，少谈些主义”，他反对奢谈主义，不能以为“主义”是包治百病的灵丹妙药，能使一切问题得到“根本解决”。从根本上解决中国的问题，最现实的方法是从最基本的问题做起，一点一滴地改进，最终实现社会之进步、民族之复兴。这样，会避免因革命的专制带来新的专制政权。

我很坦白地说，自由主义为了尊重自由与容忍，当然反对暴力革命，与暴力革命必然引起的暴力专制政治。

总结起来，自由主义的第一个意义是自由，第二个意义是民主，第三个意义是容忍——容忍反对党，第四个意义是和平的渐进的改革。②

客观来说，这种实用主义的自由主义政治思想是不适合当时中国现实的。因为，它无法满足一个积重难返、社会矛盾重重的社会对于改变世界以求生存的急迫要求。

三、科学理智化的生活——科学的人生观

胡适信奉进化论和实用主义哲学，不仅提出了自由主义政治思想，还在“五四”时期大力宣扬“科学”，用实用主义的实证主义科学方法论反思和批判中国传统人文精神，倡导“科学的人生观”，对近现代思想的

① 胡适：《争自由的宣言》，何卓思编：《胡适文集》（社会卷），长春出版社 2013 年版，第 189 页。

② 胡适：《自由主义》，胡适：《中国人的人格》，中国工人出版社 2013 年版，第 7 页。

发展和个人的启蒙都产生了巨大影响。

胡适从反对社会对人的异化的角度，非常重视人在社会的改良与进步中的作用。通过对比中西方不同的人生观，他认为，中国传统文化不仅缺少自然科学知识，而且缺乏“科学”的基本规则精神；长达几千年的封建“明人伦”的礼教，导致人们思想僵化和空虚，丧失了求真精神。

> 只有做官发财的人生观，只有靠天吃饭的人生观，只有求神问卜的人生观，只有《安士全书》的人生观，只有《太上感应篇》的人生观。①

由于中国缺乏现代科学的人生观，在封建纲常的异化下，其价值定位于“安分”“安命”“安贫”“乐天”和“不争”，与实用主义“科学的理智化”的“不安分”“不安贫”及“继续改善现成的境地”形成了鲜明的对比。因此，胡适提出，中国必须吸收西方的“科学”精神来重构人生观，才会产生民族现代化“实用”的功能。

（一）从神灭论到进化论

胡适在国内读书的时期，中国以进化论为时尚。“胡适”，是他的学名，是他二哥替他起的。他非常认可进化论，并将之与中国传统的思想精神相类比。

> 我对于达尔文与斯宾塞两氏进化假说的一些知识，很容易的与几个中国古代思想家的自然学说连了起来。例如在道家伪书《列子》所述的下面这个故事中，发现二千年前有一个一样年轻，同抱一样信仰的人，使我的童心欢悦。②

胡适能对哲学感兴趣，一方面，进化论和实用主义哲学给他打开了新世界的窗口；另一方面，少儿时期扎实的国学功底，使他能将中国文化与西方思想交融共鸣，产生了以西学的方法复兴中国文化的志向和

---

① 胡适：《〈科学与人生观〉序》，欧阳哲生编：《胡适文集》第3册，北京大学出版社1998年版，第154页。

② 胡适：《我的信仰》，胡适：《中国人的人格》，中国工人出版社2013年版，第69页。

自信。

胡适还不到三岁时，父亲就教他认字。识字后，他最先读的书是他父亲胡传编写的《学为人诗》和《原学》，这些读本主要体现儒家人伦和程朱理学精神。父亲去世后，母亲便谨遵亡夫“糜儿天资聪明”应“努力读书上进”的遗嘱，把不到四岁的胡适送进私塾读书。胡适经过九年的私塾教育，通读了《律诗六钞》《孝经》《礼记》《纲鉴易知录》《御批通鉴辑览》《资治通鉴》，朱熹集注本的《小学》《孟子》《论语》《诗经》《大学》《中庸》《易经》，等等。[①]

此外，胡适在私塾期间还阅读了《水浒传》《三国演义》《红楼梦》《儒林外史》《聊斋志异》和传奇以及笔记小说等 30 多部“课外书”。

> 我在叔父家里的废纸箱中，偶然看见一本《水浒传》的残本，便站在箱边把它看完了。我跑遍全村，不久居然得着全部。从此以后，我像老饕一般读尽了本村邻村所知的小说。这些小说都是用白话或口语写的，既易了解，又有引人入胜的趣味。它们教我人生，好的也教，坏的也教，又给了我一件文艺的工具，若干年后，使我能在中国开始众所称为“文学革命”的运动。[②]

他看了这些小说书，还要把其中的故事讲出来给自家姊妹听。这样就逼着他“把古文的故事翻译成绩溪土话”，使他“更了解古文的文理”，在无形中得到白话散文的训练，为他后来倡导白话文和考证小说打下了基础。

> 《周颂》《尚书》《周易》等书都是不能帮助我作通顺文字的，但小说书却给了我绝大帮助。……十四岁来上海开始作古文时，就能做得很像样的文字了。[③]

---

① 参见易竹贤：《胡适传》，湖北人民出版社 1998 年版，第 22 页。

② 胡适：《我的信仰》，胡适：《中国人的人格》，中国工人出版社 2013 年版，第 67 页。

③ 胡适：《四十自述》，欧阳哲生编：《胡适文集》第 1 册，北京大学出版社 1998 年版，第 51～52 页。

家乡的学习经历,不仅为胡适打下了坚实的国学功底,还铸就他钟爱中国文化传统的情怀。在上海六年的"新学"教育中,胡适仍继续坚持自习"汉学",而且还特别"留心读周秦诸子的书"和"宋明理学的书"。

> 中国古代哲学的基本著作,及比较近代的宋明诸儒的论述,我在幼年时,差不多都已读过。……于宋儒之中,以至于觉得对于《四书》《五经》一直由朱熹注是比较近情入理的。①
>
> 我另一灵感的来源,也可以说是出于我早期对宋学中朱注的认识和训练。朱熹的宋学为我后来治学开拓了道路。②

这些经史典籍,使胡适受到程朱理学的熏陶,学习传统经学也超越了一般的书文记诵的知识之学,能深谙义理之学,为后来将之与西方科学求真精神相沟通打下了基础。

> 我读司马光的《资治通鉴》,读到第一百三十六卷中有一段,使我成了一个无神论者。所说起的这一段,述纪元五世纪名范缜的一位哲学家,与朝众竞辩"神灭论"。……范缜根本否认精神为一种实体,谓其仅系神之用。这一番化繁为简合着我儿童的心胸。读到"朝野喧哗,难之,终不能屈",更使我心悦。③

这是当时许多学子难以达到的程度,也是胡适对自己以科学方法改造国故和思想的自信所在,更是许多人对他的误解所在。有人认为他在倡导西化,而有人批判他在走老路,这种"左右难以逢源"的重要原因之一,是由于当时的学人对胡适学问的特点不熟悉或自己的学力不足。

(二)拿证据来说话

七年海外求学,胡适非常注重学习西方的理论和方法。在学习农

---

① 唐德刚译注:《胡适口述自传》,传记文学出版社 1981 年版,第 37、129 页。

② 胡适:《四十自述》,欧阳哲生编:《胡适文集》第 1 册,北京大学出版社 1998 年版,第 49～50 页。

③ 胡适:《我的信仰》,胡适:《中国人的人格》,中国工人出版社 2013 年版,第 67 页。

学期间，广泛涉猎德国文学、法国文学，英国文学、哲学、心理学、政治学和经济学，他后来逐渐把学习的兴奋点集中到哲学，尤其对杜威和实用主义哲学发生了兴趣。杜威强调人的“经验”的重要性，主张用行为效果来证明思维的合理性，根据事实效果来批判或修正信念。这种反教条主义、反思辨哲学的色彩是进化论哲学化的思想特点，与胡适反封建权威和解放思想的精神诉求产生了共鸣。

胡适在美国学习的是西方思想和方法，而研究的则是中国的学问。他将博士论文以《中国古代哲学方法进化史》为题，确立了研究重点，专门排列出了一个现代哲学研究系统的纲目。在做博士论文期间，他对老子和墨子的思想作了认真的研读和思考，对裴頠的“崇有论”和范缜的“因果论”进行过系统的梳理和比较，这使他的学术得以融包古今且贯通中西。

胡适不仅以现代思想和方法对“宋学”的怀疑精神和归纳的方法进行提炼分析，还指出，程朱的“即物而穷其理”的归纳精神是“一种被动的态度”，而陆九渊、王阳明用良知的标准补救程朱的被动格物法，是“中国学术史的一大转机”，为明末及清代学者转化出与近现代学理相似的经学研究方法，开拓了思想视野，从而开创了中国学术史的又一大转机——戴震及其“清学”的重实证与尊重事实的治学实证精神。

> 杜威对有系统思想的分析帮助了我对一般科学研究的基本步骤的了解，他也帮助了我对我国近千年来——尤其是近三百年来——古典学术和史学家治学的方法，诸如“考据学”、“考证学”等等。（这些传统的治学方法）我把它们英译为 evidential investigation（有证据的探讨），也就是根据证据的探讨（无征不信）。[①]

通过中西文化的学术沟通与融合，胡适逐步建构了他的科学方法

① 唐德刚译注：《胡适口述自传》，（台北）传记文学出版社 1981 年版，第 96 页。

论——以“大胆的假设，小心的求证”十字箴言为标志，提出了体现兼容并蓄和承先启后的中国式实证主义方法论思想。他主张以这种实证的方法和评判的态度来整理国故，反对盲从和调和。

> 我们对于旧有的学术思想，积极的只有一个主张，就是“整理国故”，整理就是从乱七八糟里面寻出一个条理脉络来；从无头脑里面寻出一个前因后果来；从胡说谬解里面寻出一个真意义来；从武断迷信里面寻出一个真价值来。……因为前人研究古书，很少有历史进化的眼光的，故从来不讲究一种学术的渊源，一种思想的前因后果。①

胡适对复兴中国文化的科学方法，提出了整理国故的三原则：

> 第一，用历史的眼光来扩大国学研究的范围。第二，用系统的整理来部勒国学研究的资料。第三，用比较的研究来帮助国学的材料的整理与解释。②

胡适提倡大胆假设、强调事实证据、讲求科学评判标准的思想，为中国现代哲学及社会科学方法论奠定了基础，他提出的“历史”“系统”和“比较”方法，仍是今天学术研究中行之有效的方法，其文化复兴方案，对中国的新文化运动作出巨大的历史贡献；其“整理历史典籍，挖掘传统资源，发现传统价值”的理念，对今天振兴中华优秀传统文化，提升中国在世界的文化影响，仍然具有重大的借鉴意义。

（三）从“小我”到“大我”

胡适在幼童时期读书得来的学识功底，“早久就已摒弃了个人死后生存的观念了”，成为无神论者，以中国古代文人的“三不朽”为自己的终极追求精神。

---

① 胡适：《新思潮的意义》，《胡适文集》第1卷，北京燕山出版社1995年版，第53页。

② 胡适：《〈国学季刊〉发刊宣言》，《胡适文存》二集卷一，上海科学技术文献出版社2015年版，第15页。

> 这种学说引动我心有如是之甚，以致我每每向我的外国朋友谈起，并给了它一个名字，叫做“三W的不朽主义”（三W即Worth，Work，Words三字的头一个字母）。[1]

胡适回国不久，母亲就病逝了，这促使他重新思考人生的终极问题，以科学方法对人生的根本问题进行了重新梳理和阐释。胡适对人自身的生理特点和在自然中的地位进行了反思，对人的有限性进行了思考。

> 我们在那个自然主义的宇宙里，在那无穷之大的空间里，在那无穷之长的时间里，这个平均高五尺六寸，上寿不过百年的两手动物——人——真是一个藐乎其小的微生物了。在那个自然主义的宇宙里，天行是有常度的，物变是有自然法则的，因果的大法支配着他——人——的一切生活，生存竞争的惨剧鞭策着他的一切行为——这个两手动物的自由真是很有限的了。[2]

胡适以进化论和实用主义哲学的视角，发现了个人与他人和社会的“秘密”：自由有限的人，可以在“因果律之笼罩一切”的自然中，就像动物那样，毫无意外地在因果律的作用下重复下去，而因果律却对人“也并不见得束缚他的自由”。相反，人掌握了因果律的作用，“一方面使他可以由因求果，由果推因，解释过去，预测未来；一方面又使他可以运用他的智慧，创造新因，以求新果”。尤其是，在自然界生存竞争的观念中，并没有使人“成为一个冷酷无情的畜生，也许还可以格外增加他对于同类的同情心”，人们因而相互帮助，注重个人的人为努力，“减免天然竞争的惨酷与浪费”。[3]

据此，胡适提出了其个人之“小我”与社会之“大我”的关系。

> 生物学及社会学的知识，叫人知道个人——“小我”——是要

---

① 胡适：《我的信仰》，胡适：《中国人的人格》，中国工人出版社2013年版，第76页。

② 胡适：《我的信仰》，胡适：《中国人的人格》，中国工人出版社2013年版，第80页。

③ 胡适：《我的信仰》，胡适：《中国人的人格》，中国工人出版社2013年版，第81页。

死灭的，而人类——“大我”——不是死的，不朽的；叫人知道“为全种万世而生活”就是宗教，就是最高的宗教。而那些替个人谋死后的“天堂”“净土”的宗教，乃是自私自利的宗教。[①]

正是由于受母亲病逝的刺激，胡适以哲人的高度，为中国人的人生世界转换提出了一种新的人生观。

这种新人生观是建筑在二三百年的科学常识之上的一个大假设，我们也许可以给他加上“科学的人生观”的尊号。但为避免无谓的争论起见，我主张叫他做“自然主义的人生观”。[②]

基于这一种人生观，胡适改“三不朽”为“信了可以称为社会不朽的宗教”。

因为这个推想在大体上全系根据于社会对我的影响，日积月累而成小我，小我对于其本身是些什么，对于可以称社会、人类或大自然的那个大我有些什么施为，都留有一个抹不去的痕记这番意思。小我是会要死的，但是他还是继续存活在这个大我身上。这个大我乃是不朽的，他的一切善恶功罪，他的一切言行思想，无论是显著的或细微的，对的或不对的，有好处或有坏处——样样都是生存在其对于大我所产生的影响上。这个大我永远生存，做了无数小我胜利或失败的垂久宏大的佐证。[③]

胡适认为，这个社会不朽的概念，之所以比中国古代“三不朽”学说更为满意，因为它不仅是社会文人精英的，也“包括英雄圣贤，也包括贱者微者，包括美德，也包括恶德，包括功绩，也包括罪孽”，所以，这是普通个人的终极精神，能够唤起个人社会责任的精神。

就是这项承认善的不朽，也承认恶的不朽，才构成这种学说道

① 胡适：《我的信仰》，胡适：《中国人的人格》，中国工人出版社 2013 年版，第 80 页。
② 胡适：《我的信仰》，胡适：《中国人的人格》，中国工人出版社 2013 年版，第 80 页。
③ 胡适：《我的信仰》，胡适：《中国人的人格》，中国工人出版社 2013 年版，第 78 页。

德上的许可。……人所做的恶事,的确是在他们身后还存在的!就是明白承认行为的结果才构成我们道德责任的意识。[①]

胡适的科学人生观或自然人生观,认可个体“小我”有能思有欲望的自然天性,要满足动物般基本需求,也有超过动物的无穷欲望;人与动物不同,是社会人其本身在享用前辈人“智行愚行所造而成”的社会成果,并可评判从前功过,因此,个人是“对于较大的社会的我负有巨大的债项”,应该“把他干的什么事情,作的什么思想,做的什么人物,概行对之负起责任,乃是他的职分”[②],社会才能变得更加美好。

四、“独立地批判是非”——胡适健全的个人主义人格观

胡适在“五四”时期还提出了“健全的个人主义人格观”,对当时及其后国民性改造和人格观念的现代化起到极大的启蒙作用。

蒋廷黻在《中国近代史》中曾提到,近百年的中华民族根本只有一个问题:中国人能近代化吗?能赶上西洋人吗?能利用科学和机械吗?能废除我们家族和家乡观念而组织一个近代化的民族国家吗?[③] 胡适进化论色彩的自由主义政治思想,给进步人士带来了希望;其强调个人主义的人格观念,也迎合了五四运动前后追求社会民主和个性解放的思想需求,在当时产生了巨大的思想启蒙效应。

(一)自由就是忠恕

胡适认为,首先言论自由应得到尊重,尤其是少数人的言论或言论的少数,应该被多数人或多数言论“宽容”和“容忍”,有个体尊严的、思想自由的人格才能得到尊重,这才是健全的社会。因此,他将“容忍”视为言论自由的根本。

我总以为容忍的态度比自由更重要,比自由更根本。我们也

① 胡适:《我的信仰》,胡适:《中国人的人格》,中国工人出版社 2013 年版,第 78～79 页。
② 胡适:《我的信仰》,胡适:《中国人的人格》,中国工人出版社 2013 年版,第 78～79 页。
③ 参见蒋廷黻:《中国近代史》,上海古籍出版社 1999 年版,第 2 页。

> 可说，容忍是自由的根本。社会上没有容忍，就不会有自由。无论古今中外都是这样：没有容忍，就不会有自由。人们自己往往都相信他们的想法是不错的，他们的思想是不错的，他们的信仰也是不错的：这是一切不容忍的本源。如果社会上有权有势的人都感觉到他们的信仰不会错，他们的思想不会错，他们就不许人家信仰自由，思想自由，言论自由，出版自由。[①]

胡适认为，自由不是对自身的单向的自由，而与他人对等的“忠恕”，即双向自由关系；没有相互的“容忍”，也就没有言论自由，也就没有自由平等的人格尊严。

（二）先发展好个人

《易卜生主义》是胡适倡导个人主义的代表作。1918 年 6 月，胡适在《新青年》推出“易卜生专号”，通过介绍易卜生的《玩偶之家》和《国民公敌》等，向中国的读者宣扬人文精神中的一个重要方面——个性解放和自我价值的实现。在《易卜生主义》这篇文章的第四部分，胡适明晰地阐发了易卜生关于“个人和社会”关系的思想：

> 社会与个人互相损害，社会最爱专制，往往用强力摧折个人的个性，压制个人自由独立的精神；等到个人的个性都消灭了，等到自由独立的精神都完了，社会自身也没有生气了，也不会进步了。社会里有许多陈腐的习惯，老朽的思想，极不堪的迷信，个人生在社会中，不能不受这些势力的影响。……社会对个人道：“你们顺我者生，逆我者死，顺我者赏，逆我者罚。”[②]

胡适是提倡个人发展的，因为先塑造自己，个人才会有益于社会，因此，个体要从充分发展个人入手。可以说，胡适的个人主义带有鲜明的反社会特点，强调社会中每个人的自由是社会的前提，个人的人格先

---

① 胡适：《容忍与自由》，胡适：《中国人的人格》，中国工人出版社 2013 年版，第 9 页。

② 胡适：《易卜生主义》，《胡适文集》第 1 卷，北京燕山出版社 1995 年版，第 32～33 页。

于社会的尊严。

> 现在有人对你们说:"牺牲你们个人的自由,去求国家的自由!"我对你们说:"争你们个人的自由,便是为国家争自由!争你们自己的人格,便是为国家争人格!自由平等的国家不是一群奴才建造得起来的!"[①]
>
> 异乎我者未必即非,而同乎我者未必即是……凡不承认异己者的自由的人,就不配争自由,就不配谈自由。[②]
>
> 我们当日介绍易卜生(Ibsen)的著作,也正是因为易卜生的思想最可以代表那种健全的个人主义。这种思想有两个中心见解:第一是充分发展个人的才能,就是易卜生说的:"你要想有益于社会,最好的法子莫如把你自己这块材料铸造成器。"[③]

其实,胡适在这里强调的只是个人主义的第一点,或者说是施行个人主义的第一步——先使自己独立成人,他认为只有自己有独立成人的觉悟,才能为群体做事,救助群体。

胡适的"大胆的假设,小心的求证"十字箴言,不仅具有学术研究价值,还能倡导青年人不盲从社会政治问题,要敢于质疑,要"独立地评判是非"。

> 有批评的精神,一切习惯、风俗、制度的改良,都起于一点批评的眼光,个人的行为和社会的习俗,都最容易陷入机械的习惯,到了"机械的习惯"的时代,样样事都不知不觉的做去,全不理会何以要这样做,只晓得人家都这样做故我也这样做,这样的个人便成了无意识的两脚机器,这样的社会便成了无生气的守旧社会。……

---

① 胡适:《介绍我自己的思想》,《胡适论学近著》,山东人民出版社 1998 年版,第500 页。

② 中国社会科学院近代史研究所中华民国史研究室编:《胡适来往书信选》,社会科学文献出版社 2013 年版,第 356 页。

③ 胡适:《个人自由与社会进步》,胡适:《中国人的人格》,中国工人出版社 2013 年版,第 58 页。

批评的精神不是别的，就是随时随地都要问我为什么要这样做？为什么不那样做？①

胡适认为，要像易卜生《国民公敌》中斯铎曼医生那样，“贫贱不能移，富贵不能淫，威武不能屈”，注重造就自由独立的人格。

（三）进取与冒险才健全

胡适是反对消极的人生态度的，其“健全个人主义”是崇尚积极进取的，而不是精致的自私自利消极精神境界。胡适承认，自己提倡的思想，有明显的个人主义的色彩，但是所提倡的是“健全的个人主义”：

一是独立思想，不肯把别人的耳朵当耳朵，不肯把别人的眼睛当眼睛，不肯把别人的脑力当自己的脑力。二是个人对于自己思想信仰的结果要负完全责任，不怕权威，不怕监禁杀身，只认得真理，不认得个人的利害。②

人类的生活全是社会的生活，社会是有机的组织，全体影响个人，个人影响全体，社会的活动是互助的……我和你多尽了一分力，或少做了一点事，社会的全体也许不是现在这个样子，这便是社会协进的观念。有这个观念，我们自然觉得我们的一举一动都和社会有关，自然不肯为社会造恶因，自然要努力为社会种善果，自然不致变成自私自利的野心投机家了。③

胡适认为，这个世界有很多危险，注定是不太平的，因此，一个人需要有冒险的精神。他主张用这种进取的冒险精神去补救世界的缺点，减少世界的痛苦，消除世界的危险，这颇有点尼采“超人”哲学的意味。

俗语说得好：“成人不自在，自在不成人。”我们要做一个人，岂

---

① 胡适：《少年中国之精神》，胡适：《中国人的人格》，中国工人出版社 2013 年版，第 85 页。

② 胡适：《个人自由与社会进步》，胡适：《中国人的人格》，中国工人出版社 2013 年版，第 58 页。

③ 胡适：《少年中国之精神》，胡适：《中国人的人格》，中国工人出版社 2013 年版，第 85 页。

可贪图自在：我们要想造一个“少年的中国”，岂可不冒险；这个世界是给我们活动的大舞台，我们既上了台，便应该老着面皮，拼着头皮，大着胆子，干将起来。①

因此，他认为那些在社会责任面前“缩进后台去静坐的人都是懦夫，那些袖着双手只会看戏的人，也都是懦夫”。那些因个人利益得不到满足或没有勇气改变世界的人，因厌恶这个世界，梦想超生别的世界的人，“更是懦夫，不用说了”。

胡适“健全个人主义人格观”，就其本意而言，是一种敢于同腐败势力抗争的理想精神和对社会负责的精神，而不是独善其身的个人主义人生观。这一观念，从他发表之日起至今认同者不少，但是争议也颇多，探讨也持续不断。针对当时的不同意见，胡适专门进行过解释：

近几年来，五四运动颇受一班论者的批评，也正是为了这种个人主义的人生观。平心说来，这种批评是不公道的，是根据于一种误解的：他们说个人主义的人生观是资本主义社会的人生观。这是滥用名词的大笑话。难道在社会主义的国家里就可以不用充分发展个人的才能了吗？难道社会主义的国家里就用不着有独立自由思想的个人了吗？难道当时辛苦奋斗创立社会主义共产主义的志士仁人都是资本主义社会的奴才吗？②

可见，胡适认为，他的健全的个人主义是超越社会制度的，是没有阶级的，纯个体的，富有唯理论的特点。

现今对胡适“健全个人主义”的批判，主要存在两种基本的质疑意见。其一，批判其过分强调“个人主义”，而忽视“健全”之意，实质上是一种精英主义的个人奋斗哲学，是只寻求“私性的”个人意愿和单纯的

---

① 胡适：《少年中国之精神》，胡适：《中国人的人格》，中国工人出版社2013年版，第85页。

② 胡适：《个人自由与社会进步》，胡适：《中国人的人格》，中国工人出版社2013年版，第58页。

“唯我”的“虚弱的个人主义”。[①] 其二，过分强调“健全”，忽视了“个人”之个人权利，没有张扬“个人自主为正当”的私性基础，与契约论的西方个人主义还有很大距离，被中国传统扭曲的西方个人主义，仍把个体的生存意义附着在群体之上。[②]

这两种观点，一是将其理解为极端的唯我主义，二是将其理解为集体主义。有人认为，胡适的思想既不是狭隘的个人主义，也不是中西方思想的简单拼凑和概念的罗列，而是在政治制度腐朽、传统伦理受到冲击的时代背景下，产生的具有时代特色的“救亡图存”的新道德伦理观。由此，这一思想也必须对传统伦理问题（公共权利、个人权利孰先孰后）作出一个非此即彼的选择。然而，胡适认为，二者平行包含于“健全个人主义”之中，因此，在学理上看，胡适这一思想的确缺乏足够明确的学理分判，有一定的不彻底性和局限性，但是其在近代伦理思想的理论意义和应有价值，还是非常重要的。[③]

胡适的成长经历和学术经历，以及他所在的年代，注定了其人格观思想具有中与西或集体与个人的调和性。其实，这正是我们应该予以深入研究和思考的，不能简单地将胡适与“全盘西化”式的极端个人主义或传统的集体主义对号入座，应当珍视他为中国传统文化在西方文明背景下如何转化与创新中国特色文化思想所作出的思考与探索。

第三节 陈独秀的新青年人格观

陈独秀（1879～1942），字仲甫，安徽怀宁（今安庆）人。1913 年他参加反袁斗争失败后流亡日本，1921 年中国共产党成立时被选为总书记，

① 参见吴国光：《反政治的自由主义——从胡适的宪政思想反省宪政主义在中国的失败》，《当代中国研究》2003 年第 4 期。

② 参见金观涛、刘青峰：《中国个人观念的起源、演变及其形态初探》，（香港）《二十一世纪》2004 年第 84 期。

③ 参见王婷：《胡适“健全个人主义”观析论》，《学理论》2011 年第 18 期。

1927年大革命失败后被解除职务。

陈独秀认为，针对反封建复辟的革命，要以科学和民主去“革中国人思想的命”，提出“国人而欲脱离蒙昧时代，羞为浅化之民也，则急起直追，当以科学与人权并重”[①]，主张通过新青年形象的启蒙，探求修身之道，矫正价值取向，以科学和民主精神重塑“新”自我，构建中国人科学、民主和自主平等的“新青年”人格观。

一、从进化论到唯物史观——陈独秀人格观的哲学基础

五四运动前期，陈独秀信奉进化论，成为一位激进的革命民主主义者。他认为西方文明的发展，是由于达尔文的进化论使西方“以人胜天，以学理构成原则”，自求高强和自造幸福的结果。因此，陈独秀特别强调中国人的抗争与战斗精神的启蒙，期望青年自觉奋斗。

> 自觉者何？自觉其新鲜活泼之价值与责任，而自视不可卑也。奋斗者何？奋其智能，力排陈腐朽败者以去，视之若仇敌，若洪水猛兽，而不可与为邻，而不为其菌毒所传染也。[②]

为鼓励人们反对腐朽的封建主义之“自视不可卑”的自信心，他提出“万物之生存进化与否，悉以抵抗力之有无强弱为标准。优胜劣败，理无可逃”[③]，号召中国青年要做征服者，要有强人人格，摆脱“老尚雌退，儒崇礼让，佛说空无”及其他教派的迷信言论，呼吁人们不惜激发人的内在“兽性”本能，除掉听天由命和甘于被奴役的劣根性。

陈独秀的“兽性精神”与章太炎的“俱分进化论”的人性判断，有相似之处。但是，他认为，人不但应有人性，而且也应有兽性。章太炎认为，在人类的进化中人的“兽性”与“人性”是并进的，而陈独秀认为：

> 强大之族，人性、兽性，同时发展。其他或仅保兽性，或独尊人

① 陈独秀：《敬告青年》，《独秀文存》，安徽人民出版社1987年版，第3页。
② 陈独秀：《敬告青年》，《独秀文存》，安徽人民出版社1987年版，第1页。
③ 陈独秀：《抵抗力》，《陈独秀著作选》第1卷，上海人民出版社1993年版，第151页。

性，而盖性全失，是皆堕落衰弱之民也。[1]

显然，陈独秀讲“兽性”的目的是激发人的奋斗意志，并明确提出人之“兽性”要意志顽狠，善斗不屈；体魄强健，力抗自然，信赖本能，不依他为活；顺性率真，不饰伪自文，并以进化论为依据指出，人的道德是动物本能冲动的继续和发展，所以，讲道德不能不讲本能，即“吾人之心，乃动物的感觉之继续。人间道德之活动，乃无道德的冲动之继续”[2]。显然，他将人性看作兽性的延续，是片面的。

另外，陈独秀用当时的生物科学解释人性，认为个体有生有灭，但其物种有遗传，“知吾身现实之生存，为人类永久生命可贵之一隙，非常非暂，益非幻非空”[3]。他将进化论与现实主义相联系，使其思想富有一种现实精神，认为各种所谓“理论”和“思想”，“莫不植基于现实生活之上，古之所谓理想的道德黄金时代，已无价值之可言”[4]，从而指明中国古代的复古理想主义时代应该结束。这表明其思想倾向已经开始转向唯物主义。

在1920年的社会主义论战和无政府主义论战中，陈独秀大力宣传科学社会主义，这标志着其唯物史观的确立。他用唯物史观分析了中国社会发展的前景，指出改良主义在中国是行不通的，中国国民当下的整体素质及外国政治和经济侵入的加重，不允许中国走渐进进化的发展道路，只能采取急进的革命方式，即“除了中国劳动者联合起来组织革命团体，改变生产制度，是无法挽救的”，并认为马克思主义对社会生产关系的论述是其关键所在：

唯物史观固然含有自然进化论的意义，但是他的要义并不只此，我以为唯物史观底要义是告诉我们，历史上一切制度的变化是

---

① 陈独秀：《今日之教育方针》，《陈独秀著作选》第1卷，上海人民出版社1993年版，第347页。

② 陈独秀：《今日之教育方针》，《独秀文存》，安徽人民出版社1987年版，第16页。

③ 陈独秀：《今日之教育方针》，《独秀文存》，安徽人民出版社1987年版，第16页。

④ 陈独秀：《今日之教育方针》，《独秀文存》，安徽人民出版社1987年版，第16页。

随经济制度的变化而变化的。[①]

陈独秀基于对唯物史观的理解指出，历史的自然进化可归结为经济制度的演变，其他一切制度以此为基础而发生变化。不难看出，这与孙中山的进化“突驾说”有类似之处，但是，他没有机械地理解历史自然进化论的过程，而是将之视为一种规律，认为人们利用这一规律，通过人为的努力可以超越其中某一阶段，肯定人的主观能动性对社会革命及促进社会发展的巨大作用。当然，陈独秀的跳跃进化，并不是主张“同时一跳，就跳到共产主义的路上去”，而是主张应根据民族的不同特点来采取不同的步骤，“但每个步骤都必须采用革命的方法，不可采用改良的方法，这是革命的马克思派之特色”[②]。

可以看出，其历史观转向唯物史观以后，陈独秀转变了将现实与理想割裂的倾向，认识到马克思主义的科学性与革命性的统一性，但其实证主义或经验主义倾向还是很明显，而明确的辩证法思想还没有确立起来，这对其分析问题带来了很大的影响。陈独秀的哲学思想基础从进化论到唯物史观的转变，也标志着他由激进革命民主主义者成为一名马克思主义者。

二、“抑恶扬善”——陈独秀人格观的人性论之根据

陈独秀由进化论向唯物史观转变的不彻底，也表现在其对人性的认识上。与纯粹的性善论和性恶论不同，陈独秀主张性善性恶论，“人性本有善恶两方面”，并就善恶两个方面的表现作了对比，列举了善的方面有“创造的冲动、利他心、互助的本能、同情心（即恻隐心）、爱慕心、哀哭的本能”，对应的恶的方面则是“占有的冲动、利己心、掠夺的本能、

① 陈独秀：《马克思学说与中国无产阶级——答蔡和森》，《陈独秀著作选》第2卷，上海人民出版社1993年版，第315～316页。

② 陈独秀：《关于社会主义问题——在广东高师的讲演》，《陈独秀著作选》第2卷，上海人民出版社1993年版，第471页。

残忍心、嫉妒心、嗔忿的本能”。[①] 他又把人性本有善恶两方面概括为人类本能的光明面和黑暗面：

> 根于人类本能上光明方面的相爱，互助，同情心，利他心，公共心等道德，不容易发达，乃是因为受了本能上黑暗方面的虚伪，忌妒，侵夺，争杀，独占心，利己心，私有心等不道德难以减少的牵制；这是人类普通的现象。[②]

因此，他认为历史由人们贪欲无厌的意志造成。这说明其人性论尚未克除掉抽象人性论和唯意志论的倾向。

正如前文所言，陈独秀从生物进化和社会进化的角度解释人性、兽性及善与恶的起源和发展。在他看来，无论善恶都是人的本能，在向高等动物进化的过程中，人之动物“兽性”本能即恶逐渐减少，本能上“人性”之善越来越发达。

> 人虽是最高等动物，“下等动物的祖先”所遗传的恶性固然存在，他们所遗传的善性也未尝不存在；况且现在正在进化途中，恶性有减少底可能，善性有发展底倾向，何以见得绝对没有救济底希望呢？受厌世主义暗示的人，只看见人性上恶的方面，没有留心那善的方面，岂不是偏见吗？[③]

在这里，陈独秀用进化论说明，人的自然属性中不但有善的本能，而且有恶的本能，并且“我看人类无论理性如何发展，本能是不会衰减的”[④]。所以在他看来，由于人们贪欲无厌的意志造成的种种活动，往往是出于本能成习性的盲目冲动，并不一定都合乎理性。

---

① 陈独秀：《自杀论——思想变动与青年自杀》，《独秀文存》，安徽人民出版社 1987 年版，第 273 页。

② 陈独秀：《调和论与旧道德》，《独秀文存》，安徽人民出版社 1987 年版，第 564 页。

③ 陈独秀：《自杀论——思想变动与青年自杀》，《独秀文存》，安徽人民出版社 1987 年版，第 273 页。

④ 陈独秀：《答郑贤宗》，《独秀文存》，安徽人民出版社 1987 年版，第 813 页。

群众心理都是盲目的，无论怎样大的科学家，一旦置身群众，便失了理性，这是心理学说及我们眼见的许多事实可以证明的。用一二人可以利用的群众心理，一时感情所造成之公众意见，来代替那经过长久时间理性的讨论及多数议决之法律，不能说不是无政府主义最大的缺点之一。①

他提醒革命者保持清醒头脑，防止无政府主义野心家利用所谓“群众意见”，这也显露出其唯意志倾向及其过于低估群众觉悟的倾向。这是陈独秀的一大弱点。

陈独秀在肯定人类向性善方向发展的同时，同章太炎一样，也充分认识到人类本性上的恶德（如侵略、利己、欺诈等）对人类进化所起的阻碍作用，并指出，这种阻碍作用是人类文化和思想进化中自然发生的一种惰性现象。但是，他比章的高明之处在于，能够看到近几百年来西方道德的进步跟不上快速发展的科学，而这不是因为西方人只重科学不重道德，“乃因为道德是人类本能和情感上的作用，不能象知识那样容易进步”②，人类本能上“光明方面的道德”不容易发达，是受了本能上“黑暗方面的不道德因素”难以减少的牵制，而且这一现象是没有西洋与东洋的区别的。因此，陈独秀反对旧道德，是因为旧道德有助长人类本能上不道德的黑暗方面的部分。

我们主张的新道德，正是要彻底发达人类本能上光明方面，彻底消灭本能上黑暗方面，来救济全社会悲惨不安的状态，旧道德是我们不能满足的了。③

因此，他提出要建立新道德就是要彻底发达人类的光明面，彻底消灭黑暗面。可见，陈独秀对人类的人性发展是乐观的，对人类的道德前

① 《陈独秀再答区声白书》，中共中央文献研究室、中央档案馆编：《建党以来重要文献选编（1921～1949）》第1册，中央文献出版社2011年，第32页。

② 陈独秀：《调和论与旧道德》，《独秀文存》，安徽人民出版社1987年版，第564页。

③ 陈独秀：《调和论与旧道德》，《独秀文存》，安徽人民出版社1987年版，第565页。

景也充满希望。

三、非孔反儒以除奴性——陈独秀人格观的个人主义思想

辛亥革命后，袁世凯复辟帝制，民国名存实亡，陈独秀认识到人们的思想还没有发生实质性的变化，思想上还没有建立起来与封建主义决裂的理性意识，对于追求什么样的理想人格人们并不清楚。他选定了青年这个最具有青春活力的社会群体，提出了“新青年”的主张：

> 吾人首当一新其心血，以新人格；以新国家；以新社会；以新家庭；以新民族；必迨民族更新，吾人之愿始偿，吾人始有与晰族周旋之价值，吾人始有食息此大地一隅之资格。青年必怀此希望，始克称其为青年而非老年。[①]

陈独秀关于新青年人格思想的出发点，是个性解放和个性独立。他认为封建专制主义和家庭本位主义是与其提倡的个人主义相对立的。所以，他要通过批孔子以除奴性人格，批封建君主专制以弘扬民主精神，以建立新的理性自我。

由于《新青年》杂志创办于袁世凯复辟帝制及尊孔复古的背景下，陈独秀设定了新青年形象，发表了对孔子学说及儒家伦理的看法，在新与旧、中与西、民主科学与封建伦理的强烈对比中，重新评判孔子之道，发起了学习西方的新文化、新思想、新道德，批判旧文化、旧思想、旧道德，建立新自我的新文化运动。可以说，没有陈独秀对孔子之道的评判，新文化运动不会有那么大的声势和影响，他所阐述的新人生观和价值观，也不会受到社会和青年的广泛重视，中国近现代对孔子和儒家的看法也不会发生根本性的变化。

陈独秀认为，1915 年至 1917 年两次帝制复辟，是因为封建专制主义思想和封建旧礼教、旧道德、旧文化仍在禁锢着人们的头脑，束缚住

---

① 陈独秀：《一九一六年》，《独秀文存》，安徽人民出版社 1987 年版，第 33 页。

了人们的手脚，而这些都源于孔子之道；因此，新成立的资产阶级民主共和国必须建立与自己相适应的制度、文化和道德，批判孔子之道，反对复辟倒退的逆流。

> 愚之非难孔子之动机，非因孔子之道之不适于今世，乃以今之妄人强欲以不适今世之孔道，支配今世之社会国家，将为文明进化之大阻力也。①

在他看来，孔教的精华是礼，忠君、孝父、从夫是礼教的根本教义，也是封建专制主义的核心思想；三纲的实质是“片面之义务，不平等之道德，阶级尊卑之制度”②，使民成为君的附属品，而妻成了夫的附属品，从而使被压迫者完全丧失了人格，天下也就没有独立自主了。

> 欲建设西洋式之新国家，组织西洋式之新社会，以求适合今世之生存，则根本问题，不可不首先输入西洋式社会国家之基础，所谓平等人权之新信仰，对于与此新社会新国家新信仰不可相容之孔教，不可不有彻底之觉悟，猛勇之决心；否则不塞不流，不止不行！③

陈独秀反对孔教的现实政治目的非常清楚，那就是让人们认识到，封建礼教的忠、孝、节等都不是“推己及人之主人道德，而为以己属人之奴隶道德也”④，树立起以个人人格自觉的新的道德观和人格观。

> 自于吾国旧日三纲五伦之道德，则既非利己，又非利人。既非个人，又非社会，乃封建时代家族主义为根据之奴隶道德也。此种道德之在今日，已无讨论之价值。其或有恋恋不舍者，奴性未除，不敢以国民自居者耳。⑤

---

① 陈独秀：《复辟与尊孔》，《独秀文存》，安徽人民出版社 1987 年版，第 116 页。
② 陈独秀：《宪法与孔教》，《独秀文存》，安徽人民出版社 1987 年版，第 77 页。
③ 陈独秀：《宪法与孔教》，《独秀文存》，安徽人民出版社 1987 年版，第 79 页。
④ 陈独秀：《一九一六年》，《独秀文存》，安徽人民出版社 1987 年版，第 34～35 页。
⑤ 常乃惪：《记陈独秀君演讲辞》，《新青年》第 3 卷第 3 号。

因此，只有“尊重个人独立人格，勿为他人之附属品”[①]，才有利于个人独立信仰精神的形成，这样个人的人格高了，整个国家才会强盛，才能过真正的现代生活。所以，他主张向西方学张扬个人主义，树立有真正个体道德义务自觉和功过自律的自主人格。

陈独秀明确指出道德是调节人类生活的“利器”，反对旧伦理并不是不讲道德，更不是不需要文化传统中的美德。他之所以批判旧道德，是因为：

> 我们不满意旧道德，是因为孝弟底范围太狭了……所以现代道德底理想，是要把家庭的孝弟扩充到全社会的友爱。现在有一班青年却误解了这个意思，他并没有将爱情扩充到社会上，他却打着新思想新家庭的旗帜，抛弃了他的慈爱的、可怜的老母；这种人岂不是误解了新文化运动的意思？[②]

另外，陈独秀在《孔子与中国》一文中主张，伦理的觉悟是政治觉悟的一环，也是由提升人格来实现的，明确提出要对孔子重新评定价值，并对孔子的价值进行了充分肯定。

> 在现代知识的评定之下，孔子有没有价值？我敢肯定的说有。[③]
>
> 其实孔子精华，乃在祖述儒家，组织有系统之伦理学说。宗教玄学，皆非所长。[④]

另外，孔子对“于鬼神之果有或无，则视为不可知之事，而非所深究；孔子之言天命，乃悬拟一道德上至高无上之鹄的，以制躬行，至于天

---

① 陈独秀：《新青年回答》，《新青年》第3卷第2号。
② 陈独秀：《新文化运动是什么》，《陈独秀著作选》第1卷，上海人民出版社1993年版，第125～126页。
③ 陈独秀：《孔子与中国》，《陈独秀选集》，天津人民出版社1990年版，第220页。
④ 陈独秀：《再答俞颂华》，《独秀文存》，安徽人民出版社1987年版，第697页。

地之始万物之母，则非所容心”[①]。

因此，《中华新报》攻击其为“废德仇孝”的“禽兽学说”时，他反驳说，孝并非是万恶之源，而应有道德标准。

> 我们虽然不主张为人父母翁姑的专拿孝的名义来无理压迫子女儿媳底正当行为，却不曾反对子女儿媳孝敬父母翁姑，更不能说孝是万恶之首要去仇他。合乎社会需要的道德，提倡犹恐不及，如何言废？[②]

总之，陈独秀所倡导的个性解放，是人权、独立、平等的个人主义。他在《东西民族根本思想之差异》中，明确阐明了以个性解放、平等关系、自主性为中心的个人主义的立场：

> 西洋民族，自古迄今，彻头彻尾，个人主义之民族也。英、美如此，法、德亦何独不然？尼采如此，康德亦何独不然？举一切伦理、道德、政治、法律、社会之所向往，国家之所祈求，拥护个人之自由权利与幸福而已。思想言论之自由，谋个性发展也。法律之前，个人平等也。个人之自由权利，载诸宪章，国法不得而剥夺之，所谓人权是也，人权者，成人以往，自非奴隶，悉享此权，无有差别。此纯粹个人主义大精神也。[③]

陈独秀充分肯定了个人主义在近代价值观中的根本地位，认识到在封建纲常礼教肆虐的中国提倡个人主义的意义。其以个人主义为中心的人格观，在新文化运动期间及其后的相当一段时期内产生了巨大反响。

---

① 陈独秀：《孔子与中国》，《陈独秀选集》，天津人民出版社 1990 年版，第 221 页。

② 陈独秀：《辟谣——告政学会诸人》，《陈独秀著作选》第 2 卷，上海人民出版社 1993 年版，第 280 页。

③ 陈独秀：《东西民族根本思想之差异》，《陈独秀著作选》第 1 卷，上海人民出版社 1993 年版，第 149 页。

四、以“惟民”批“民本”——陈独秀人格观的民主精神

陈独秀的个人主义思想，是其主张民主的基础。他认为，袁世凯等人之所以能进行复辟活动，是因为社会上还存在封建专制的思想道德基础，对“三纲五常”和孔子的批判能促进国民道德风尚的改变，有益于实现政治上的民主。

> 如今要巩固共和，非先将国民脑子里所有反对共和的旧思想，一一洗刷干净不可，因为民主共和的国家组织、社会制度、伦理观念，和君主专制的国家组织、社会制度、伦理观念全然相反——一个是重在平等精神，一个是重在尊卑阶级——万万不能调和的。[①]

他提出，要实行民主就必须推翻传统政治伦理一体化的封建专制，提出这种人格伦理上的觉悟“为吾人最后觉悟之最后觉悟”[②]。在陈独秀看来，民主的真义是在保证国民权利和民主的国家，而非民奴的国家。民主的国家，以执政者为公仆，以人民为主人；民奴的国家，执政者以国家为私产，以牺牲全体国民的权利满足个人（或少数人）的私欲。只有民主的国家才是理想的国家。他还认为，“惟民”与“民本”是不相同的，前者是民主主义，以人民为主体的政治制度，是“由民”，而不是“为民”，人民是国家的真正主人；而后者是传统的“民视民听”和“民贵君轻”观念，强调的是“为民”，但“民”不是真正的国家主人。这种所谓的“仁民爱民”的民本主义从根本上抹杀了国民的人格，它与以人民为主体的惟民主义有本质区别，两者是不相容的。

因此，陈独秀提出，政治与伦理不可分割，民主政治与传统民本的专制伦理是相互矛盾的，要废除尊上抑下、尊长抑幼、尊男抑女的不平等人格观和道德观，必须建立新的人格观和道德观。

---

① 陈独秀：《旧思想与国体问题》，《陈独秀著作选》第 1 卷，上海人民出版社 1993 年版，第 150 页。

② 陈独秀：《吾人最后之觉悟》，《独秀文存》，安徽人民出版社 1987 年版，第 41 页。

原夫道德观念之成立，由于人类有探索真理之心，道德之于真理，犹木之于本，水之于源也。宗教、法律与道德，三者皆出于真理。宗教以信仰为基础，法律以权力为运用，而有信仰所不能范，权力所不能及，则道德尚焉。由是观之，道德与宗教、法律，三者在真理之下。……吾人往往以为道德不能变易，吾人今日所遵之道德，即自有生民以来所共认之道德，此大误也。……又一派人则以为科学发达之结果，道德二字，将不复存在于人类社会中，此亦误也。夫道德之所由起，起于二人以上相互之际。与宗教、法律，同为维持群治之具。自非绝世独生，未有不需道德者。……天下无论何人，未有不以爱己为目的者。其有倡言不爱己而爱他人者，欺人之谈耳。……故自利主义者，至坚确不易动摇之主义也。唯持极端自利主义者，不达群己相维之理，往往只知有己不知有人。极其至将破坏社会之组织。……故言自利主义，而限于个人，不图扩而充之，至于国家自利，社会自利，人类自利，则人类思想生活之冲突，无有已时。①

此外，陈独秀依其进化论思想提出：

盖道德之为物，应随社会为变迁，随时代为新旧，乃进化的而非一成不变的，此古代道德所以不适于今之世也。……野蛮半开化时代，有野蛮半开化时代之道德（如封建时代之忠孝节义等是）；文明大进时代，有文明大进时代之道德（如平等博爱公共心等是）。②

陈独秀认识到，道德相对于知识进步，进化速度慢，所以要主张与民主社会相应的新道德，而且“道德为人类之最高精神作用，维持群益之最大利器，顺进化之潮流，革故更新之则可，根本取消之则不可也”③。人

① 常乃悳：《记陈独秀君演讲辞》，《新青年》第3卷第3号。
② 陈独秀：《答淮山逸民》，《独秀文存》，安徽人民出版社1987年版，第668页。
③ 陈独秀：《答淮山逸民》，《独秀文存》，安徽人民出版社1987年版，第668页。

性是爱自己的，但人处于社会中，不能发展极端利己主义，要有社会义务感。民主与文明时代道德的发展，更要求高尚的道德和公共心，所以抛弃旧人格，追求互助、富有同情心和利他心的新人格。

陈独秀注意到，西方民主社会宗教对道德自律起到了重要作用。他批孔子，不是因为儒家是宗教，而是因为儒家文化是封建伦理的依附。

> 宗教之为物，无论其若何与高尚文化之生活有关，若何有社会的较高之价值，但从根本精神，则属于依他的信仰，以神意为最高命令；伦理道德则于自依的觉悟，以良心为最高命令；此过去文明与将来文明，即新旧理想之分歧要点。[①]

因此，新的理想人格是独立、自由、平等的人格。但是，后来陈独秀又主张宗教中高尚的情感有助改善道德生活：“美与宗教的情感，纯洁的深入普遍我们生命源泉底里面。我主张把耶稣崇高的、伟大的人格和热烈的、深厚的情感，培养在我们的血里，就是因为这个理由。”[②]由此可见他区分了内在道德情感与外在伦理约束（外铄）的不同作用。

总之，陈独秀认为民主社会由“由民”而衍生出的道德观、人格观是以个性自由的个人主义为基础的，与所谓“民本”的封建君主专制社会由“为民”所生发的道德观和人格观有本质上的不同。因此，真正“惟民”的民主政治实现，必须批判传统文化的糟粕，而且必须依靠广大民众的运动才能实现，这是国民人格改造、思想进步的唯一途径。因此，他积极倡导功利主义，认为功利主义与真正的民主思想相一致，“功利主义之所谓权利主张，所谓大多数之最大幸福等，乃民权自由立宪共和中重要条件”[③]。陈独秀所推崇的功利主义，与能够体现个性自由、平等

---

① 陈独秀：《答俞颂华》，《独秀文存》，安徽人民出版社 1987 年版，第 674 页。

② 陈独秀：《基督教与中国人》，《独秀文存》，安徽人民出版社 1987 年版，第 282 页。

③ 陈独秀：《再质问〈东方杂志〉记者》，《陈独秀著作选》第 1 卷，上海人民出版社 1993 年版，第 480 页。

的个人主义，与以谋求个人和多数人幸福为目的的民主思想，并不矛盾。另外，他还认为，这种民主必须以政治上的民主制度来实现，否则会出现西方民主的不平等。陈独秀接受了马克思的社会主义学说，认识到制度与政治一致性的重要作用。

五、破除迷信，揭示人生真相——陈独秀人格观的科学精神

陈独秀从进化论向马克思主义唯物史观转变的过程，也是其科学人格观确立和发展的过程。树立科学的人格观，是他所提出的“新青年”人格观的重要组成部分。陈独秀反孔批孔，是批判以孔子儒家思想为依托的封建礼教，同时肯定孔子不崇尚鬼神的儒家理性主义传统，并将之与近代科学理念相结合，揭示人与自然、宇宙的关系，阐明人在宇宙中的地位和作用，区别人自身的力量与外在的自然力对人生的不同作用，倡导人们破除迷信，重新认识人生真相，并予以科学的解释，从而揭开了以科学代宗教的序幕。

陈独秀倡导科学原则和方法上的理性精神。他早在发表于《安徽俗话报》的《恶俗篇》中，专门列出《敬菩萨》一节，将烧香拜佛称为中国的恶俗之一，对当时人们将自己的命运寄托在无知无灵的人造偶像身上持坚决的批判态度。文章运用佛教的原理，否定人们偶像崇拜的迷信心理，非常富有说服力。民国初年，一些受过西方教育的知识分子和一些江湖术士结合在上海成立了所谓“科学”的“灵学会”，宣传人死而精神在的现代迷信。陈独秀依据唯物主义的一元论，首先站出来揭露其理论上的荒谬：

> 宇宙间万象森罗中，有客观的实质和主观的幻觉二种。实质有对境……因为本无是物……不若那有对境的实象，人人可见，时时可见……即假定鬼相是人身的放射物，当然是有对境的实象；而何以时隐时现呢？[①]

---

① 陈独秀：《答莫等》，《独秀文存》，安徽人民出版社1987年版，第764页。

他运用朴素唯物论的反映论，说明不存在的对象是难以使人感知的，有力地批驳了鬼神迷信，指出这是相信某种外在的神秘力量的谬论，不是科学。

陈独秀还以人类历史的发展和科学为依据，批判基督教关于世界和人类起源学说的荒谬性：

> 基督教底“创世说”“三位一体说”和各种灵异，大半是古代的传说、附会，已经被历史学和科学破坏了。[①]

在1922年开始的非基督教运动中，陈独秀明确支持非基督教运动。他基于人生真相的认识，以现实主义精神，批判了宗教家对人生真相解释的虚幻性和迷信性；并根据科学和唯物主义，论证了人生的客观存在性和现实性。

因此，陈独秀主张青年人要破除各种迷信，张扬基于科学原则和方法的理性自主精神。他提出，通过“怀疑、研究、分析、归纳、实证，这几层功夫”[②]，对自己的所思及所行进行验证，用科学的方法和步骤使自己的主观判断与客观事实相符合。从形式上看，陈独秀将儒家“内省”“三省吾身”和“反求诸己”的推敲、感悟的修身功夫和治学传统，以科学的方法转换成相应的程序和步骤，保证了主观理性的客观性，消除了传统方法的主观性和玄秘性。

此外，陈独秀提倡科学理性指导下的意志自由，提出“人之生也，应战胜恶社会，而不可为恶社会所征服”，“排万难而前行，乃人生之天职”[③]，倡导“‘真金不怕火来烧’，为了拯救国家的生命，为了拥护人民的利益，就跳到火坑粪坑里都是应该的”[④]，强调为了实现社会理想、人格

---

① 陈独秀：《基督教与中国人》，《独秀文存》，安徽人民出版社1987年版，第283页。

② 陈独秀：《告新文化运动诸同声》，《陈独秀著作选》第2卷，上海人民出版社1993年版，第80页。

③ 陈独秀：《敬告青年》，《独秀文存》，安徽人民出版社1987年版，第6页。

④ 陈独秀：《我们应该如何对待善后会议》，《陈独秀著作选》第2卷，上海人民出版社1993年版，第836页。

理想，要有坚定的意志力。与传统近代知识分子不同的是，陈独秀以科学的态度，分析现代社会生存竞争加剧、快速发展的现实，将斗争、进取、冒险等表现意志品格的精神看成是在人生历程中经常要表现出的主动品格，将表现意志力的斗争进取和不妥协精神看作人生的经常性行为。可以说，陈独秀所提倡的意志自由，与孔子推崇自我意志自由及意志力量的传统、“为仁由己”和“舍生取义”等有相似性，是科学管理性指导下的实践理性表现。

正如前文所指出的那样，与近代其他思想家一样，陈独秀也有夸大个人意志作用，而忽视多数人作用的倾向。但是，他同时强调，意志的实现要依靠一定的客观条件：“个人的主观意志无论如何伟大，决不能创造客观上绝对不可能的东西。”①陈独秀号召人们，用科学的理性和方法将人生理想和现实相结合，并将之统一于社会实践，在实践中确立和完善自己的人格，这表明其人格观已经具有了实践唯物主义的特征。

六、集“德”“赛”二先生于一身——陈独秀对理想人格的追求

陈独秀以科学和民主为旗帜，非孔反儒，辩“惟民”与“民本”，呼吁青年自身必须完成自我解放和自我革命，将人的含义从“三纲五常”之复数自我，还原为以单数个体的独立、自主的自我，树立集“德”与“赛”二先生于一身的人格新形象。陈独秀的这一理想人格，与新文化运动的发展是同步的，对当时有着非常现实的可操作性启蒙与指导意义。

陈独秀认为，要实现新青年的理想人格，首先要讲求个体的独立性。

> 解放重在自动，不只是被动的意思，个人主观上有了觉悟，自己从种种束缚的不正当的思想习惯迷信中解放出来，不受束缚，不甘压制，要求客观上的解放，才能收解放底圆满效果。自动的解

① 陈独秀：《列宁之列》，《陈独秀著作选》第2卷，上海人民出版社1993年版，第607页。

放，正是解放底第一义。[①]

陈独秀认识到，个人的解放不只是精神的解放。探索封建纲常名教剥夺人格的经济原因，他还提出：现代生活以经济为命脉，人格独立的标准是个人财产独立，这会促进社会风纪和物质文明的大发展。在封建纲常礼教的束缚下，为人子和为人妻者，均没有个人独立的财产，因此也就没有个人独立的人格，“此非个人独立之道也”[②]。因此，他提出，个人独立人格的树立必须以经济为基础，不仅要抛弃封建纲常礼教，还要废除封建大家庭的财产所有制；青年人要争取人格独立，就要自食其力，坚持经济独立。

其次，陈独秀提出个人幸福必须依靠个人主观努力。

> 人生幸福，是人生自身出力造成的，非为上帝所赐，也不是听其自然所能成就的。若是上帝所赐，何以厚于今人而薄于古人？若是听其自然所能成就，何以世界各民族的幸福不能够一样呢？[③]

他在《敬告青年》中告诫青年人，理想人格是从现实生活中不断塑造自我、实现自我的结果，是“实利的而非虚文的”，“举凡政治之所营，教育之所用，文学技术之所风尚，万马奔驰，无不齐集于厚生利用之一途”，只空谈人生道理和理想，不置身于社会现实去努力创造价值，还会走回古人空谈心性的旧途。不难看出，就自我实现的社会认同和社会价值取向来说，陈独秀也继承了传统人生哲学对社会价值目标认同的思想，注重在整个社会和人类历史发展过程中实现个体的理想人格。

再者，陈独秀推崇信仰的科学性，在《敬告青年》中提出理想人格的完善要在“科学的而非想象的”人生中实现。他批评有的青年人“不知科学，故袭阴阳家符瑞五行之说，惑世诬民；地气风水之谈，乞灵枯骨”，认为“凡此无常识之思，惟无理由之信仰，欲根治之，厥惟科学”，现今的

---

① 陈独秀：《解放》，《独秀文存》，安徽人民出版社1987年版，第582页。

② 陈独秀：《孔子之道与现代生活》，《独秀文存》，安徽人民出版社1987年版，第83页。

③ 陈独秀：《人生真义》，《独秀文存》，安徽人民出版社1987年版，第126页。

时代是“日新月异，举凡一事之兴，一物之细，罔不诉之科学法则，以定其得失从违；其效将使人间之思想云为，一遵理性”。[①] 因此，他提出破除“天命论”和“宿命论”，在科学理性下实现人格独立和人格平等，否则“抱定听天由命的主义”，不知进取，缺乏创造活力，中国只能落后，中国人只能“做洋人的奴隶”[②]。陈独秀认为，新青年应有进取冒险精神，反对退隐主义。

> 人之生也，应战胜恶社会，而不可为恶社会所征服；应超出恶社会，进冒险苦斗之兵，而不可逃遁恶社会，作退避安闲之想。[③]

因此，新青年的理想人格与传统的圣贤人格不同，是基于现代法律和人格意义上的平等主体。值得注意的是，陈独秀所倡导的新青年人格，是一个有德性的自我主体，是以体现现代民主精神的个体主义为基础，具有道德人格和经济人格双重意义的理想人格。他崇尚节俭，节衣缩食，兴产殖业，批判没有高尚人格追求的生活方式，“贪食渔色，戕害其生，奢以伤廉，堕落人格”[④]。他还非常反感不诚实的人，“诈伪圆滑，人格何存？吾愿爱国之士，无论维新守旧，帝党共和，皆本诸良心之至诚，慎厥终始，以存国民一线之人格”[⑤]，将表里如一作为新青年和现代国民的人格标准，强调道德对形成真正自由主体人格的基础意义。1919年12月1日，他在《新青年》第7卷第1号上发表的《本志宣言》明确提出，“对于一切拥护少数人私利或一阶级利益，眼中没有全社会幸福的政党，永远不忍加入”[⑥]，“我们主张的是民众运动，社会改造”[⑦]。

---

① 陈独秀：《敬告青年》，《独秀文存》，安徽人民出版社1987年版，第9页。

② 陈独秀：《亡国篇》，《陈独秀著作选》第1卷，上海人民出版社1993年版，第84页。

③ 陈独秀：《敬告新青年》，《独秀文存》，安徽人民出版社1987年版，第6页。

④ 陈独秀：《我之爱国主义》，《独秀文存》，安徽人民出版社1987年版，第62页。

⑤ 陈独秀：《我之爱国主义》，《独秀文存》，安徽人民出版社1987年版，第66页。

⑥ 陈独秀：《本志宣言》，张宝明主编：《〈新青年〉百年典藏》（政治文化卷），河南文艺出版社2019年版，第190页。

⑦ 陈独秀：《本志宣言》，张宝明主编：《〈新青年〉百年典藏》（政治文化卷），河南文艺出版社2019年版，第189页。

这篇宣言是陈独秀由旧民主主义转变为马克思主义者的标志[1]，同时也标志着其个体主义人格观转变人类幸福人格观。

总之，陈独秀的新青年人格观以社会进化论、唯物主义等原理为基础，既具有民主精神和科学理性，又富有情感的人格理想。这一人格观念，不仅摆脱了封建君主专制和封建礼教束缚，也继承了传统人格学说中的健全伦理情感，在内涵上注入了民主和科学的精神，开始具备了现代意义上的科学人格观特征，对中国人的人格观的现代化作出了突出的理论贡献，产生了积极的现实影响。

小 结

超越铁公鸡与野兽

——跨跃契约自我的人类幸福人格观

龚自珍、严复、梁启超、孙中山和陈独秀等近代中国知识分子在思考和探索中国社会和人民的现状及未来的过程中，其人格思想经历了艰难的蜕变过程：从“不拘一格降人才”的经世致用变革，到洋务运动的儒法整合以富国强民；从戊戌变法的君主立宪以保礼教，到辛亥革命以佛墨无我精神推翻封建帝制；五四运动时期，又经历了从全面否定中国传统文化到全盘西化的争论，人的现代化问题始终是变革图强的焦点。最终，为什么“十月革命的一声炮响”给中国送来的马克思主义，使广大“愚昧无知”的泥腿子——农民焕发了巨大的人格精神力量和创造力，这是一个值得回答而没有很好回答的问题。

中国传统农业文明的伦理自我人格观，血缘亲情伦理历经两千多年的封建专制的演化，从伦理民本内核异化为纲常官本的实质，面对西方资本主义契约自我人格的冲击，必须做出蜕变与转化。但是，近代中国的发展与探索表明，完全放弃中国传统的西化道路是走不通的。

---

① 参见宋声明：《中国近现代哲学四论》，中国社会科学出版社 2012 年版，第345 页。

西方契约自我的开放式人格，是经历中世纪末的三大改革运动（古罗马法复兴、意大利文艺复兴与宗教改革）和工业革命的产物。欧洲社会的中世纪，人把自己的灵魂交给了上帝，人以“类”为单位与上帝签订了契约，也即欧洲社会群体服从了上帝的启示，教会掌管了世俗权，人的自我也是压抑和内敛的。

随着生产力的进步，商业和手工业得以发展，欧洲市民社会不断壮大。人们开始以阶层为“类”，从腐败和僵化的教会那里争取自己的世俗权，这就是所谓的18世纪的“启蒙运动”。此后，人们思想得以活跃，创造性得以发挥，催生了工业革命的产生，资产阶级队伍开始壮大，社会形态从传统的农耕社会进入到现代的工业社会，这“类”人又开始向封建贵族统治争取社会管理权。18世纪末的法国大革命，标志着从传统的贵族专制统治进入了共和法治社会，形成了以法治为基础的工业社会。

但是，资本主义工业社会造成了另一“类”人——大批的无产阶级产生，贫富差距拉大，引发了社会的种种弊端，导致社会主义运动兴起。于是，社会主义思潮兴起，促进欧洲从法治社会进入到民主社会。从而，在经济上的现代工业社会基础上产生了以政治上的现代民主为标志的现代欧洲社会。但是，这一过程并不是自发形成的，而是经过无产阶级长期斗争得来的。

欧洲进入工业社会的早期，出现了一系列严重的社会问题。家族式的劳动生产方式转化为到工厂中出卖劳动力，由于工资待遇非常低，多数普通家庭中的妇女与儿童也不得不到工厂去劳动。矿井中的童工和纺织厂中的女工，从事超出其生理能力的工作，身心受到极大摧残。即便如此，一般工人家庭收入的50%～70%用于吃饭，而且只能维持低级的温饱水平。一旦遇到市场疲软、企业倒闭或周期性的经济危机，大批失业工人连房租和基本生活费用都得不到保障。因此，工业化使广大无产阶级的生活城市化，失去了农耕文明时期衣食住行的基本生活资源保障和缓冲条件。失去基本生产资料的劳动者，仅是资本家赚钱的工具。这一切，形成了历史上著名的"19 世纪社会问题"。[①]

1841 年，刚刚博士毕业的马克思任《莱茵报》主编，在遇到著名的"林木盗窃问题"时深入乡间调查采访，找到饥饿和无家可归是人们违反林木管理条例的原因，于次年 10 月写出了《关于林木盗窃法的辩论》，批评当局剥夺贫民捡拾枯枝等习惯权利，系统地提出了自己的森林立法观。恩格斯，这位未满 22 岁的德国鲁尔区纺织厂老板的儿子，1842 年被派往位于英国工业重镇曼彻斯特的欧门—恩格斯纺织厂任总经理。年轻气盛的小老板，其志向却不是扩大经营，而是深入到曼彻斯特社会底层开展英国工人的历史与现状调查，24 岁就出版了《英国工人阶级的状况》，结合亲眼所见，引用可靠资料，最早以实证方法揭露了欧洲工人的悲惨生活。这一调查，成为经验社会主义的先驱之作。

法国大革命奠定了以社会契约为基础的自由主义，古罗马法中用于商业活动的合同原则推广到整个政治、经济、社会与文化领域，社会确立了"法治国"原则。但是，这种"法治国"表面上的"平等"契约原则，即所谓"法律面前，人人平等"，掩盖了妇女儿童为生活所迫，"自愿"从事摧残性劳动，以及人们在丧失劳动能力的退休或伤残之后生活没有基本保障问题。社会主义思潮的兴起，人们开始揭露这种劳资关系平等表面下被隐瞒了的事实上的不平等，要求国家通过立法来保障基本的人权。因此，在法国革命的影响下，1830 年英国工人举行了多次大规模游行，要求打破贵族议会制，实现"无论贫富，人手一票"的民选，以获得真正的经济保障。1832 年，英国议会被迫修改选举法，容许没有贵族头衔的市民参加大选。但是，当时在 600 万男性公民中，只有 84 万男人有选举权。随后，第一个英国工会在伦敦成立，组织工人在全英国征集向议会申诉的签名活动，要求获得全民选举和工人保障。经过一次次的拒绝又一次次的争取，英国于 1842 年与 1844 年通过了劳工保护

---

① 参见刘秀萍：《作为"阶级"存在的工人：命运及其解放——重读〈英国工人阶级状况〉》，《马克思主义理论学科研究》2020 年第 4 期。

法，1847 年又引入了 10 小时工作制，到 1867 年才认可全部男性公民参与大选，而真正实施这种大选一直拖到了 1884 年。

因此，中国近代知识分子所憧憬的欧洲“资产阶级民主”，是无产阶级为维护自己利益而不断抗争得来的，其实质是“无产阶级民主”，是社会主义政治运动的结果。可以说，资本主义国家众多的福利制度，都是老百姓通过无产阶级民主方式，为自己争取到的社会主义政策；而这些社会主义公平与正当性，恰恰是马克思等先驱所作的理论贡献。马克思批判资本主义异化理论，因而也成为西方社会提倡人类幸福社会和人类幸福人格观的思想基础。

五四运动时期，近代知识分子对资产阶级革命失望之后，陈独秀等人倡导自由主义和无政府主义的极端个人主义，追求西方契约个体自由为基础的社会公理，与传统的礼教伦理自我为基础的人格观彻底决裂，并将先秦的“拔一毛利天下而不为”的杨朱利己人格思想搬出来为之辩护，倡导“铁公鸡”式极端个人主义；甚至还提出，学习西方的开放性“野兽”人格，冲破传统礼教伦理人格观的牢笼，实现中国人的人格解放，促进人的现代化。

但是，巴黎和会的噩耗传来，陈独秀和李大钊为代表的知识分子幡然醒悟，西方所谓的“社会公理”是强者的游戏规则，而弱者只是他们利益分配的砝码。俄国十月革命的炮声，以及当时苏俄政府宣布废除沙俄对华不平等条约，使陈独秀和李大钊们认识到，中国要摆脱半殖民地地位和封建压迫，必须以共产主义为理想唤醒无产阶级，通过绝大多数的无产阶级革命力量，推翻三座大山，走社会主义道路，才能真正实现社会公正和社会保障，实现全人类的幸福。

在这一过程中，中国人要超越西方极端个体主义的契约人格，必须走工农革命的道路，树立以人类解放为目标的幸福人格观，冲破封建礼教人格。因此，觉醒后的中国第一代共产主义者，从政治思想上宣传马克思主义，进入到从政治行动上实践马克思主义，加快了建立中国共产党的步伐。

毛泽东遗存最早的一篇农村调查报告《中国佃农生活举例》，是他1926年在湖南湘潭西乡村考察农民运动时与佃农张连初会谈后的一篇报告，1927年3月在武汉出版，是“中国国民党中央农民运动讲习所丛书”之一。在报告中，毛泽东通过调查实例，准确计算出令人信服的数据，真实揭示了“中国之佃农比牛还苦”的悲惨生活境遇。1926年下半年起，随着国共两党共同领导北伐的胜利进军，轰轰烈烈的农民运动也迅速发展起来。但是，农民运动很快就遭到国民党右派和封建地主豪绅的诋毁和破坏，也遭到党内右倾思想的怀疑和责难。1927年1月4日到2月5日，身为中共中央农民运动委员会书记的毛泽东，又回到当时农民运动发展最为迅猛的湖南考察。在32天里，他步行700多公里，实地考察了湘乡、湘潭、衡山、醴陵、长沙五县的农民运动情况。2月12日，毛泽东回到中央农民运动委员会驻地——武昌，撰写了《湖南农民运动考察报告》，当年4月以单行本出版发行。瞿秋白在为该书所作的序言中说：“中国革命家都要代表三万万九千万农民说话做事，到战线去奋斗，毛泽东不过开始罢了。中国的革命者个个都应当读一读毛泽东这本书。”①

1929年美国记者埃德加·斯诺的内蒙古之行，沿着京绥线到达萨拉齐，眼前的灾荒场景令他震惊。他在《拯救二十五万生灵》中描述：“一个人来到大西北的边远地区，在遭到饥荒侵袭的城镇走一遭，他会感到绝望。无论谁看到像萨拉齐这样的城市的种种景象都会承认：‘在灾荒面前，神明是无能为力的。’”②斯诺还在著名的《红星照耀中国》中用大量篇幅描述过和红军战士在一起的日子：他们之中的大多数来自社会底层，为家庭、土地而战斗；虽然生活条件艰苦，但他们脸上没有一丝哀愁。个人的喜怒哀乐成了一个集体的喜怒哀乐，在消除了人与人之间的差别后他们忘却了个人的存在，而与他人同在患难之中。斯诺

① 转引自汤胜利：《寒夜中的一声春雷——〈湖南农民运动考察报告〉诞生记》，《党史纵横》1992年第1期。

② 刘力群选编：《斯诺通讯特写选》，洪允息等译，新华出版社1985年版，第15页。

坦言，1929年的内蒙古之旅对他的人生道路以及思想产生了极其巨大的影响，是他一生的“觉醒点”，使他认识到，国民党当局将灾荒视作钳制绥远各方势力的一种政治手段，对灾荒不闻不问，只顾寻欢作乐，拉帮结派。因而，中国的共产党人要比蒋介石集团更能动员广大人民去进行有价值的斗争和牺牲，所以他们能取得胜利。①

无产阶级革命家马克思、恩格斯和毛泽东，美国记者埃德加·斯诺，他们属于不同时代、不同国家和不同文化背景的知识分子，深入到社会基层调查或采访农民、工人的感受却是相通的。马克思和恩格斯通过研究资本主义制度，发现了剩余价值规律，提出了科学社会主义思想；毛泽东深入中国农村调查，揭示了失去人格尊严、牛马不如的农民生存状态，指出了农民运动是代表中国社会改革的光明之路；埃德加·斯诺通过对比美国发达资本主义和当时中国国民党政府对广大劳苦人民的基本态度，在艰苦的延安从人格充盈、幸福洋溢的战士和妇女身上看到了中国的光明未来。

在欧洲，历经宗教改革和文艺复兴，人又重新获得了尊严，人的主体能动性得到张扬，但是生产力发展的同时，人又从拜神堕入到拜物。针对工业资本主义对人的异化，马克思主义学说虽然没有专门论述人格观，但是指明了社会发展的规律，提出了人的全面发展，指出实现全人类的幸福社会改革道路。

从晚清到第一次世界大战结束期间，中国知识分子相信，近代西方文明是人类进化的象征，是中国学习的榜样。但是，巴黎和会中的政治分赃，使得陈独秀为代表的爱国知识分子对于欧美民主共和大感失望。恰在此时，1917年俄国十月革命的成功，促进了世界范围内的社会主义思潮兴起。这也验证了梁启超等人对资本主义制度的忧虑。而陈独秀和李大钊不仅发现资本主义国家的重大弊端，还发现社会主义能够使

---

① 参见林睿：《1929年埃德加·斯诺内蒙古之行及相关问题考述》，《新闻论坛》2019年第2期。

中国实现绝大多数人幸福的“大同”社会，能够为爱国知识分子提供思想理论武器和道路实践办法，而且还认识到：个人是社会的产物，为社会所支配，改变社会不能只靠自己，而必须通过能聚集众人力量的组织。建立无产阶级国家，不仅有助于解决中国遭到外国势力侵轧的问题，尤其重要的是，能够实现人类社会更进一层的演化，追求更多数人的幸福。①

因此，以全人类解放为目标的共产主义理想，超越了极端个人主义人格观。为人类谋幸福的无产阶级人格观，成为中国广大无产阶级冲破封建礼教伦理人格观的思想武器。这是中国传统伦理自我，经过西方个体契约自我的冲击，由家族亲情伦理自我人格走向社会互助伦理自我人格的过程，超越了个体小我人格走向社会大我人格，是中国传统人格观与西方文明冲突和融合的结果，这也是现代世界范围人格观念发展的趋势。中国近代人格观这一跳跃式转变，如同中国被迫从古代社会进入近代社会一样，其发展与实现过程也是由被动到主动，其道路注定是不平坦的，需要几代人的艰苦努力，甚至流血牺牲。但是，这是中国人人格观现代化的必由之路。

---

① 参见杨贞德：《转向自我：近代中国政治思想上的个人》，三联书店 2012 年版，第 264 页。

结束语

中国人如何实现从古代臣民向近现代新民的转变——从封建君主专制统治下的人身依附差等的传统人格转变为自主平等的人格，是近代中国思想家思考和阐述的一个重要问题。明末清初满汉政权的更替、中国鸦片战争的失败、甲午战争的重创、洋务运动的尝试、维新变法的斗争、辛亥革命的成功和“五四”新文化运动的兴起，近代中国的各个历史时期，思想家们都在为民族振兴和国家强盛苦苦探索，寻求挽救民族危亡的救世良方。近代中国思想家对传统人格改造或重建问题的探讨，是中国近代思想变迁的重要内容，它与不同时期的各种哲学思潮相表里，成为反映近代思想演变的一面镜子。可以说，中国近代人格观内在的逻辑关系及演变特点，也折射出了这一过程不同时期哲学思想的发展规律。

近代中国思想家人格观的转变及其重建的探索，是在“古今”和“中西”之争的背景下展开的。它以民族危机和国家存亡的忧患为基础，中华民族为适应和实现工业现代化，以西方科学与民主的人文主义精神为参照，在批判与继承中，逐步扬弃中国传统儒家成圣成贤的封建伦理德性人格观。

从鸦片战争（1840 年）前后到“五四”新文化运动（1919 年）前后的 80 多年间，关于中国人如何冲破封建君主专制的桎梏获得自由、平等、独立的人格，实现从臣民向新民的转变，无论是学界贤达还是朝中贵人，凡有识之士都为如何改变中国人的人格观念思考和呼喊，“你才唱罢我登场”，甚至几个人同时唱一台“大戏”，戏的“曲目”从“平等、博爱”到“自由、独立”，再从“集体观念”到“个人主义”，等等，不停地变换。

文化哲学家卡西尔把人的自我人格看作是人从事文化活动“劳作”的产品，“在这里，我们寻求的不是结果的统一性而是活动的统一性，不是产品的统一性而是创造过程的统一性”①。应该说，近代先贤为近代中国人的人格改造所付出的努力是巨大的、发人深省的，其文化的“劳作”是创造性的，在当时所起的历史作用及对其后历史的影响也是巨大的，但其时代的局限性也是非常明显的。

一、近代在哲学上的文化创造性“劳作”

尽管中国古代有东汉时期印度佛教的传入和唐朝以后西方基督教的渗入，但是这些外来文化并没有从根本上影响中国固有的哲学理论形态。相反，佛教逐渐被中国本土文化吸收或同化而融入了中国的哲学系统，基督教等其他外来文化在传播过程中也在不断以中国哲学化的方式争得一席之地。与此形成鲜明对比的是，1840年之后的“中国近代哲学”已经失去了独立发展的环境，受到西方自然科学、生产技术和社会制度的影响，开始了工业文明社会下的中国哲学发展的探索。

首先，中国近代哲学是中国传统哲学的延续，天人之辩、名实之辩、心物（知行）之辩和理气（道器）之辩等，中国传统哲学的诸多命题，都在近代发到了一个新的高度。洪仁玕、王韬、冯桂芬、严复、康有为、梁启超、孙中山、章太炎、陈独秀等各个时期的“新式学人”，注重学习和研究西方，或组织政治团体，或办报刊写专论，促使中国人的思想面貌逐渐发生改变，推动了中国哲学的转型。如，从洋务运动到维新变法时期经过“体用”之争和“本末”讨论，重新认识“道”与“器”的关系；冲破了经学权威诠释，注重“实事实功”，以“开民智”为主题，对“心”与“物”的关系

---

① [德]恩斯特·卡西尔：《人论》，甘阳译，上海译文出版社1985年版，第90页。

再认识，等等，都是洋务派人物及维新派人物倡导改革图强、改造人格思想的发端，这也是“古今”之争的焦点。严复在翻译西方近现代社会科学著作时，将唯心论、先验论及归纳与演绎等西方哲学概念及方法也引进到中国。另外，中国近代学人还从日文中接受或移植了大量融入中国古代哲学元素的现代哲学译名，如“哲学”“唯物论”“辩证法”“真理”“知识”“本质”与“现象”等等。[①]

其次，对西方哲学的认识和接受，产生了飞跃性的突破。达尔文进化论的输入，标志着中国近代哲学革命的开始。从戊戌变法到五四运动，思想家都信奉或信奉过进化论，进化论成为当时资产阶级倡导民主、自由、平等、博爱人格观的主要哲学思想基础。后来，陈独秀等人找到了马克思主义，接受了唯物史观，为中国的现代人格观的重塑作出突出贡献。在此期间，叔本华、尼采、柏格森等人的非理性主义哲学，也对近代思想家产生过较大影响，对冲破封建专制及纲常礼教的束缚起到了积极的作用。在这一过程中，中国传统学术思想及治学方法精华，与西学哲学思想及方法有机融合，佛学被“应用入世”，儒家经世致用思想及儒家哲学的理性主义精神，法家与墨家学说，都获得了新的生机。这些都是塑造富有传统精神的现代人格观不可或缺的要素。

第三，在中国人“天人合一”的哲学思维模式中，将解释世界与解释人生合二为一，并以理想主义为主导，更为关注建立意义的世界或价值的世界，而不大关注客观世界本身的解释。中国近代学人开始将眼光转向了客观世界，对世界的解释随之从理想主义转向了现实主义，不再局限于天人不分的哲学思维模式，逐渐选择了主客二分的西方哲学思维模式。但是，近代思想家仍然基于阴阳和合的传统天地观念，不仅开发出了古代哲学中元气、太极等资源，还将之与西方的以太、元质、引力与斥力等自然科学资源相融通，努力寻求解释世界的本体论观念的中

---

① 参见宋声明：《中国近现代哲学四论》，中国社会科学出版社 2012 年版，第 8～9 页。

国式转型。[1] 因此，近代中国探讨的天人关系问题，是在进化论等科学思想的指导下，重新解释人性的善恶问题，思考人的自由与人道观问题，形成了与西方思想融合、富有现代意义的自由、平等、独立、博爱的思想；由传统天理到世界公理，再到唯物史观的社会发展规律，这一切都成为构建近代人格观的基本构架。

可以说，近代饱读诗书的旧式学人，利用西学资源批判旧学，不以新旧中西为框框，大胆创新，既向西方寻求真理，也从旧故里找资源，推动中国近代哲学符合自身逻辑地发展，促进了中国哲学推陈出新和成功转型。

二、近代在人格思想上的开拓性创造

同自然经济相适应的中国传统的人格观念，以理想化的“天人合一”式的整体主义哲学思维模式为主导，重视社会的群体性而忽视人的个体性，不太重视人格的现实性。近代思想家则把改造人格观的目光转向了人格的现实性。

一是，人的自由和理想问题的探索取得空前成就。中国古代的哲学本来就有西方中世纪所缺少的人本主义世俗色彩，但其忽视个人主体的群体性伦理关系和封建官本位体制压制了人的平等意识。改变人身依附意识和臣民观念，是中国近代思想家的重要任务。受西方文化影响和冲破封建君主专制的需要，近代思想家在传统“大同”理想社会的基础上，将人类的美好理想从远古移向未来，吸收西方自由与平等思想影响，使成圣成贤人格观逐渐转换到与社会发展需要相适应的公民人格观。西周时期，人格观从神秘的神权中解脱，孔子将其改造成平民德性人格观，实现从神本到人本的一大转折。摆脱君主专制，将人格依托从至高无上的君权中解脱出来，近代人格观实现了从专制到民主的转折。这是中国人从臣民到新国民转变的标志，开始进入公民时代。

---

① 参见宋声明：《中国近现代哲学四论》，中国社会科学出版社 2012 年版，第 13 页。

二是，与人的自由和理想问题相表里，近代思想家在探讨群己关系、义利关系和个体自由与社会责任等问题上有了突破性进展。如，将个体从“伦理之群”中剥离出来，在现代经济社会中义利并重问题，功利主义为基础的个体主义张扬问题，等等，都为个体独立与自由的人格构建打下了良好的基础。

三是，尽管受西方个人主义影响，思想家们都注重个体独立人格的构建，但是，他们同时也重点探讨了社会整体自我人格观念对救亡图强的重要作用，强调以集体主义民主、自由和平等思想为基础，树立新的人格观。这不仅反映出时代特点，也体现出中西人格观的根本差异。

三、近代人格观念的时代特征

中国的近代，是在西方工业文明冲击下被动开启的。因此，面对救亡与存亡的问题，“有病乱求医”，近代人格观发展表现出多元、多变和极端等特征，且有古今与中西交织的特点。近代思想家将理论思考的重点放在人的观念与更新上，并以此为切入点，以各自不同的方式和角度回答了“中国向何处去”和“中国人怎么活”的时代课题。他们利用从西方拿来的思想武器批判封建专制制度和纲常伦理，批判旧的臣民人格观，设立新时代的价值尺度，提出了新伦理道德人格思想，促进了社会民众人格思想的变革。[①] 因此，人们对西方思想的引入和应用也表现出功利化、盲目性和简单化的特点。如，对文化传统的反思、批判缺乏理性和历史的分析，对文化传统资源也进行过非理性破坏，等等。用今天的眼光来看，近代人格观的改造过程中主要存在以下几个问题：

（一）视传统为实体，而不是过程

人们由对清王朝的失望，转向“古今之争”和“中西之争”，薄自己之古而厚西方之今，于是，崇西抑中的态势不断扩大，无一例外地站到自

---

① 参见宋声明：《中国近现代哲学四论》，中国社会科学出版社 2012 年版，第145 页。

己文化传统的对立面，将传统视为稳定、不变、陈腐的一个“实体”[①]，对自己的文化传统、人格传统观念失去信心。如，康有为、梁启超、章太炎等，开始是与传统决裂，后来又回归到传统，无不是把传统视为取之即来、挥之即去的一种静止“物件”。

其实，传统如同一条流淌着的河，“相对稳定的是河床，奔流而去的是河流，河床与河流的关系决不是瓶与酒的关系”[②]，旧瓶可以装新酒，新瓶也可以装旧酒，而河床与河流的关系却不是这样，两者是难以分离的。“一方面河床从整体上塑造河的形态（方向、流量）；另一方面，河流挟带的泥沙也沉积为河床，不但使河床升降，甚至会逼河床改道。正因为如此，历史长河某些阶段，才会有变迁的机会，才会有泛滥的现象，甚至有高岸为谷、深谷为陵的奇迹。文化传统如此，思想传统也是如此。”[③]河床与河流的关系，就是思想传统中的形式与内容的关系，两者变化是相互作用的过程。思想是分层次的，越深层的东西越稳固，同时也越具形式感；而越表面的东西越漂浮，也越容易流逝。前者的内容其实已内化为人们的前意识层次，甚至无意识层次，而且越是深层的思想越具有普遍性、规范性。思想观念层次越深，其改变遇到的阻力也就会越大。但是无论怎样改革或革命，彻底反传统是不可能的，改变的只是传统中的某些层次。

近代思想家们没有认识到传统的过程性，不依靠发动广大人民，仅靠幻想中的西方民主与平等，试图对传统“长河”进行清淤泥式的改造，其结果只能是欲速则不达。

清政府作为文化落后的民族入主中原，除了加强与历代王朝相同的君主专制外，还加强了文化专制。这种专制一方面不断制造文字狱，

---

① 参见陈少明、单世联、张永义：《近代中国思想史略论》，广东人民出版社 1999 年版，第 2～5 页。

② 陈少明、单世联、张永义：《近代中国思想史略论》，广东人民出版社 1999 年版，第 4 页。

③ 陈少明、单世联、张永义：《近代中国思想史略论》，广东人民出版社 1999 年版，第 4 页。

防止人们以文乱国，危及政权稳定；另一方面，清政府的各朝皇帝大力推崇宋明理学，而且从康熙、雍正到乾隆都是熟知内圣外王之道的“圣君”，社会文化被空前地由皇家控制起来，文臣及知识分子的思想被严格地禁锢在皇家的控制范围。文人学士诠释与弘扬文化传统的权利被剥夺，只能去从事言辞空洞、烦琐的考据和训诂学。儒家文化与皇家统治关系的密切程度，在清朝超过了历代。清朝皇家君主，成了儒家文化的现实化身。

因此，近代反对清朝君主专制，儒家文化传统自然在劫难逃，以儒家文化为依托的纲常礼教伦理道德及人格规范，也成为反政治专制和文化专制的双重靶标。在当时人们的意识里，推翻封建专制与否定儒家文化成为一体两面的历史任务。

西方的文艺复兴时期，封建贵族与新兴资产阶级合作，先以古代世俗文化传统反对神权统治；资产阶级壮大后，再以古希腊的传统民主思想打破贵族统治，前后经历二三百年。近代中国，改革的紧迫性，思想的不成熟，资产阶级力量的弱小，民众基础的缺失，政治实体与文化传统一体化，这种种现实使近代思想家在改革和革命过程中，处处碰壁，左右不逢源。

（二）图强救亡，慌不择“论”

从康有为到陈独秀，近代思想家和改革家们都提出了扫除封建人身依附型的奴性人格的观念。我们不难发现，由于缺乏系统的启蒙教育，他们依据不完整的科学知识（如关于电、原子等方面的知识），抽取或照搬西方哲学或社会学理论，建立起的宇宙观和世界观，与当时的社会文化背景格格不入。其实，他们当时“拿来”的西方各种理论学说，多是西方文艺复兴时期反对宗教神权的工具，是西方资产阶级与封建贵族共同反神权、争夺世俗权的产物。其背后是希腊公民个体契约自我人格。因此，这些理论学说，与当时中国国情和历史文化传统有着巨大差异，缺少基本的社会思想基础，对近代中国并不完全适用。

中国近代人格观念的启蒙与发端，是在西方军事、经济和政治强大压力下的被动举措，知识分子阶层对其缺乏应有的思想准备，只能实行拿来主义。历史风云的突变，亡国灭种的紧迫，也不允许他们深思熟虑，求富强图生存的热血也给他们的思想染上了非理性的色彩。没能植根于传统的哲学思想和立足社会现实的伦理道德观念，忽略促进民众自我的觉醒和人格的创造性转化，缺乏相应的社会经济基础和阶级力量的支持，重在照搬西方理论和学说，这是中国近代人格观转变过程的显著特点。因此，近代中国，尽管有关人格改造的思想表面上学派林立，此起彼伏，其实是一个人格观念纷杂和不成熟的时代。

（三）面对西方先进文明，文化自卑导致自我迷失

正如前文所言，近代知识分子将传统视为实体，在不少人眼里，儒家文化传统、君主专制、家庭伦理及小农经济体制，这一切都是推行西方自由、法制、人权和个人人格启蒙的障碍，是实现社会工业现代化的绊脚石。在进化论的影响下，他们放弃了传统性善论，貌似其信仰系统已经发生根本转变。其实不然，康有为、严复、梁启超从政治风云中退出后，思想趋于保守，又回到儒家的怀抱；胡适从个人主义“小我”回到社会之“大我”，陈独秀从极端的个人主义找到了马克思的无产阶级人格观。这说明，他们的慷慨陈词、洋洋万言背后，是在西方文明冲击下的“自我迷失”。他们极力在构建和倡导新的理想人格，其内心的人格观念也缺乏有力的理想支撑和信仰依托。这也能很好地回答，为什么他们都非常崇尚人的意志力的作用。

儒家文化传统作为中国古代的主流文化，有其完善的“知情意”及“真善美”价值体系基础，寄托着中国知识分子的思想信仰和人格观念，并通过各种渠道渗入民族文化的各个阶层，“可以说，儒家传统是中国民族文化的构成要素，在人伦日用之间起着决定性的作用”[①]。

儒家“为己之学”的人格修养特点，与犹太教的将自己交给上帝以

---

① 朱汉民、肖永明编选：《杜维明——文明的冲突与对话》，湖南大学出版社 2001 年版，第 143 页。

及与印度教的回到梵天不同，是在现实世俗中寻求精神寄托，以终生的努力实现人性至善的规定，是一个不需任何外在的人格神来拯救，通过自省自修，最终从精神上与天道合一的过程。

近代中国知识分子出于救亡图强、振兴中华的需要，致力于构建反封建专制和纲常礼教的现代人格观。他们在西方进化论等思想的影响下，力图从人们的思想深处激发出平等观念、反抗意识和奋发的精神。但是，他们大多在内心既不可能把自己交给上帝，也不能以科学为自我的终极关怀，导致了文化上的自我迷失。因而，近代思想家们所倡导的人格观念，没能达到“知情意”和“真善美”相互统一的程度。

尽管如此，近代对这一问题思考的深度还是发人深省的，思想家和改革家为此所作出的努力也是无私的。应该说，不少思想家所取得的成就，至今没有人能够超越。他们通过不断学习西学，对旧的臣民人格观进行批判与探索，逐步确立了近代中国的新人格观，使传统的理想人格与具有现代意识的新国民人格形象融合，从而宣告旧时代行将结束，新时代即将到来。① 远古的忧患意识和自觉的高尚情操，以及“天降大任于是人”的历史使命感，这些中国传统知识分子的优秀人格品质，在他们身上一览无余地折射出来。因此，在发掘和研究近代思想家们人格思想的过程中，笔者也经常为他们所展现出的人格魅力感动不已。这也是值得我们珍惜和继承的一笔巨大财富。

近代思想家们关于中国人的人格问题探索过程告诉我们，人的自我人格不是抽象文化的产物，而是具体历史文化传统和观念的外现。“因此一种‘人的哲学’一定是这样一种哲学：它能使我们洞见这些人类活动各自的基本结构，同时又能使我们把这些活动理解为一个有机整体。”②这应该是我们现在继承前人的思想财富，思考、探索和重建中国人人格观的基础。

---

① 参见宋声明：《中国近现代哲学四论》，中国社会科学出版社 2012 年版，第145 页。

② [德]恩斯特·卡西尔：《人论》，甘阳译，上海译文出版社 1985 年版，第 87 页。

由于学术水平和能力所限，本书肯定存在许多不足乃至谬误。比如，本书仅以代表中国主流文化传统的儒家人格观为主线，探讨近代中国人格观的演变，没有具体论及道家、佛家、墨家等在近代的影响；再如，由于选取的人物多，对每一人物的人格观念研究仍不深入。另外，由于采用了史论兼顾的写作方法，全书“史”有余而“论”不足。在今后的研究过程中，会在师长的指导及学友的帮助下，努力克服不足，改正错误。

参考文献

一、中文著作类

[1]昌切:《清末民初的思想主脉》,东方出版社 1999 年版。

[2]陈独秀:《独秀文存》,安徽人民出版社 1987 年版。

[3]陈独秀:《独秀文存》,首都经济贸易大学出版社 2018 年版。

[4]陈独秀:《陈独秀著作选》,上海人民出版社 1993 年版。

[5]陈谷嘉:《儒家伦理哲学》,人民出版社 1996 年版。

[6]陈少峰:《中国伦理学史新编》,北京大学出版社 2013 年版。

[7]陈少明等:《近代中国思想史略论》,广东人民出版社 1999 年版。

[8]陈旭麓:《近代中国社会的新陈代谢》,三联书店 2017 年版。

[9]陈永森:《告别臣民的尝试——清末民初的公民意识与公民行为》,中国人民大学出版社 2004 年版。

[10]陈元辉主编:《中国近代教育史资料汇编·洋务运动时期教育》,上海教育出版社 2007 年版。

[11]丁守和:《中国近代启蒙思潮》,社会科学文献出版社 1999 年版。

[12]丁伟志、陈崧:《中西体用之间:晚清中西文化观述论》,中国社会科学出版社 1995 年版。

[13]丁文江、赵丰田:《梁启超年谱》,上海人民出版社 1983 年版。

[14][美]杜维明:《一阳来复》,上海文艺出版社 1997 年版。

[15]方汉奇:《中国近代报刊史》,山西教育出版社 1981 年版。

[16](清)冯桂芬著,[德]冯凯整理,熊明心校对:《校邠庐抗议》,上海社会科学院出版社 2015 年版。

[17]冯契:《中国近代哲学的革命进程》,上海人民出版社 1989 年版。

[18]冯友兰:《中国现代哲学史》,广东人民出版社 1999 年版。

[19]傅斯年:《傅斯年全集》,湖南教育出版社 2003 年版。

[20]高瑞泉:《中国近代社会思潮》,华东师范大学出版社 1996 年版。

[21]龚书铎:《中国近代文化概论》,中华书局 1997 年版。

[22]孙中山:《孙中山全集》,中华书局 1981 年版。

[23]孙中山:《孙中山全集》,中华书局 1985 年版。

[24]郭嵩焘:《郭嵩焘日记》,湖南人民出版社 1982 年版。

[25]郭廷以编:《郭嵩焘先生年谱》,"中央研究院"近代史研究所 1971 年版。

[26]哈迎飞:《"五四"作家与佛教文化》,上海三联书店 2002 年版。

[27]胡适:《胡适论学近著》,山东人民出版社 1998 年版。

[28]胡适:《中国人的人格》,中国工人出版社 2013 年版。

[29]黄克武:《自由的所以然——严复对约翰弥尔自由思想的认识与批判》,上海书店出版社 2000 年版。

[30]蒋廷黻:《中国近代史》,上海古籍出版社 1999 年版。

[31]蒋星德:《曾国藩传》,北京联合出版公司 2015 年版。

[32]教军章:《中国近代国民性问题研究的理论视阈及其价值》,中国社会科学出版社 2009 年版。

[33]李大钊:《李大钊史学论集》,河北人民出版社 1984 年版。

[34]李大钊:《李大钊文集》,人民出版社 1984 年版。

[35]李劼:《李劼思想文化集》,青海人民出版社 1998 年版。

[36]李江涛、朱秉衡:《人格论》,辽宁人民出版社 1989 年版。

[37]李喜所:《中国近代社会与文化研究》,人民出版社 2003 年版。

[38]李泽厚:《中国近代思想史论》,人民出版社 1979 年版。

[39]李泽厚:《中国思想史论》,安徽文艺出版社 1999 年版。

[40]李振刚:《中国儒教史话》,河北大学出版社 1999 年版。

[41]梁启超:《梁启超全集》,北京出版社 1999 年版。

[42]梁启超:《饮冰室合集》,中华书局 1989 年版。

[43]林剑:《人的自由的哲学思索》,中国人民大学出版社 1996 年版。

[44]林毓生:《中国传统的创造性转化》,三联书店 1988 年版。

[45]刘晴波、彭国兴编:《陈天华集》,湖南人民出版社 2008 年版。

[46]刘泽华:《中国的王权主义》,上海人民出版社 2000 年版。

[47]刘长林:《中国人生哲学的重建》,华东师范大学出版社 2001 年版。

[48]柳诒徵:《中国文化史》,中华书局 2015 年版。

[49]鲁迅:《鲁迅全集》,人民文学出版社 1981 年版。

[50]路新生:《中国近三百年疑古思潮研究》,上海人民出版社 2001 年版。

[51]罗尔纲:《湘军兵志》,中华书局 1984 年版。

[52]罗志田:《国家与学术:清季民初关于“国学”的思想论争》,三联书店 2003 年版。

[53]马勇:《严复学术思想评传》,北京图书馆出版社 2001 年版。

[54]毛泽东:《毛泽东选集》,人民出版社 1991 年版。

[55]欧阳哲生编:《胡适文集》,北京大学出版社 1998 年版。

[56]彭明、程啸主编:《近代中国的思想历程(1840～1949)》,中国人民大学出版社 1999 年版。

[57]任建树编:《陈独秀著作选编》,上海人民出版社 2010 年版。

[58]申报馆编:《最近之五十年(1872～1922):申报馆五十周年纪念》,上海书店1987年版。

[59]童世骏主编:《西学在中国:五四运动90周年的思考》,三联书店2010年版。

[60]王尔敏:《晚清政治思想史论》,广西师范大学出版社2005年版。

[61]王明伦编:《反洋教书文揭帖选》,齐鲁书社1984年版。

[62]王先明:《近代新学——中国传统学术文化的嬗变与重构》,商务印书馆2000年版。

[63]韦政通:《中国思想传统的创造转化》,云南人民出版社2002年版。

[64]肖滨:《传统中国与自由理念》,广东人民出版社1999年版。

[65]夏东元编:《郑观应集》,中华书局2013年版。

[66]许寿裳:《鲁迅传》,北京联合出版公司2015年版。

[67]许寿裳:《亡友鲁迅印象记》,人民文学出版社1977年版。

[68]颜炳罡:《当代新儒学引论》,北京图书馆出版社1998年版。

[69]颜炳罡:《牟宗三学术思想评传》,北京图书馆出版社1998年版。

[70]严复:《严复集》,中华书局1986年版。

[71]严复:《严复诗文选注》,江苏人民出版社1975年版。

[72]杨国荣:《善的历程——儒家价值体系的历史衍化》,上海人民出版社1994年版。

[73]杨国枢、陆洛编:《中国人的自我》,重庆大学出版社2009年版。

[74]杨适:《中西人论的冲突》,中国人民大学出版社1991年版。

[75]杨贞德:《转向自我:近代中国政治思想上的个人》,三联书店2012年版。

[76]曾国藩:《曾国藩全集》,岳麓书社1986年版。

[77]张宝明:《启蒙与革命》,学林出版社 1998 年版。

[78]张东荪编:《唯物辩证法论战》,北平民友书局 1934 年版。

[79]张君劢、丁文江等:《科学与人生观》,山东人民出版社 1997 年版。

[80]张岂之、陈国庆:《近代伦理思想的变迁》,中华书局 2000 年版。

[81]张庆熊:《自我、主体际性与文化交流》,上海人民出版社 1999 年版。

[82]张人凤、柳和城:《张元济年谱长编》,上海交通大学出版社 2011 年版。

[83]张世英:《中西文化与自我》,人民出版社 2011 年版。

[84]张锡勤:《梁启超思想评议》,人民出版社 2013 年版。

[85]张锡勤、饶良伦、杨忠文:《中国近现代伦理思想史》,黑龙江人民出版社 1984 年版。

[86]张允熠:《中国文化与马克思主义》,山西教育出版社 1999 年版。

[87]张昭军:《儒家近代之境——章太炎儒学思想研究》,社会科学文献出版社 2002 年版。

[88]章太炎:《章太炎全集》,上海人民出版社 1994 年版。

[89]章太炎:《章太炎全集》,上海人民出版社 2017 年版。

[90]周立升、颜炳罡:《儒学与当代社会》,山东大学出版社 2002 年版。

[91]中共中央文献研究室编:《毛泽东书信选集》,中央文献出版社 2003 年版。

[92]中国史学会主编:《中国近代史资料丛刊·戊戌变法》,上海人民出版社 1957 年版。

[93]中国史学会主编:《中国近代史资料丛刊·洋务运动》,上海人民出版社 1961 年版。

[94]中国史学会主编:《中国近代史资料丛刊·辛亥革命》,上海人民出版社 2000 年版。

二、译著类

[1][美]阿瑟·亨德森·史密斯:《中国人的人性》,姚锦镕译,中国和平出版社 2006 年版。

[2][美]杜维明:《论儒家知识分子》,钱文忠、盛勤译,上海人民出版社 2000 年版。

[3][美]杜维明:《儒家思想新论——创造性转换的自我》,曹幼华、单丁译,江苏人民出版社 1996 年版。

[4][德]恩斯特·卡西尔:《人论》,甘阳译,上海译文出版社 1985 年版。

[5][美]费正清、赖肖尔:《中国:传统与变革》,陈仲丹、潘兴明、庞朝阳译,江苏人民出版社 1996 年版。

[6]冯友兰:《中国哲学简史》,涂又光译,北京大学出版社 1987 年版。

[7][英]霍布斯:《利维坦》,黎思复、黎廷弼译,商务印书馆 1985 年版。

[8][英]霍布斯:《论公民》,应星、冯克利译,贵州人民出版社 2003 年版。

[9][德]康德:《实践理性批判》,韩水法译,商务印书馆 1999 年版。

[10]马克思、恩格斯:《马克思恩格斯选集》,中共中央马克思恩格斯列宁斯大林著作编译局编译,人民出版社 2012 年版。

[11][美]威廉·詹姆士:《实用主义》,陈羽纶、孙瑞禾译,商务印书馆 1979 年版。

[12][美]萧公权:《近代中国与新世界:康有为变法与大同思想研究》,汪荣祖译,江苏人民出版社 1997 年版。

[13][美]张灏:《梁启超与中国思想的过渡(1890～1907)》,崔志

海、葛夫平译,江苏人民出版社 1995 年版。

[14][日]佐藤慎一:《近代中国的知识分子与文明》,刘岳兵译,江苏人民出版社 2011 年版。

三、期刊报纸类

[1]曹跃明:《中国现代史上的三大思潮与民族主义运动》,《天津社会科学》1992 年第 1 期。

[2]陈高原:《论近代中国改造国民性的社会思潮》,《近代史研究》1992 年第 1 期。

[3]陈立忠、胡维革:《论中国近代资产阶级思想家的佛学经世思想》,《东北师大学报》1995 年第 3 期。

[4]陈猛:《沃尔夫对儒家经典的使用与接受》,《北京行政学院学报》2017 年第 2 期。

[5]丁伟志:《"中体西用"论在洋务运动时期的形成与发展》,《中国社会科学》1994 年第 1 期。

[6]方立天:《儒道的人格价值观及其会通》,《长白论丛》1995 年第 2 期。

[7]高瑞泉:《"群己之辩"与近代中国的价值变革》,《中国哲学史》2001 年第 4 期。

[8]郭灿:《严复与近代文化转型》,《深圳大学学报》1996 年第 4 期。

[9]郭洪纪:《儒家德性人格学说对权利人格的僭越》,《甘肃社会科学》1994 年第 1 期。

[10]黄金凤:《早期中国共产主义者与无政府主义者关系之研究》,《中共党史研究》2017 年第 6 期。

[11]胡逢祥:《晚清经世思潮与当代史研究》,《华东师范大学学报》1990 年第 1 期。

[12]姜义华:《章太炎的人性论与近代中国人本主义的命途》,《复旦学报》(社会科学版)1985 年第 3 期。

[13]金观涛、刘青峰:《中国个人观念的起源、演变及其形态初探》,(香港)《二十一世纪》2004 年第 84 期。

[14]李坚:《先秦儒家论人的本质》,《辽宁大学学报》1991 年第 5 期。

[15]李兴华:《梁启超与中国近代化》,《历史研究》1991 年第 3 期。

[16]刘伟:《近代中国社会转型的发展趋势及其特征》,《华中师范大学学报》1997 年第 1 期。

[17]罗福惠:《章太炎道德论初探》,《江汉论坛》1982 年第 5 期。

[18]吕明灼:《儒学与中国封建政治》,《齐鲁学刊》1995 年第 5 期。

[19]马洪林:《近二十年来戊戌维新研究述评》,《文史知识》1998 年第 6 期。

[20]马洪林、何金彝:《康有为谭嗣同的新仁学》,《上海师范大学学报》1995 年第 1 期。

[21]马振铎:《孔子天命观新论》,《齐鲁学刊》1991 年第 4 期。

[22]欧阳哲生:《中国近代文化流派之比较》,《中州学刊》1991 年第 6 期。

[23]戚其章:《甲午战争与中国近代社会思潮的发展》,《东岳论丛》1994 年第 4 期。

[24]沈韬:《略论墨学在清末民初繁兴之原因》,《怀化学院学报》2010 年第 9 期。

[25]唐博:《地质巨擘丁文江的百变人生》,《地图》2011 年第 1 期。

[26]唐启华:《1924 年〈中俄协定〉与中俄旧约废止问题——以〈密件协定书〉为中心的探讨》,《近代史研究》2006 年第 3 期。

[27]王婷:《胡适"健全个人主义"观析论》,《学理论》2011 年第 18 期。

[28]王馨、王立新:《莱布尼兹和沃尔夫眼中的中国哲学》,《求是学刊》2011 年第 4 期。

[29]魏义霞:《独·群:中国近代哲学内在矛盾浅析》,《求是学刊》

1994年第2期。

[30]吴国光:《反政治的自由主义——从胡适的宪政思想反省宪政主义在中国的失败》,《当代中国研究》2003年第4期。

[31]吴乃华:《甲午战争与康有为人格观的演变》,《江西社会科学》1995年第8期。

[32]吴乃华:《试析中国近代人格观的演变》,《学习与探索》1994年第4期。

[33]吴言生、刘峰:《禅宗思想对章太炎宗教观的影响》,《西南民族大学学报》(人文社会科学版)2013年第4期。

[34]谢迪斌:《人地矛盾下的制度困境——近代中国农村土地产权制度的演变》,《生态经济》2005年第6期。

[35]谢龙:《传统价值理想和现代人格塑造》,《北京大学学报》1997年第1期。

[36]许纪霖:《大我的消解——现代中国个人主义思潮的变迁》,《中国社会科学辑刊》2009年3月春季卷。

[37]颜炳罡:《论传统文化的继承与创新》,《哲学研究》1992年第9期。

[38]叶介甫:《沉浮于学术与政治之间的张君劢》,《档案天地》2014年第3期。

[39]殷俊玲:《洋务派矛盾心态析》,《北方论丛》1992年第4期。

[40]俞祖华:《近代启蒙思想家对儒学的批判与认同》,《光明日报》1995年12月11日。

[41]翟廷晋:《孟子价值观评析》,《上海社会科学院学术季刊》1992年第2期。

[42]张岱年:《人伦与独立人格》,《北京大学学报》1990年第4期。

[43]张尚仁:《论文化在社会历史中的地位和作用》,《学术研究》1992年第1期。

[44]张秀华:《莱布尼茨与马克思的中国观之比较》,《北方论丛》

2015 年第 4 期。

[45]朱东安:《曾国藩和理学》,北京太平天国历史研究会编:《太平天国学刊》第 5 辑,中华书局 1987 年版。

[46][日]井川义次、赵淼:《拉丁语译〈四书〉与欧洲对中国哲学的接纳》,《河北民族师范学院学报》2007 年第 1 期。

[47][日]川尻文彦:《"自由"与"功利"——以梁启超的"功利主义"为中心》,《中山大学学报》(社会科学版)2009 年第 5 期。

后　记

完成毕业论文，时值“非典”；决定出版这篇论文，又逢“新冠”。十八个春秋时光之后，年近耳顺，经过四五个月的修改和补充，总算完成了一件多年的心事。

我的导师颜炳罡先生早期催促过论文出版的事，多次无果，再也不提。其实，自己没有尽早出版论文，主要是对论文的质量不满意。从一个哲学发烧友，不期然考上山东大学首届中国哲学史专业的博士生，欣喜之后是不安。尽管四年学习期间，自己非常投入地研学，但是感觉到，要补充的知识太多，要参悟的思想太深。“学然后知不足”，孔夫子这句话，是对我这段学习时光最好的总结。因此，由于深知自己学识尚浅，学思也未达到一定的深度，论文的质量没有达到自己期望的程度。论文答辩通过，是导师们的厚爱与宽容，我认为，这只是自己深入学习和思考中国哲学的开始。还有一个原因，博士毕业前已经取得了正高职称资格，不再需要证明性学术成果了。于是，当时打消了出版论文的想法。

关于近代人格观问题的思考与学习，我的确在这多年里没有放下，其间，总是注意收集相关资料和书籍，但是没有集中研究。经过这四五个月的集中整理和研究，感到自己与近代思想家的对话，的确有了一些新的心得。但是，在修改论文过程中，为了保留当年论文的基本面貌，内文仅补充了“曾国藩”和“胡适”两节，以弥补当年资料不足的缺憾。

另外,将每章的小结换成了对这一时期的研学“新得”体会,以小补一下原文“论”之不足。

在集中整理书稿期间,感到自己的学识与学问尚差得很远,近代先贤们融贯中西的学问、民族复兴的责任和锐意进取的精神,非常令人敬佩。出版这本书算是对这一学习和研究的纪念,对所学习和研究的每位近代先贤的敬意。

博士论文从选题、收集资料到最终完成,颜炳罡先生都给予了极大的帮助。论文初稿写完以后,颜老师在百忙中拨冗对论文提出了宝贵意见,并帮助修改。在四年的学习期间,有幸先后从师于高晨阳教授、何中华教授、刘大钧教授、丁原明教授、王新春教授、傅有德教授和颜炳罡教授等学习相关课程,终身受益。尤其是我的入门导师高晨阳先生仙逝以后,各位老师所给予的关怀和帮助,更令我终生难忘。更难忘那令我终生受益的每个周末,我与学友们跟随颜老师的读经班读书,师友之间以“四书五经”为媒介,共读诵同畅谈,仿佛穿越到孔孟先哲师友的游说列国的生活之中。这是我在山东大学求学时最为受益的学习时光。还记得刘大钧先生授课时出过一个对子的上联,“文不值一文,何以以文养文”,要我们对下联。先生的意图非常清楚,在感叹经济大潮冲击下人文精神衰落的同时,鼓励弟子们刻苦学习,以弘扬中国传统人文精神。可惜,腹中才浅没能当场应对。但是上学期间,无论是授课老师还是系里的领导及从事管理的老师,他们严谨的治学精神和工作态度以及对学生宽厚的关切之情,令人感受到一种“道无有二道,应当当道弘道”的无私、博大的传统人格精神和魅力。这是我要终生学习的。

当年,在学习和论文写作过程中,徐庆文、白如祥、路德斌、赵卫东、王春、王贻社、范玉秋、王广、郑洪晓、徐文涛等师兄弟给予了无私的帮助,帮助我具体修改、完善或校对论文的某些章节,手足之情不比一般。

这几个月,赵亮兄弟为我扫描了大量资料,节约了我不少时间和精力;徐继存、周卫勇、曾庆伟、张斌、许爱红、耿成义、王明泉、赵丽萍、杨璐、毕英春、徐庆文、赵卫东等道友和同事都给予关心和鼓励,申培轩院长专门过问关心,特此表示感谢!

感谢我的家人多年来一直鼓励和支持我求学,积极支持我的论文出版。这也是我能耐心完成整理工作的重要压力和动力。

作　者

2020 年 7 月